KB206021

구속사의 관점에서 본

파노라마

구약성경

개정판

구속사의 관점에서 본

구약성경 파노라마(개정판)

Copyright ⓒ 머릿돌 2022

초   판   2003년 3월 24일
개 정 판   2022년 5월 30일

지 은 이   유도순
펴 낸 이   유효성
펴 낸 곳   머릿돌

등록번호   제17-240호
등록일자   1997년 5월 20일
주   소   경기도 성남시 분당구 성남대로 30, 501호
            Mobile 010-9472-8327
            http://cafe.daum.net/gusoksa
E-mail   yoodosun@hanmail.net/ yoohs516@hanmail.net,

총   판   기독교출판유통
주   소   경기도 파주시 월동면 통일로 620번길128
            (031-906-9191)

ISBN   978-89-87600-92-5

디 자 인   참디자인(02-3216-1085)

구 속 사 의 관 점 에 서 본

구약성경
파노라마

유도순 지음

개 정 판

머리말

사람들은 아름다운 경치를 볼 때 좀 더 높은 곳에 올라가 한눈에 바라보기를 원한다. "신구약 성경 파노라마"는 창세기에서 ⋯ 계시록까지 펼쳐져 있는 웅대하고 영광스러운 하나님의 구원계획을 한눈에 바라볼 수 있도록 돕고자 의도되었다.

사도 바울은 "모든 성도 중에 지극히 작은 자보다 더 작은 나에게 이 은혜를 주신 것은⋯ 영원부터 만물을 창조하신 하나님 속에 감추어졌던 비밀의 경륜이 어떠한 것을 드러내게 하려 하심이라"(엡 3:8-9)고 말씀한다.

신구약 성경은 "하나님의 비밀의 경륜이 어떠한 것"을 계시해 주고 있는 책이다. 설교자는 마땅히 이를 드러내어 증언할 사명이 있는 것이다. 오늘날은 단편적인 성경지식들은 풍부한 편이지만 이 말씀들이 구속사의 맥락에서 어떤 의미를 갖고 있는지 파악하는 데는 미흡한 바가 있다.

성경은 점들의 모임이 아니라 창세기에서 계시록까지 뻗쳐 있는 선(線)이요, 산맥(山脈)과 같은 것이다. 이를 구속사(救贖史)라고 말한다. 66층의 고층 빌딩에 비유할 수가 있다. 그러므로 성경에는 일관성(一貫性), 통일성(統一性)이 있고 점진성(漸進性)이 있는 것이다.

인류의 시조가 타락한 현장에서 "내가 하리니"(창 3:15)하고 원복음을 선언하신 하나님은, 마지막 책에서 "이루었도다 나는 알파와 오메가요 처음과 마지막이라"(계 21:6)고 선언하신다. 그러므로 이 책을 읽으면 신구약 성경에 뻗쳐 있는 구속사의 맥을 붙잡게 될 것이다. 이렇게 될 때에,

ㄱ 하나님의 주권을 앞세우는 하나님 중심이 된다.
ㄴ 구속 주되시는 예수 그리스도가 중심에 오게 된다.
ㄷ 언약하신 바를 반드시 지켜주시는 하나님의 신실하심을 깨닫게 된다.
ㄹ 구원의 확신과 한 가지 남은 약속인 그리스도의 재림도 확신할 수 있게 된다.
ㅁ 그리고 구속사의 동일 선상에서 쓰임 받고 있다는 자신의 정체성에 확고할 수 있다.
ㅂ 이를 깨닫게 될 때 견고한 뼈대 있는 신앙인이 될 수 있다.
ㅅ 궁극적으로는 하나님을 더욱 사랑하며 경외하기에 이르게 되는 것이다.

우리교회
원로목사 유 도순

Contents

▣ 구약 파노라마

창세기 · 9

출애굽기 · 19

레위기 · 28

민수기 · 38

신명기 · 47

여호수아 · 57

사사기 · 66

룻기 · 78

사무엘상 · 88

사무엘하 · 96

열왕기상 · 108

열왕기하 · 118

역대상 · 126

역대하 · 136

에스라 · 146

느헤미야 · 156

에스더 · 164

욥기 · 171

시편··· 182

잠언··· 194

전도서··· 204

아가서··· 213

선지서서설·····································221

이사야서······································· 228

예레미야서····································· 239

예레미야애가·································248

에스겔서······································· 259

다니엘서······································· 273

호세아서······································· 287

요엘서··· 295

아모스··· 304

오바댜서······································· 316

요나서··· 322

미가서··· 331

나훔서··· 339

하박국··· 347

스바냐··· 357

학개··· 368

스가랴서······································· 377

말라기서······································· 386

창세기

**주제 : 천지 만물을 창조하신 선하신 하나님,
언약을 세워주신 신실하신 하나님**

　창세기를 성경의 못자리라고 말하듯이 창세기에는 모든 성경의 기초와 시작이 수록되어 있습니다. 그러므로 창세기를 모르거나 바로 이해하지 못하고는 나머지 성경의 연관성과 점진성(漸進性)에 대한 맥(脈)을 잡을 수 없게 됩니다.

　창세기는 크게 1-11장까지와 12-50장까지의 두 부분으로 나누어집니다. 첫 부분은 인류 전체(全體)를 대상으로 삼고 있으며 천지 창조 · 인간의 타락 · 노아 홍수 · 바벨탑 사건 등 4대 사건이 기록되어 있습니다. 둘째 부분은 아브라함 한 사람을 택하셔서 세워주신 메시아언약이 아브라함 · 이삭 · 야곱 · 요셉 등으로 계승되는 4대 족장의 이야기가 기록되어 있습니다.

창세기를 이해하기 위해서는 기록한 저자와 기록한 목적과 중심 주제(主題)가 무엇인가를 파악해야 합니다. 창세기는 모세에 의해 기록되었으며 제1차 독자들은 모세와 함께 출애굽 한 이스라엘 백성들입니다. 그들에게 출애굽이 있기까지의 잊고 있었던 역사적인 배경을 일깨워주어,

    ㉠ 자신들을 출애굽 하게 하신 하나님은 천지 만물을 창조하신 선하신 하나님이며

    ㉡ 조상(祖上)들에게 언약(言約)하신 바를 지켜주신 신실하신 하나님이시라는 것과

    ㉢ 그리하여 자신들의 정체성을 일깨워주기 위한 것이 기록목적인 것입니다.

창세기의 핵심을 파악하기 위해서 몇 가지 질문을 제기할 필요가 있습니다.

    ㉠ 하나님은 태초에 무엇을 행해주셨는가?

    ㉡ 이에 대해 사람은 어떻게 보답했는가?

    ㉢ 그럼에도 불구하고 하나님은 어떻게 행해주셨는가?

① 첫째, 하나님은 태초에 무엇을 행해주셨는가?

    ㉠ 이것이 1-2장의 내용인데 첫째로 천지 만물을 창조해 주셨습니다. 그것은 맨 마지막으로 지으신 인간이 살아갈 환경을 조성해주시기 위해서였습니다. 하나님께서는 사람을 지으시되 자기 형상대로 지으셨습니다. 그렇게 하신 것은 그들을 교제(交際)의 대상으로 지으셨음을 의미합니다. 하나님 보시기에 "심히 좋았더라"(1:31) 하셨습니

다.

둘째로 "에덴에 동산을 창설하시고 그 지으신 사람을 거기"(2:8) 두셨습니다. 그리고 아담에게 돕는 배필을 지어주셨습니다. 에덴동산은 최초의 가정이요, 교회요, 하나님의 나라였던 것입니다.

ⓒ 예배당 건물만 지어 놓았다고 교회가 아니듯이, 천지 만물을 창조하셨다고 하나님의 나라가 건설된 것은 아니었습니다. 다스리시는 "왕"이 있다면, 섬기는 "백성"이 있어야 하는 것입니다. 하나님은 자기 형상대로 인간을 창조하시어 자기 백성을 삼으시고, 만물을 대표(代表)해서 하나님을 섬기며 하나님의 대리자(代理者)로서 만물을 다스리게 하시므로 "하나님의 나라"는 건설되었던 것입니다. 이것이 하나님께서 태초에 행해 주신(1-2장) 일입니다.

② 둘째, 인간은 어떻게 보답하였는가?

㉠ 그 내용이 3-11장까지입니다. 이 평화로운 동산에 죄가 침입(侵入)하게 됩니다. 인간이 문을 열어주었기 때문입니다. "네가 먹는 날에는 반드시 죽으리라"(2:17) 하신 하나님의 금령을 불순종하고 범하고 말았습니다. 이점을 호세아 선지자로 말씀하시기를 "언약(言約)을 어긴 것"(호 6:7)이라 하십니다.

㉡ 하나님과 인간의 관계는 언제나 언약의 관계입니다. 언약의 관계란 언약을 믿는 "믿음"의 관계라는 의미이기도 합니다. 그러므로 "언약"(言約)이 없으면 관계도, 믿음도 성립되지 않는 것입니다. "먹지 말라" 하신 금령은 하나님 나라의 법(法)이요 원시 언약이었던 것입니다. 인류의 시조는 이 언약만을 지키면 하나님과의 관계를 유지해 나갈 수 있었던 것입니다. 그러나 이를 범함으로 하나님과의 관계는 단절되었던 것입니다.

㉢ 그러므로 "선악과"를 따먹은 행위(行爲) 이전에 하나님의 말씀을 믿었느냐, 믿지 아니하였느냐 하는 "믿음"이 우선한다는 점을 유념해야

합니다. 그들은 신실하신 하나님의 말씀은 불신한 반면, 사탄의 유혹하는 말을 믿어 그 말에 복종하므로 하나님을 배신(背信)하였던 것입니다. 그것은 마치 아내 하와가 남편 아담을 불신하고 다른 남자를 쫓아간 "음행"과 같은 행위(호 1:2)라고 성경은 말씀합니다.

ㄹ) 죄는 온 세상에 퍼져나가 홍수심판 때에는 세상에 가득하였고, 홍수심판 후에도 바벨탑을 쌓는 반역으로 나타납니다. 이것이 하나님의 사랑에 대한 인간의 배은망덕한 보답이었습니다. 사람에게 베푸셨던 하나님의 형상은 상실되었고, 인간의 다스림을 받던 피조물들은 탄식하며 고통하기에 이르렀습니다. 사망이 왕 노릇하게 되었고 하나님의 나라는 파괴되고 말았던 것입니다.

③ 셋째, 그럼에도 불구하고 하나님께서는 어떻게 행해주셨는가?

ㄱ) 그 내용이 12-50장까지 인데, 아브라함에게 메시아언약을 세워주신 일입니다. 그리고 그 근거(根據)는 "내가 너로 여자와 원수가 되게 하고 네 후손도 여자의 후손과 원수가 되게 하리니 여자의 후손은 네 머리를 상하게 할 것이요 너는 그의 발꿈치를 상하게 할 것이니라"(3:15) 하신 원 복음에 기인합니다. 인간이 실패한 것을 "내가…하리니" 즉 하나님이 행해주시겠다는 이것이 주권적인 원 복음의 구도(構圖)입니다.

ㄴ) 성경은 문제(問題)에 대한 해답(解答)입니다. "문제"는 언제나 사람이 일으키고 "해답"은 하나님이 행해주십니다. 범죄로 말미암아 발생하게 된 문제가 무엇인가? 세 가지로 요약할 수 있습니다.

㉮ "먹는 날에는 반드시 죽으리라"(2:17) 한 "사망"(死亡)과

㉯ "내가 벗었으므로 두려워하여 숨었나이다"(3:10) 한 "벌거벗음"과

㉰ "그 사람을 쫓아내시고"(3:24) 한 하나님 존전에서 "추방"(追

放) 당한 일입니다. 이것이 아담의 후예들이 풀어야 할 세 가지 문제이며, 원 복음은 이에 대한 해답(解答)으로 주어진 것입니다.

④ 원 복음은 세 마디로 되어있습니다.
㉠ 이제 이후로 인류는 여자의 후손과 뱀의 후손 두 부류로 갈라지게 될 것이다.
㉡ 그 두 사이에는 원수, 즉 적대감이 있게 될 것이다.
㉢ 종래는 여자의 후손이 뱀의 머리를 상하게 하고 승리하게 될 것이다. 이 언약의 궁극적인 의미는 여자의 후손, 즉 메시아가 육신을 입고 나타나셔서 뱀의 머리 곧 사탄을 정복하고 인류를 구원하여 주시겠다는 약속입니다. 뱀 곧 사탄은 그의 발꿈치를 상하게 할 것이라 하심은 메시아가 오지 못하도록 대적할 것을 가리킵니다.
㉣ 그러면 여자의 후손이 어떤 방도로 뱀의 머리를 상하게 하는가? 사탄은 자신이 여자의 후손에 의해 멸망 당하리라는 것을 창세기 3장에서 선고를 받은 자입니다. 그러나 어떤 방도에 의해서 멸망하게 될 것인가 하는 것은 "오직 은밀한 가운데 있는 하나님의 지혜를 말하는 것으로서 곧 감추어졌던 것인데"(고전 2:7) 한 비밀로 감추어 놓으셨습니다.

그 방도를 신약성경에서는 "죽음을 통하여 죽음의 세력을 잡은 자 곧 마귀를 멸하시며"(히 2:14)라고 말씀합니다. 원 복음 안에는 이러한 복음의 비밀이 함의되어 있었던 것입니다. 그래서 주님은 "내가 문이니(요 10:9), 내가 곧 길이요 진리요 생명이니 나로 말미암지 않고는 아버지께로 올 자가 없느니라"(요 14:6), 즉 내가 해답(解答)이라고 말씀하셨던 것입니다.

⑤ 아담은 "원 복음"을 듣고는 "그의 아내의 이름을 하와라 불렀으니 그는 모든 산 자의 어머니(생명의 어미)가 됨이더라"(3:20) 합니다. 이는 아담이 원 복음을 이해했음을 나타냅니다. 우리는 이런 말씀을 예사로 여기지만 하나님 존전에서 추방당하게 된 절망적인 상황에서 원 복음을 깨닫고는 자기 아내를 "당신은 하와요", 즉 생명의 어머니요 한 아담의 감격이 어떠했을 것인가를 생각해보시기 바랍니다. 그리고 원복음을 믿는 믿음은 "믿음으로 아벨은"(히 11:4)하고 아담의 두 아들 중 아벨로 이어졌음을 알 수 있습니다.

  ㉠ 사탄은 자신이 여자의 후손에 의해서 정복당하게 될 것을 창세기에서 이미 선고를 받았던 것입니다. 그러므로 이제 이후로 펼쳐질 구속사는 여자의 후손을 보내시려는 하나님의 계획과 이를 발악적으로 저지하려는 사탄의 대적(對敵)으로 전개되는 것입니다.

  ㉡ 4장에 나오는 가인이 아우 아벨을 죽인 사건도 여자의 후손의 줄기인 아벨을, 뱀의 후손의 줄기인 가인이 쳐 죽인 사건이라는 구속사의 맥락에서 해석되어야 합니다. 사탄은 메시아가 태어날 계보를 끊으려 하였으나 하나님은 아벨 대신에 "다른 씨로 셋"(4:25)을 주심으로 원 복음을 성취해 나오셨던 것입니다.

⑥ 5장에는 아담의 족보가 나옵니다.

아담으로부터 셋으로 이어져 10대 만에 노아가 출생합니다. 노아의 때에 이르러서는 두 부류로 갈라졌던 줄기가 "하나님의 아들들이 사람의 딸들의 아름다움을 보고 자기들이 좋아하는 모든 여자를 아내로 삼는지라"(6:2), 즉 두 부류가 성적(性的)인 결합을 통해서 하나로 합쳐지고 말았던 것입니다. 언제나 합쳐질 위험이 있는 것은 여자의 후손이 뱀의 후손 쪽으로 합쳐지는 것입니다. 이것이 세속(世俗)화입니다.

㉠ 이 세속화가 홍수심판이 임하게 된 원인이기도 합니다. "믿음으로 노아는… 세상을 정죄하고 믿음을 따르는 의의 상속자가 되었느니라"(히 11:7) 합니다. "상속자"(相續者)라 한 점을 주목하시기 바랍니다. 그리스도가 탄생하게 될 대를 있는 자가 되었다는 뜻입니다. 그러므로 홍수심판은 "죄악이 세상에 가득"(6:5)함에 대한 심판일 뿐만 아니라, 메시아가 태어날 의로운 씨를 보존하시려는 하나님의 구원계획의 일환이었던 것입니다. "물로 말미암아 구원을 얻은 자가 몇 명뿐이니 겨우 여덟 명이라"(벧전 3:20) 하신 진술을 통해서 그 위기(危機)를 의식하게 됩니다. 하나님이 개입하시지 않으셨다면 어찌 되었을 것인가?

㉡ 여자의 후손은 노아의 세 아들 중 "셈의 하나님 여호와를 찬송하리로다"(9:26) 한 셈을 통하여 계승될 것이 예언되고, 11:10절에서 "셈의 족보는 이러하니라"하고 그 계열에서 아브람이 태어나게 됩니다.

⑦ 구속사의 맥락은 아담·셋·노아·셈·아브람으로 이어져 내려왔습니다. 하나님은 아브람을 부르셔서 "여자의 후손은 네 머리를 상하게 하리라"하신 "원 복음"을 구체화(具體化)시켜 나가십니다. 하나님은 아브라함에게 언약을 다섯 차례나 반복적으로 세워주시는데 그 내용은,

㉠ 자손을 주리라.
㉡ 이 땅을 주리라.
㉢ 천하 만민이 네 자손으로 말미암아 복을 얻으리라는 것입니다.
　　이 언약이 일차적으로는 아브라함에게 이삭이 주어지고 자손이 번성

하여 가나안을 정복하므로 성취됩니다만, 궁극적인 성취는 아브라함의 자손으로 여자의 후손, 즉 메시아를 보내주실 것과 그를 통해서 천하 만민이 구원의 복을 얻을 것과 그들에게 영적 가나안인 하늘나라 기업이 주어질 것을 의미합니다.

㉹ 이 언약을 신약성경에서는 "하나님이 이방을 믿음으로 말미암아 의로 정하실 것을 성경이 미리 알고 먼저 아브라함에게 복음을 전하되 모든 이방인이 너를 말미암아 복을 받으리라 하였다"(갈 3:8)고 "복음"(福音)이라고 말씀합니다.

㉺ 하나님은 언약에 자신을 담보(15:18)하시고, "맹세"(22:16)로 보증해주셨습니다. 이 언약이 아브라함과 이삭(26:3-4)과 야곱(28:13-15)에게로 계승되어 나갑니다. 그리고 야곱의 열두 아들 중 메시아는 "규가 유다를 떠나지 아니하며 통치자의 지팡이가 그 발 사이에서 떠나지 아니하기를 실로가 오시기까지 이르리니"(49:10)하고 유다 지파에서 나실 것이 작정되어 있습니다.

이상이 12-50장까지의 줄거리입니다. 이것이 하나님을 배신하고 타락한 인간에게 세워주신 하나님의 은혜 곧 메시아언약입니다.

⑧ 창세기 15:6절에서 "아브람이 여호와를 믿으니 여호와께서 이를 그의 의로 여기시고" 합니다. 그러면 아브라함이 무엇을 믿었다는 것입니까? 하나님 자신입니까? 아브라함은 그 이전부터도 하나님을 믿었습니다. 아브라함이 믿었다는 것은 "네 자손이 이와 같으리라" (15:5)하신 언약, 즉 복음을 믿은 것입니다.

아브라함도 복음을 믿고 의롭다 함을 얻었다(롬 4:3)는 것을 창세기를 통하여 듣게 된다는 것은 경이로운 일입니다. 그래서 주님은 "너희 조상 아브라함은 나의 때 볼 것을 즐거워하다가 보고 기뻐하였느니라"(요 8:56)고 말씀하신 것입니다.

⑨ 하나님께서는 창세기를 통해서 자기 자신을 계시해 주고 계십니다.
　　㉠ 창조 사역을 통해서는 천지 만물을 창조하시고 주관하시는 전능의 하나님으로(1-2장)
　　㉡ 타락한 아담에게 원 복음을 주시므로 은혜의 하나님으로(3-4장)
　　㉢ 홍수심판을 통해서는 공의의 하나님으로(6-9장)
　　㉣ 바벨탑 사건을 통해서는 통치하시는 하나님으로(10-11장)
　　㉤ 아브라함에게 세워주신 약속을 통해서는 언약의 하나님으로
　　㉥ 이삭의 태어남을 통해서는 언약을 지키시는 신실하신 하나님으로
　　㉦ 야곱을 택하심을 통해서는 택정하시는 주권적인 하나님으로
　　㉧ 요셉의 생애를 통해서는 배후에서 역사하시는 섭리하시는 하나님으로 계시해 주고 있습니다.

⑩ 요셉은 이렇게 말합니다.
"당신들은 나를 해하려 하였으나 하나님은 그것을 선으로 바꾸사 오늘과 같이 많은 백성의 생명을 구원하게 하시려 하셨나니"(50:20), 이는 창세기를 요약해주는 말이요, 하나님께서 구원계획을 어떻게 이루어 오셨는가를 증언하는 말이기도 합니다. 사탄은 계속적으로 해하려 하나 하나님은 그때마다 악을 선으로 바꾸셔서 만민을 구원하시려는 계획을 이루어 오셨던 것입니다.
　　㉠ 하나님은 야곱에게 "네 아버지의 하나님이니 애굽으로 내려가기를 두려워하지 말라, 너를 인도하여 다시 올라올 것이며"(46:3,4)하고 애굽으로 내려보내십니다. 이는 출애굽을 통하여 영적 출애굽을 계시하시려는 계획이 있으셨기 때문입니다.

ⓒ 창세기는 요셉을 입관(入棺)하는 것으로 끝이 납니다. "한 사람으로 말미암아 죄가 세상에 들어오고 죄로 말미암아 사망이 왔나니"(롬 5:12) 하신 대로 아담도 죽었고, 노아도, 아브라함도, 이삭도, 야곱도, 요셉도 죽었습니다. 그러나 그들은 "나는 죽을 것이나 하나님이 당신들을 돌보시고 당신들을 이 땅에서 인도하여내사 아브라함과 이삭과 야곱에게 맹세하신 땅에 이르게 하시리라"(50:24)고 하나님의 약속(約束)을 자손들에게 계승시켜 주었던 것입니다.

ⓒ 이점을 신약성경에서는 "이 사람들은 다 믿음을 따라 죽었으며 약속을 받지 못하였으되 그것들을 멀리서 보고 환영하며 또 땅에서는 외국인과 나그네임을 증언"(히 11:13)하였다고 말씀합니다.

형제여! 그들은 약속의 성취를 받지 못하고 죽었으나 우리는 그 약속이 성취(成就)된 이후 시대를 살아가고 있으면서 창세기를 상고하고 있습니다. 우리에게도 하나 남은 약속이 있습니다. 그것은, "내가 너희를 위하여 처소를 예비하러 가노니 가서 너희를 위하여 거처를 예비하면 내가 다시 와서 너희를 내게로 영접하여 나 있는 곳에 너희도 있게 하리라"(요 14:2-3)하신 두 번째 나타나심(재림)입니다.

지금까지 언약하신 바를 성취해 오신 신실하신 하나님께서 하나 남은 약속도 지켜주심으로 "내가 하리라"(3:15)고 시작하신 바를, "이루었도다 나는 알파와 오메가요 처음과 마지막이라"(계 21:6)하고 완성(完成)하실 것을 확신할 수 있는 것입니다. 천지만물을 창조하여 주신 선하신 하나님, 언약하신 바를 지켜주시는 신실하신 하나님을 찬양하십시다.

출애굽기

주제 : 너희를 속량하여 내 백성으로 삼고
나는 너희 하나님이 되리라(6:6-7)

출애굽기는 애굽으로 내려간 야곱의 자손들이 번성하는 것으로 시작됩니다. 그들이 내려갈 때는 70명에 불과하였으나 "생육하고 불어나 번성하고 매우 강하여 온 땅에 가득하게 되었더라"(1:7)하고 말씀합니다. 이 점에서 명심해야 할 점은 이들은 단순한 야곱의 자손이 아니라 "네 이름을 다시는 야곱이라 부를 것이 아니요 이스라엘이라 부를 것이니"(창 32:28)하신 선민(選民) 이스라엘 곧 하나님의 백성들이라는 점입니다.

① 출애굽기는 크게 두 부분으로 나누어집니다.

    ⑦ 첫 부분(1-18장)은 애굽을 탈출하여 시내 산까지의 여정이고

    ⑭ 둘째 부분(19-40장)은 시내 산기슭에 약 1년간 머무르면서 율법을 받고 성막을 짓는 내용으로 되어있습니다.

   ㉠ 애굽으로 내려간 70명이 장정만 60만 명으로 번성할 수 있었던 것은 하나님께서 야곱을 애굽으로 내려보내시면서 "두려워하지 말라 내가 거기서 너로 큰 민족을 이루게 하리라"(창 46:3)하신 약속의 성취이고,

   ㉡ 또한 그들이 바로의 압제를 받게 된 것도 하나님께서 아브라함에게 "네 자손이 이방에서 객이 되어 그들을 섬기겠고 그들은 사백 년 동안 네 자손을 괴롭히리니 그들이 섬기는 나라를 내가 징벌 할지며 그 후에 네 자손이 큰 재물을 이끌고 나오리라"(창 15:13-14)에서 예시(豫示)되었던 바입니다.

② "여러 해 후에 애굽 왕은 죽었고 이스라엘 자손은 고된 노동으로 말미암아 탄식하며 부르짖으니"(2-23) 합니다. 이것이 출애굽기의 문제(問題)입니다. 이런 처지에 있는 자들이 어떻게 바로의 속박에서 구출될 수 있는가? 출애굽기는 이에 대한 해답(解쏠)을 계시해 주고 있습니다.

   ㉠ 하나님께서 야곱의 자손 70명을 애굽으로 내려보내서 이러한 상황에 처하게 하심은 "출애굽"이라는 예표를 통해서 "죽기를 무서워하므로 한평생 매여 종노릇하는 모든 자들을 놓아주려 하심이니"(히 2:15) 한 "영적 출애굽"을 계시하시려는 의도에서였던 것입니다.

   ㉡ "고된 노동으로 말미암아 탄식하며 부르짖으니 그 고된 노동으로 말미암아 부르짖는 소리가 하나님께 상달 된지라 하나님이 그들의 고통 소리를 들으시고 하나님이 아브라함과 이삭과 야곱에게 세운 그의 언약을 기억하사 하나님이 이스라엘 자손을 돌보셨고 하나님이

그들을 기억하셨더라"(2:23-25) 합니다. 이 점에서 강조해야 할 점은 언제나 그러하듯이 애굽에서 해방될 수 있었던 것이 그들이 부르짖었기 때문이 아니라, 선수(先手)적인 하나님의 언약이 있었다는 점을 증언해야 한다는 점입니다. 이점이 모세를 부르실 때도 "나는 네 조상의 하나님이니 아브라함의 하나님, 이삭의 하나님, 야곱의 하나님이니라"(3:6) 하신 데서 드러납니다.

ⓒ 그러나 모세는 "내가 누구이기에 바로에게 가며 이스라엘 자손을 애굽에서 인도하여 내리이까" 하고 거절합니다. 이는 모세만 못하는 것이 아니라 그 누구도 할 수가 없는 것입니다. 하나님은 "내가 반드시 너와 함께 있으리라"(3:11,12), 이는 네가 하는 것이 아니라 내가 하는 것이라는 뜻입니다. 이리하여 "모세의 하나님"이 되셨습니다.

③ 그러면 하나님은 그들을 어떤 방도로 구원하여 내셨는가? 무력으로 하셨는가? 기사이적으로 행하셨는가? 모세의 언변으로 행하셨는가? 아닙니다. 하나님은 "너희를 속량하여 너희를 내 백성으로 삼고"(6:6) 하십니다. 그러므로 출애굽기의 핵심 주제는 "속량"입니다. 이에 대한 중요한 요점이 6:5-8절에 나타나는데 그들의 신분(身分)을 세 가지로 부르고 있다는 점을 주목하게 합니다.

㉠ "이스라엘 자손"(6상)이라고 부릅니다. 그들은 야곱 곧 이스라엘의 자손이었습니다.

㉡ 그런데 "애굽 사람이 종"(5상)으로 삼은 바로의 노예들이 되었습니다.

㉢ 바로의 종이 된 그들을 하나님께서 "내 백성으로 삼고"(7상) 하십니다. 그렇다면 바로의 노예가 하나님의 백성이 되는 것이 어떻게 해

서 가능하여지는가?

ㄹ "너희를 속량하여"(6하)

ㅁ "너희를 내 백성으로 삼고 나는 너희의 하나님이 되리니"(7상)

ㅂ "내가 아브라함과 이삭과 야곱에게 주기로 맹세한 땅으로 너희를 인도하고 그 땅을 너희에게 주어 기업을 삼게 하리라 나는 여호와라"(8) 하십니다. 속량이란 종으로 팔린 자를 값을 주고 사서 해방시켜 줌을 뜻합니다. 하나님께서 그렇게 행해주시겠다는 것입니다.

④ 그렇다면 그들을 어떤 방도로 구속하여 하나님의 백성으로 삼으셨는가?

그 내용이 12장에 나오는 "유월절 양"입니다. 흠 없는 숫양을 잡아 그 피를 집 좌우 문설주와 인방에 바르고 아침까지 한 사람도 그 문 밖으로 나가지 말라고 하십니다. 그 밤에 애굽 땅에 두루 다니며 처음 난 것을 멸하실 때 "내가 피를 볼 때에 너희를 넘어가리니"(12:13)라고 말씀합니다. 죽음의 천사가 인방과 좌우 문설주에 피가 낭자하게 뿌려진 집에 당도하게 되었을 때 그 피를 보고 "이 집은 벌써 심판이 시행되었군"하고 건너고 넘어가게 된다는 것입니다.

ㄱ 그러므로 명심해야 할 점은 이스라엘 집에서도 죽음은 있었다는 사실입니다. 그것을 뿌려진 피가 말해주고 있습니다. 다만 죄가 없는 어린 양이 장자를 대신하여 죽었을 뿐입니다. 그러면 다른 재앙, 즉 "이스라엘 자손들이 있는 그 곳 고센 땅에는 우박이 없었더라"(출 9:26) 함과 같이 "이스라엘 집에는 죽음이 없었더라" 하면 될 것이 아닌가? 어찌하여 이스라엘 집에서도 어린 양이 대신 죽어야만 했는가? 이 점에서 "출애굽"의 핵심적인 모티브가 "속량"이라는 점을 유념해야 합니다.

ⓛ 다시 말하면 이스라엘 백성들도 하나님 앞에서는 애굽 사람과 다름이 없는 죄인이기 때문입니다. 그러므로 피를 보심이 없이 이스라엘 집을 넘어간다면 그것은 하나님의 공의가 용납하지 아니했을 것입니다. 다시 상기시킵니다만 출애굽 사건은 사탄의 노예 하에 있는 인류를 구원하시려는 하나님의 구원계획에 대한 예표요, 그 방도는 "속량"이라는 점입니다.

⑤ 이 점에서 확고해야 할 점은 바로를 굴복시키기 위해서 열 가지 재앙이 필요한 것은 아니라는 점입니다.

하나님은 "내가 이제 한 가지 재앙을 바로와 애굽에 내린 후에야 그가 너희를 여기서 내보내리라"(11:1)하고 초점을 유월절 어린 양에 맞추십니다. 출애굽을 가능하게 한 것이 1-9가지 재앙에 있는 것이 아니라, 오직 유월절 어린양의 피로 말미암아 가능하여졌다는 점을 클로즈업시키기 위해서 아홉 가지 재앙은 등장하였던 것입니다.

ⓐ 이점이 "내가 그의 마음과 그의 신하들의 마음을 완강하게 함은 나의 표징을 그들 중에 보이기 위함이며"(10:1) 하신 말씀에 나타납니다. 보여주시려는 "표징"이 유월절 양의 피였던 것입니다. 이를 드러내고 부각시켜서 "내가 그들 가운데에서 행한 표징을 네 아들과 네 자손의 귀에 전하기 위함이라"(10:2) 하십니다.

ⓑ 주님은 "내가 고난을 받기 전에 너희와 함께 이 유월절 먹기를 원하고 원하였노라"(눅 22:15) 하십니다. 주님께서 잡히시던 이 밤이 마지막 유월절이요, 그림자로 보여주신 유월절이 성찬으로 개혁(改革)되는 밤이었던 것입니다.

ⓒ 그러므로 "유월절"이라는 주제는 영적 출애굽을 이해하는 데도 결정적으로 중요합니다. 뒤에 가서 복음서들의 초점이 어디에 맞춰져 있

는가를 확인해 보시기 바랍니다. 한결같이 유월절 곧 그리스도의 죽음에 맞춰져 있습니다.

　신약의 성도들만이 아니라 구약의 성도들까지도 속량을 통해서만이 구원에 이를 수 있었다는 점을 명심해야 합니다. 죄 값에 팔려 사탄의 노예가 된 자들이 구원받아 하나님의 자녀가 될 수 있는 길은 죄 값을 대신 지불하는 속량 이외에 다른 방도는 없었던 것입니다. "유월절"의 사건은 가히 구약에 나타난 십자가 사건이었던 것입니다. 구약의 성도들은 어린 양이라는 예표를 통해서 장차 오실 그리스도를 바라봄으로 구원을 얻을 수 있었고, 신약의 성도들은 이미 오신 그리스도를 믿는 차이 뿐입니다.

　⑥ 이 점에서 유념해야 할 것은 구원계획에 있어서 "속량"이 핵심적인 요점이지만, 속량 자체가 목적(目的)은 아니라는 점입니다. 하나님은 속량하신 후에 방치하신 것이 아니라 자기 백성(百姓)으로 삼으셨던 것입니다. 왜 그렇게 하셨는가? 인류의 시조가 범죄 함으로 에덴에서 추방당한 사건은 하나님께서 자기 백성을 잃어버린 사건이었기 때문입니다.

　　㉠ 그러므로 속량의 목적은 잃어버린 백성을 찾으셔서 "그들은 내가 그들의 하나님 여호와로서 그들 중에 거하려고 그들을 애굽 땅에서 인도하여 낸 줄을 알리라"(29:46), 이것이 출애굽기의 중심 주제입니다. 그러므로 하나님께서 모세를 바로에게 보내셔서 한 말이 일관되게 "내 백성을 보내라 그들이 나를 섬기리라"(5:1, 7:16, 8:1, 9:1,13, 10:3)였던 것입니다.

　　㉡ 40년 동안 매일 같이 만나를 내려주시고

　　㉢ 생수를 마시게 하심도 그들이 하나님의 백성들이었기 때문입니다.

ⓔ 또한 율법을 주심도 하나님의 백성답게 살아가게 하기 위해서였습니다. 그러므로 십계명의 서문은 "나는 너를 애굽 땅, 종 되었던 집에서 인도하여 낸 〈네 하나님 여호와〉니라"(20:2)고 말씀하십니다. 하나님의 백성들이 모든 규례를 지켜 행할 때 이방인들이 "이르기를 이 큰 나라 사람은 과연 지혜와 지식이 있는 백성이로다 하리라"(신 4:6), 다시 말하면 하나님의 백성은 과연 다르다 할 것이라는 뜻입니다.

ⓜ "여호와 닛시" 곧 대적을 물리쳐주심도 그들이 하나님의 백성들이었기에 보호하여 주신 것이요

ⓗ 가나안을 향하여 구름 기둥 불기둥으로 앞에서 인도하여주심도 그들이 하나님의 백성들이었기 때문입니다.

⑦ 우리는 한 걸음 더 나아가야 합니다. 왜냐하면 하나님은 "그들 중에 거할 성소(聖所)를 지으라"(25:8)하고 명하셨기 때문입니다. 그러므로 하나님께서 시내 산에서 주신 것은 율법만이 아니었습니다. 성막 식양(式樣)도 주셨습니다.

㉠ 만일 십계명만을 주시고 성막을 주시지 않으셨다면 구약의 성도들은 한 사람도 구원을 얻지 못했을 것입니다. 왜냐하면 "율법의 행위로 그의 앞에 의롭다 하심을 얻을 육체가 없나니 율법으로는 죄를 깨달음이니라"(롬 3:20)하고 말씀하기 때문입니다.

율법으로 죄를 깨닫고는(문제) 성막 번제단에 가서 속죄제를 드림으로 죄에 대한 해결을 받을 수 있었던 것입니다. 이처럼 성막은 임마누엘의 모형이요, 문제(問題)에 대한 해답(解答)으로 주어진 것입니다. 그러므로 성막 식양(式樣)은 의문(儀文)에 가려있는 복음이었던 것입니다.

㉡ 또한 성막을 주심은 자기 백성들과 동거(同居) 동행(同行)하기를 원

하셨기 때문입니다. 하나님은 출애굽의 목적(目的)을 "그들은 내가 그들의 하나님 여호와로서 그들 중에 거하려고 그들을 애굽 땅에서 인도하여 낸 줄을 알리라 나는 그들의 하나님 여호와니라"(출 29:46)고 말씀하십니다. 하나님은 자기 백성들과 함께 거하시기를 원하신다는 말씀입니다.

ⓒ 바로 이것입니다. 이는 출애굽의 목적뿐만이 아니라 성경 전체의 중심주제인 것입니다. 그러므로 하나님의 나라건설은 "보라 하나님의 장막이 사람들과 함께 있으매 하나님이 그들과 함께 계시리니 그들은 하나님의 백성이 되고 하나님은 친히 그들과 함께 계셔서 모든 눈물을 그 눈에서 닦아 주시니 다시는 사망이 없고 애통하는 것이나 곡하는 것이나 아픈 것이 다시 있지 아니하리니 처음 것들이 다 지나갔음이러라"(계 21:3-4)에서 완성(完成)되는 것입니다.

⑧ 출애굽기는 고역으로 인하여 탄식하며 부르짖는 것으로 시작하여 하나님의 영광이 성막에 충만한 것으로 끝나고 있습니다.

㉠ 성막에 충만한 영광은 "말씀이 육신이 되어 우리 가운데 거하시매 우리가 그의 영광을 보니 아버지의 독생자의 영광이요 은혜와 진리가 충만하더라"(요 1:14)에 대한 모형이요, 그리스도의 구속으로 말미암아 이제는 "너희가 하나님의 성전인 것과 하나님의 성령이 너희 안에 계시는 것을 알지 못하느냐"(고전 3:16) 한 교회로 성취가 되었다가 "보라 하나님의 장막이 사람들과 함께 있으매, 이루었도다 나는 알파와 오메가요 처음과 마지막이라"(계 21:3,6)에서 완성될 모형인 것입니다.

㉡ 출애굽기에서 그리스도는

㉮ 유월절 양으로

㉯ 중보자인 제사장으로

㉰ 생명의 양식인 만나로

㉣ 생수를 솟아내는 반석으로
㉤ 인간의 장막을 입고 임마누엘 하실 성막으로 계시되어 있습니다.

출애굽기는 "죽기를 무서워하므로 일생에 매어 종노릇" 하던 나 자신이 어떻게 해서 구원을 얻어 하나님의 백성이 되었는가 하는 우리들의 이야기요, 바로 복음인 것입니다.

레위기

주제 : 그 피로 행하여 속죄소 위와 속죄소 앞에 뿌릴지니(16:15)

　레위기는 출애굽기에서 완성이 된 성막(聖幕)의 용도가 무엇인가에 대한 해설(解說)서입니다. 출애굽기는 마지막 장에서 "여호와의 영광이 성막에 충만하매"(출 40:34)하고 마치고 있는데, 레위기는 "여호와께서 회막(會幕)에서 모세를 부르시고 그에게 말씀하여 이르시되"(1:1)하고 시작됩니다.

　레위기에 등장하는 5대 제사, 대속죄일, 3대 절기 등에 대한 계시는 출애굽기에서 보여주신 "너희를 속량하여 너희를 내 백성으로 삼고"(출 6:6-7)한 "유월절 양의 피"를 "여러 부분과 여러 모양"(히 1:1)으로 확대(擴大)해서 보여주시는 것입니다.

① 다시 상기해야 할 요점은 하나님은 시내 산에서 십계명의 "돌비"만을 주신 것이 아니라, "내가 네게 보이는 모양대로 장막을 지으라"(출 25:9)고 성막 식양(式樣)도 주셨다는 점입니다. 그러므로 "십계명과 성막 식양"을 함께 주신 하나님의 의도와 이에 함의된 구속사적 의미를 깨닫는다는 것은 사활(死活)적으로 중요합니다.

    ㉮ 다시 말하면 율법이 할 수 없는 것과 할 수 있는 일이 무엇이며,

    ㉯ 성막이 할 수 있는 기능이 무엇인가 하는 점에 확고해야만 레위기를 바로 이해할 수 있는 것입니다.

    ㉠ 율법의 기능은 크게 두 가지인데 첫째로 율법이 할 수 있는 일은 죄를 깨닫게 하는 일이고,

    ㉡ 둘째는 정죄하여 죄의 확산을 방지하는 일입니다. 법이 없으면 죄를 죄로 여기지 않게(롬 5:13) 되기 때문에 무법천지가 되고 맙니다. 그러니까 율법은 우리의 "문제"(問題)만을 드러내는 것입니다.

그러면 율법이 할 수 없는 일은 무엇인가? 이점을 사도 바울은 "모세의 율법으로 너희가 의롭다 하심을 얻지 못하던 모든 일"(행 13:39)이라고 말씀합니다. 의롭다 함을 주지 못했다는 것은 구원을 주지 못했다는 뜻입니다.

② 그러면 성막의 기능은 무엇인가?

    ㉠ 첫째는 그들 중에 거할 성소(출 25:8), 즉 하나님이 그들과 함께 하신다는 표징이요

    ㉡ 둘째는 하나님께 예배하는 즉 교제하는 만남의 장소요

    ㉢ 셋째는 범한 죄를 사함을 받는 곳입니다. 즉 문제에 대한 해답(解쏨)으로 주신 것입니다.

    그러므로 율법의 기능은 "이같이 율법이 우리를 그리스도께로 인도

하는 초등교사"(갈 3:24), 달리 말하면 성막(聖幕)으로 인도하는 것이라는 뜻입니다. 그래서 십계명만을 주시고 성막을 주시지 않았다면 구약의 성도들은 구원을 얻을 길이 없었을 것이라고 말씀했던 것입니다.

그러니까 육신의 연약으로 말미암아 율법을 범하게 된 죄를 번제단에서 드려지는 흠 없는 어린 양의 속죄제를 통해서 사함을 받았던 것입니다. 한마디로 율법이 정죄하고 죽이는 기능을 한다면 성막은 대속(代贖)을 하여 살리는 기능을 한다는 말씀입니다.

ㄹ) 이런 하나님의 의도가 민수기 15장에 나타나 있는데 "곧 여호와께서 모세를 통하여 너희에게 명령한 모든 것(계명)을 여호와께서 명령한 날 이후부터 너희 대대(代代)에 지키지 못하여 회중이 부지중에 범죄하였거든(성막에 가서) 속죄제로 드릴 것이라 그리하면 사함을 받으리니"(민 15:23-25) 하십니다. 이런 기능이 있는 성막은 그리스도께서 육신을 입고 이 땅에 오셔서 우리의 죄를 대속하여 주실 것에 대한 모형인 것입니다.

③ 레위기는 크게 두 부분으로 나누어집니다.

ㄱ) 전반부(1-17장)는 하나님 존전에서 추방을 당한 아담의 후예들이 어떻게 하나님 앞으로 돌아갈 수 있는가를 계시해 주고

ㄴ) 후반부(18-27장)는 하나님과의 교제를 지속하며 동행하는 삶을 살아가는 방도를 말씀해주고 있습니다.

④ 이를 보여주기 위해서 하나님의 임재를 상징하는 지성소에 이르는 길을 휘장으로 막으라 명하셨던 것입니다.

그 이유를 이사야 선지자는 "오직 너희 죄악이 너희와 너희 하나님 사이를 갈라놓았고 너희 죄가 그의 얼굴을 가리어서 너희에

게서 듣지 않으시게 함이니라"(사 59:2)하고 해설해주고 있습니다.

㉠ 이처럼 하나님과의 관계가 단절(斷絕)된 죄인이 하나님께 나아갈 수 있는 방도는 대속제물과

㉡ 이를 드려줄 대제사장을 필요로 하게 되었다는 것입니다. 그러나 구약시대에 그처럼 많은 제물이 드려졌지만 가로막혀 있는 휘장은 열리지 않았습니다. 왜냐하면 구약의 제사의식은 참 것의 그림자였기 때문입니다.

㉢ 주님께서 "인자가 온 것은, 자기 목숨을 많은 사람의 대속물로 주려 함이니라"(마 20:28)고 "대속물"이라 하신 것은 지금 상고하고 있는 레위기를 염두에 두고 하신 말씀입니다. 그러므로 레위기를 알아야만 우리의 죄를 구속하시기 위해서 십자가를 담당하신 복음을 깨달을 수 있는 것입니다.

㉣ 또한 레위기를 알아야만 "하나님이 열납하시는" 바른 예배를 드릴 수 있고, 레위기를 알아야만 "내가 거룩하니 너희도 거룩한 자가 되라"하신 성화의 삶"을 살아갈 수 있는 것입니다. 드림은 우리에게 있지만 열납하심은 하나님에게 있다는 점을 명심해야 합니다.

㉤ 신약성경 중 히브리서는 레위기의 해설서라고 할 수 있는데 "모형과 그림자"(히 8:5) 또는 "비유"라고 말씀하면서 "개혁(改革)할 때까지 맡겨둔 것이니라"(히 9:9-10)합니다. 그러므로 이러한 "모형 · 그림자 · 비유" 등을 해석할 때에 명심해야 할 점은 나타난 실체(實體), 즉 밝히 드러난 신약의 빛을 받아서 해석해야 한다는 점입니다. 그렇게 할 때 의문(儀文)에 가려져 있던 복음이 빛을 발하게 되는 것입니다.

⑤ 레위기는 "번제 · 소제 · 화목제 · 속죄제 · 속건제" 등 5대 제사(1-7장)로 시작됩니다. 이는 모두가 그리스도에게서 성취될 구

속사역의 일면을 예표하고 있는 것입니다.

    ㉠ 번제는 "나의 원대로 마시옵고 아버지의 원대로 하옵소서"(마 26:39) 한 전적인 헌신을 상징합니다.

    ㉡ 소제는 "모든 일에 우리와 똑같이 시험을 받은 이로되 죄는 없으시니라"(히 4:15) 한 주님의 죄 없으신 삶을 상징합니다.

    ㉢ 화목제는 "우리 죄를 속하기 위하여 화목제물로 그 아들을 보내셨음이니라"(요일 4:10)를 상징하고

    ㉣ 속죄제는 "자기 목숨을 많은 사람의 대속물로 주려 함이니라"(마 20:28)를 상징하고

    ㉤ 속건제는 "그의 영혼을 속건제물로 드리기에 이르면 그가 씨를 보게 되며"(사 53:10)를 의미합니다.

    ㉥ 형제가 속죄제를 드린다고 생각해보십시오.

        ㋐ 흠이 없는 정결한 짐승을 끌고 와서

        ㋑ 안수하므로 자신의 죄를 양에게 전가(轉嫁)시키어

        ㋒ 잡아

        ㋓ 제사장에 의해서 피는 뿌려지고 고기는 불태워 드려집니다.

    틀림없이 형제는 눈물을 철철 흘리면서 이 일을 할 것입니다. 하나님은 이를 통해서 그리스도께서 이루어주실 구속교리를 바라보게 하셨던 것입니다.

    ⑥ 레위기의 핵심 장은 16장입니다. 16장은 1년에 한 번 드려지는 대속제일에 관한 규례입니다. 대제사장이라 하여도 이날만 지성소에 들어가는 것이 허용됩니다. 그것도 그에게 자격이 있어서가 아니라 단번에 드려주실 대제사장이신 그리스도를 예표하기 때문입니다.

    ㉠ 대제사장은 속죄 제물로 숫염소 둘을 준비합니다. 그중의 하나로는

온 백성을 위한 속죄제로 드려집니다. "백성을 위한 속죄제 염소를 잡아 그 피를 가지고 휘장 안(지성소)에 들어가서 그 피로 행하여 속죄소 위와 속죄소 앞에 뿌릴지니"(16:15)하십니다. 어찌하여 대속의 피를 속죄소 "위와 앞에" 뿌리라 하시는지 형제는 말해줄 수 있습니까?

ⓒ 여기에 복음의 핵심이 있습니다. 하나님께서 위에서 우리를 보실 때에 속죄소 위에 뿌려진 "대속의 피"를 통해서 보신다는 것입니다. 또한 앞에 뿌리라 하심은 지성소에서 밖에 있는 우리를 보실 때에 앞에 뿌려진 피를 통해서 보신다는 것입니다.

애굽의 장자를 심판하실 때에도 집 안에 있는 자들을 대문에 뿌려진 대속의 피를 통해서 보심으로 그 집을 건너고 넘어갈 수 있으셨던 것입니다. 하나님은 이 모형을 통해서 그리스도의 구속으로 말미암아 "피 아래, 은혜 아래, 십자가 아래" 있어야만 구원에 이를 수 있다는 복음을 계시해 주셨던 것입니다. 이점을 신약성경에서는 "죄가 너희를 주장하지 못하리니 이는 너희가 법 아래 있지 아니하고 은혜 아래(피 아래) 있음이라"(롬 6:14)하고 말씀합니다.

ⓒ 다른 한 마리 염소는 "아론은 그의 두 손으로 살아 있는 염소의 머리에 안수하여 이스라엘 자손의 모든 불의와 그 범한 모든 죄를 아뢰고 그 죄를 염소의 머리에 두어 미리 정한 사람에게 맡겨 광야로 보낼지니 염소가 그들의 모든 불의를 지고 접근하기 어려운 땅에 이르거든 그는 그 염소를 광야에 놓을지니라"(16:21-22) 하십니다. 그 의도가 무엇인가?

이점을 시편 기자는 "동이 서에서 먼 것같이 우리의 죄과를 우리에게서 멀리 옮기셨으며"(시 103:12)라고 찬양하고, 세례요한은 "보라 세상 죄를 지고 가는 하나님의 어린 양이로다"(요 1:29)라고 증언합니다. 하나님은 우리의 죄를 대속해주실 것을 이중(二重), 삼중(三重)으로 계시해 주셨던 것입니다.

⑦ 23장에는 3대 절기인 "유월절 · 오순절 · 초막절"이 계시되어 있는데, 이 3대 절기는 각 성에서 지키는 것이 아니라 모든 남자는 하나님이 택하신 곳 예루살렘으로 와서 드리라 하십니다. 3대 절기는 하나님의 구원계획에 대한 절묘한 요약인데, 이를 잊지 않게 하시려는 의도로 택하신 곳에 와서 지키라 하신 것입니다.

㉠ 유월절은 그리스도께서 유월절의 양이 되어주심으로 성취되었습니다.

㉡ 오순절은 성령강림으로 성취되었는데, 오순절 전에 초실절(初實節)이라는 것이 있습니다. "너희의 곡물의 첫 이삭 한 단을 제사장에게로 가져갈 것이요"(23:10)하십니다. "첫 이삭"은 "죽은 자 가운데서 다시 살아나사 잠자는 자들의 첫 열매가 되셨도다"(고전 15:20) 한 그리스도의 부활을 예표합니다. 그 첫 이삭 한 단을 "안식일 이튿날에 흔들 것이라" 하시는데 우리 주님은 "안식일이 다 지나고 안식 후 첫날"(마 28:1)에 부활하셨던 것입니다.

㉢ 그리고 "안식일 이튿날 곧 너희가 요제로 곡식단을 가져온 날부터 세어서 일곱 안식일의 수효를 채우고 일곱 안식일 이튿날까지 합하여 오십 일을 계수하여 새 소제를 여호와께 드리되"(23:15-16)하십니다. 이것이 오순절인데 약속하신 성령은 주님이 부활하신 후 50일 만에 강림하심으로 "새 소제", 즉 신약(新約)교회는 탄생이 되었던 것입니다.

⑧ 이제 한 가지 초막절의 절기만이 남은 것입니다. 초막절의 끝 날을 "큰 날"(요 7:37)이라 하는 것은 광야생활을 청산하고 약속의 땅에 입성하기 때문인데, 이는 그리스도의 재림(再臨)으로 성취될 예표입니다.

㉠ 지금 우리는 초막절의 기간을 살아가고 있는 셈입니다. 이를 잊지 않게 하시려고 "너는 매년 세 번 내게 절기를 지킬지니라(3대 절기),

하나님 여호와께서 택하신 곳(예루살렘)에서 여호와를 뵈옵되"(출 23:14, 신 16:16)라고 명하신 것입니다.

ⓒ 이처럼 하나님은 자기 아들을 통해서 이루어주실 복음의 비밀을 "5 대 제사, 대 속죄일, 3대 절기"라는 예표를 통해서 계시해 주신 것 입니다. 이제는 의문에 가려있던 복음이 실체가 오심으로 밝히 드러난 것입니다. 복음의 비밀을 이보다 더 알아듣기 쉽게 설명할 수 있단 말인가?

⑨ 예수 그리스도는 대속제물만 되어주신 것이 아닙니다. 이를 드려줄 대제사장도 되십니다. "또 관유를 (대제사장) 아론의 머리에 붓고 그에게 발라 거룩하게 하라"(8:12) 하신 것은 기름 부음을 받은 자라는 "그리스도"에 대한 예표인 것입니다. 히브리서 8:1절에서는 "지금 우리가 하는 말의 요점은 이러한 대제사장이 우리에게 있다는 것이라"고 말씀합니다. "이러한 대제사장"이신 그리스도는 구약의 대제사장과 어떻게 다른가?

ⓐ 구약의 대제사장은 가축을 반복해서 드렸으나, 우리의 대제사장은 "단번에 자기를 드려 이루셨고"(히 7:27)

ⓑ 구약의 대제사장은 먼저 자기를 위하여 속죄제를 드렸으나, 우리의 대제사장은 "영원히 온전하게 되신 아들을 세우셨느니라"(히 7:28) 합니다.

ⓒ 구약의 대제사장들은 죽음으로 말미암아 수효가 많았으나, 우리의 대제사장은 "영원히 계시므로 그 제사장 직분도 갈리지 아니하느니라"(히 7:23-24)하고 말씀합니다.

ⓓ "그러므로 자기를 힘입어 하나님께 나아가는 자들을 온전히 구원하실 수 있으니 이는 그가 항상 살아 계셔서 그들을 위하여 간구하심이라"(히 7:25), "그러므로 우리에게 큰 대제사장이 계시니 승천하

신 이 곧 하나님의 아들 예수시라 우리가 믿는 도리를 굳게 잡을 지어다"(히 4:14) 합니다.

⑩ 그러므로 그리스도께서 대제사장이 되셔서 자신을 제물로 드려주시면서 "다 이루었다"(요 19:30)고 선언하셨을 때에야 그토록 많은 제물이 드려졌어도 1500년 동안이나 굳게 닫혀있던 휘장이 열려졌던 것입니다. "그러므로 형제들아 우리가 예수의 피를 힘입어 성소에 들어갈 담력을 얻었나니 그 길은 우리를 위하여 휘장 가운데로 열어놓으신 새로운 살 길이요 휘장은 곧 그의 육체니라, 참 마음과 온전한 믿음으로 하나님께 나아가자"(히 10:19-22)하고 말씀합니다.

이렇게 행해주심으로 하나님 존전에서 추방을 당하였던 죄인들에게 하나님 앞으로 나아갈 수 있는 길을 열어주신 것입니다. 레위기는 이를 "그림자"로 보여주시고, 신약성경은 실체로 성취되었음을 증언하고 있는 것입니다.

⑪ 레위기의 또 하나의 주제(主題)는 어떻게 하나님과의 교제를 지속(持續)하며 동행(同行)하는 삶을 살 수 있는가 하는 문제입니다.

　㉠ 후반부가 시작되는 18장에서 "너희는 너희가 거주하던 애굽 땅의 풍속을 따르지 말며 내가 너희를 인도할 가나안 땅의 풍속과 규례도 행하지 말라"(18:3)고 먼저 해서는 아니 될 것을 경계하십니다.
　그런 후에 "너희는 내 법도를 따르며 내 규례를 지켜 그대로 행하라 나는 너희의 하나님 여호와이니라"(18:4)하고 준수해야 할 것을 말씀하십니다.

ⓒ 이를 한마디로 요약한 것이 "나는 너희의 하나님이 되려고 너희를 애굽 땅에서 인도하여 낸 여호와라 내가 거룩하니 너희도 거룩할지어다"(11:45) 하신 말씀입니다. 이처럼 "성별"의 삶을 사는 것이 하나님과 교제를 지속하며 동행하는 삶을 사는 비결입니다.

⑫ 끝으로 레위기에서 우리가 명심하고 또 명심해야 할 말씀이 있는데 그것은 "나는 너희의 하나님 여호와니라, 또는 여호와니라"는 말씀입니다. 50번 이상이나 등장합니다. "하나님"이라는 호칭이 창조 사역과 결부되는 이름(창 1장)이라면 "여호와"는 구속 사역과 결부(출 3장)되는 칭호입니다.

ⓐ 그리고 "나는 너희를 애굽 땅에서 인도해 내어 그들에게 종 된 것을 면하게 한 너희의 하나님 여호와이니라"(26:13)하고 "애굽에서 구원하여" 주셨음을 상기시키는 말씀도 일곱 번이나 등장합니다. 이는 "그 때와 이제"를 대조시켜서 이스라엘 백성들로 하여금 자신의 근본과 뿌리와 정체성을 일깨워주기 위해서인 것입니다.

ⓑ 이점은 신약성경에서도 "그러므로 생각하라 너희는 그 때에 육체로는 이방인이요, 세상에서 소망이 없고 하나님도 없는 자이더니 이제는 전에 멀리 있던 너희가 그리스도 예수 안에서 그리스도의 피로 가까워졌느니라"(엡 2:11-13)고 상기시키고 있는 바입니다.

"5대 제사, 3대 절기, 대속죄일" 등은 하나님께서 자기 아들을 통해서 이루어주실 하나님의 은혜요 복음입니다. 이를 통해서 하나님께 나아가는 길을 열어주신 것입니다. 이제 "참마음과 온전한 믿음"으로 하나님께 나아가야 하는 것은 우리의 믿음이요, "내가 거룩하니 너희도 거룩할지어다" 하신 성별의 삶을 살면서 하나님과 동행해야 하는 것은 우리가 행해야 할 책임이요, 실천 윤리(倫理)입니다.

민수기

**주제 : 이십 세 이상으로 싸움에 나갈만한
자를 계수하라(1:3, 26:2)**

㉠ 창세기 · 출애굽기 · 레위기의 문맥을 살펴보면 "창세기"의 역사는 천
  지창조로 시작하여 야곱의 자손 70명이 애굽으로 내려가는 데까지이
  고,
㉡ "출애굽기"의 역사는 애굽에서 430년 동안 노예생활을 하던 야곱의
  자손들이 애굽을 탈출하여 시내 산에 1년을 머무르면서 율법을 받고
  성막을 세우는 데까지의 여정이고,
㉢ 레위기는 역사가 아니라 성막에서 행할 제사제도의 규례와 하나님의
  백성답게 살아야 할 율례를 말씀함인데,
㉣ "민수기"는 드디어 시내 산을 출발하여 요단 동쪽 모압 평지에 이르
  는 광야 40년간의 방황의 기록입니다.

민수기의 본래 이름은 "베미드 바르"인데 그 뜻은 "광야에서"라는 의미입니다. 그러므로 민수기는 광야 같은 세상을 살아가고 있는 우리에게 거울이 되고 경계가 되는 말씀입니다. 민수기를 상고하노라면 "우리는 지금 민수기 시대를 살아가고 있구나"하는 각성을 하게 되는 까닭이 여기에 있습니다.

출애굽기를 통해서 살펴본 대로 이스라엘 자손들은 애굽 바로의 노예였던 신분(身分)에서 "속량"으로 말미암아 하나님의 백성이 되었습니다. 그리하여 하나님의 백성답게 살아가야 할 율법(律法)과 하나님이 그들과 함께 하신다는 임재의 상징으로 성막(聖幕)이 주어졌습니다. 그리고 "레위기"를 통해서는 성막을 사용하는 법, 즉 죄인이 어떻게 하나님 앞에 나아갈 수 있으며 하나님과의 교제를 지속해나갈 수 있는가 하는 방도를 말씀해주셨습니다.

① 그렇다면 다음 단계는 무엇인가? 그들과 함께 하시는 하나님의 명령(命令)대로 순종하면서 약속의 땅 가나안을 향해서 진군(進軍)해 나가는 일입니다. 그들의 구심점(求心點)은 그리고 원동력(原動力)은 하나님이 그들과 함께 계심을 상징하는 성막에 있습니다.

　㉠ 이제 약속의 땅에 들어가기 위해서는 광야를 통과해야 하고, 그들의 앞길을 가로막는 많은 난관들을 극복해야 될 것입니다. 하나님께서는 이에 대비하여 "이십 세 이상으로 싸움에 나갈만한 모든 자"(1:3)를 계수하라고 명하십니다. 계수함을 입은 총계가 603,550명이었습니다.

　㉡ 이들을 네 대(隊)로 편성하게 하시고 각 대에는 대표 지파가 선임되

었는데, 그 이름을 따라 "유다의 진·르우벤 진·단 진·에브라임 진"으로 불렀습니다. 이 점에서 유념할 점은 "사백삼십 년이 끝나는 그 날에 여호와의 군대(軍隊)가 다 애굽 땅에서 나왔다"(출 12:41) 하고 바로의 노예였던 그들을 "여호와의 군대"라 부르고 있다는 점입니다. 더 이상 바로의 노예들이 아닙니다. 그냥 하나님의 백성들도 아닌 "여호와의 군대"(軍隊)라는 말씀입니다.

② 네 대(隊)가 진을 친 위치는 성막을 중심으로 진행에 나갈 전방(前方)에는 유다 진(陣)이 진 쳤고 우편에는 르우벤 진, 좌편에는 단 진, 후방에는 에브라임 진이 배치되었습니다. 그리고 각 진에는 그 진을 상징하는 군기(軍旗)가 있었는데, 전승에 의하면 유다 진 기에는 사자가 그려져 있었다고 합니다. 이는 "유다는 사자 새끼로다"(창 49:9)한 야곱의 예언에 근거했다는 것입니다.

이 점에서 주목하게 되는 것은 하나님께서 유다 진은 "동방(東方) 해 돋는 쪽에"(2:3) 진을 치라고 명하셨다는 점입니다. 이는 무심한 것이 아니라 구속사적 의미가 있는데, 유다 지파에서 나실 그리스도를 말라기 선지자는 "공의로운 해가 떠올라서 치료하는 광선을 비추리니"(말 4:2)라고 예언하고 있기 때문입니다. 그리고 신약성경에서는 "이로써 돋는 해가 위로부터 우리에게 임하여"(눅 1:78)라고 말씀하고 있습니다. 그러므로 다른 진과는 달리 유다 진은 그냥 "동방"이 아니라 "해 돋는 쪽에 진칠 자"라는 설명을 부가하고 있는 것입니다.

③ 민수기는 레위기의 분위기와는 전혀 다릅니다. 군대의 진과 나부끼는 깃발을 보게 되며 군대를 통솔하기 위해 울려 퍼지는

나팔소리(10:1-10)를 듣게 됩니다.

㉠ 이제 하나님의 군대들이 광야를 통과하기 위해서 행해야 할 일이 무엇인가? 하나님의 약속을 믿고 전진해 나가는 "오직 믿음"입니다. 믿음의 선한 싸움을 싸워 승리하여 하나님께 영광을 돌리는 일뿐입니다. 이것이 하나님께서 기대하시는 바입니다.

㉡ "곧 그들이 여호와의 명령을 따라 진을 치며 여호와의 명령을 따라 행진하고 또 모세를 통하여 이르신 여호와의 명령을 따라 여호와의 직임을 지켰더라"(9:23) 합니다. 신구약을 막론하고 하나님의 군대는 "우리가 살아도 주를 위하여 살고 죽어도 주를 위하여 죽나니 그러므로 사나 죽으나 우리가 주의 것이로다"(롬 14:8)하고 명령에 살고 명령에 죽을 것을 고백하는 자들입니다.

④ 민수기는 크게 세 부분(1-13장, 14-25장, 26-36장)으로 나누어집니다.

㉠ 1부는 시내 산을 출발하여 정탐꾼을 파송한 가데스바네아까지 이고, 2부는 불순종한 여호와의 군대들이 40년 동안 광야를 방황하면서 여호수아·갈렙 외에는 다 죽는 내용이고, 3부는 2세대들을 계수하여 가나안에 입성할 준비를 하는 내용입니다.

㉡ "둘째 해 둘째 달 스무날에 구름이 증거의 성막에서 떠오르매 이스라엘 자손이 시내 광야에서 출발"(10:11-12)하였다고 말씀합니다. 드디어 출발(出發) 명령이 떨어진 것입니다. 출발하는 대형(隊形)을 주목해 보십시오. "선두로 유다 자손의 진영의 군기에 속한 자들이 그들의 진영별로 행진하였으니"(10:14) 합니다. 유다 진이 선두(先頭)에 서서 인도했다는 것은 출애굽 당시에도 그리스도께서 선두에서 인도하셨음을 나타냅니다. 이를 시편 기자는 노래하기를,

유다는 여호와의 성소(聖所)가 되고
이스라엘은 그의 영토가 되었도다
바다가 보고 도망하며 요단은 물러갔으니
산들은 숫양들 같이 뛰었도다(시 114:2-4)

하고 감동적으로 진술합니다.

바다가 도망갔다는 것은 홍해가 갈라진 사실을 시적으로 표현한 것인데 선두에서 인도하시는 왕의 행차(行次)를 보고 길을 열어드렸다는 감동적인 묘사인 것입니다. 시편 68:7절에서는 "하나님이여 주의 백성 앞에서 앞서 나가사 광야에서 행진(行進)하셨을 때에" 하면서 감격하여 말을 잇지 못하고 "셀라" 합니다.

ⓒ 여호와의 군대는 출발에 앞서서 "유월절을 지켰다"(9:5)하고 말씀합니다. 40년이 지난 후 약속의 땅에 입성해서도 우선적으로 유월절을 지키는 것(수 5:10)을 보게 됩니다. 이는 하나님의 명하심에 의한 것인데 하나님께서는 구속의 은총을 잊지 않게 하기 위해서 이를 지키라 명하셨던 것입니다.

⑤ 하나님의 군대의 사기는 얼마나 충천했을 것인가! 그러나 보무(步武)도 당당히 출발한 10장에 이어지는 11장 첫 절은 "백성이 악한 말로 원망"(怨望)했다고 말씀합니다. 이는 출발하기에 앞서 지킨 유월절의 정신을 망각했다는 증거인 것입니다.

㉠ "그들 중에 섞여 사는 다른 인종들이 탐욕을 품으매 이스라엘 자손도 다시 울며 이르되 누가 우리에게 고기를 주어 먹게하랴 우리가 애굽에 있을 때에는"(11:4-5)하고 애굽을 그리워하고 있는 것을 보게 됩니다.

㉡ 그들의 불평은 "우리가 애굽에 있을 때에는 값없이 생선과 오이와

참외와 부추와 파와 마늘들을 먹은 것이 생각나거늘 이제는 우리의 기력이 다하여 이 만나 외에는 보이는 것이 아무 것도 없도다" (11:5-6)하고 매일 내려주신 "만나"를 하찮은 것으로 여겼다는 것입니다. 이를 구속사라는 맥락으로 본다면 "그 귀를 진리(만나)에서 돌이켜 허탄한 이야기를 따르리라"(딤후 4:4)가 되는 것입니다. 이는 "여호와의 명령을 따라 진을 치며 여호와의 명령을 따라 행진하고 또 모세를 통하여 이르신 여호와의 명령을 따라 여호와의 직임을 지켰더라"(9:23) 한 말씀과는 정반대되는 일입니다.

⑥ 민수기의 분기점(分岐點)은 14장입니다. 열두 지파의 족장들로 구성된 정탐꾼들 중 열 명이 정탐한 약속의 땅을 악평(13:32)했기 때문입니다. 말이 악평이지 그것은 반역(叛逆)이었던 것입니다. 왜냐하면 "우리가 한 지휘관을 세우고 애굽으로 돌아가자" (14:4) 라고 말했기 때문입니다.

㉠ 이로 인하여 출애굽 1세대들은 약속의 땅에 들어가지를 못하고 광야에서 죽게 됩니다. 이는 "하나님께 향하는 그들의 마음이 정함이 없으며 그의 언약에 성실(誠實)하지 아니하였음"(시 78:37)을 나타냅니다. 성경은 말씀합니다. "그들에게 일어난 이런 일은 본보기가 되고 또한 말세를 만난 우리를 깨우치기 위하여 기록되었느니라"(고전 10:11)

㉡ 하나님은 "갈렙과 여호수아 외에는 내가 맹세하여 너희에게 살게 하리라 한 땅에 결단코 들어가지 못하리라"(14:30)하고 선언하십니다. 이점을 신약성경은 "이로 보건대 그들이 믿지 아니하므로 능히 들어가지 못한 것이라"(히3:19)하고 불순종=불신앙이라고 말씀합니다. 그것은 10대 2의 비율이 아니라 603,548대 2의 비율임을 유념해야 합니다.

⑦ 모압 평지에 이르렀을 때 하나님께서는 제2차 인구조사를 명하십니다. 이는 인간의 성실하지 못함에도 불구하고 하나님께서는 계획하시고 언약하신 바를 주권적으로 이루시려는 하나님의 신실(信實)하심을 나타냅니다. "모세와 제사장 아론이 시내 광야에서 계수한 이스라엘 자손은 한 사람도 들지 못하였으니 이는 여호와께서 그들에게 대하여 말씀하시기를 그들이 반드시 광야에서 죽으리라 하셨음이라 이러므로 여분네의 아들 갈렙과 눈의 아들 여호수아 외에는 한 사람도 남지 아니하였더라"(26:64-65) 합니다.

　㉠ 하나님은 모세에게도 "너는 이 아바림 산에 올라가서 내가 이스라엘 자손에게 준 땅을 바라보라 본 후에는 네 형 아론이 돌아간 것 같이 너도 조상에게로 돌아가리니"(27:12-13)라고 보기는 하나 들어갈 수 없음을 말씀합니다. 모세는 "원하건대 한 사람을 이 회중 위에 세워서 그로 그들 앞에 출입하며 그들을 인도하여 출입하게 하사 여호와의 회중이 목자 없는 양과 같이 되지 않게 하옵소서"(27:16-17)하고 간구합니다.

　㉡ 그리하여 세움 받은 후계자가 여호수아인데 두 명(여호수아, 갈렙)을 남겨주신 하나님을 찬양하십시다. 왜냐하면 여기에는 하나님의 깊고도 오묘한 섭리가 있으셨던 것입니다.

　㉢ 율법의 대명사인 모세의 사명은 하나님의 백성들을 가나안 입구까지는 인도하였으나 약속의 땅으로 인도할 수 없었고, 여호수아(예수)에게로 인계하는 초등교사의 역할인 것과 또 남은 한 사람 갈렙이 어느 지파 족장인가를 주목하시기 바랍니다. 유다 지파입니다. 그리스도가 탄생할 지파입니다. 유다 지파가 어떻게 해서 족장들이 잠들어 있는 헤브론과 베들레헴, 예루살렘 일원을 분배받게 되었는가?

　㉣ "그러나 내 종 갈렙은 그 마음이 그들과 달라서 나를 온전히 따랐은

즉 그가 갔던 땅으로 내가 그를 인도하여 들이리니 그의 자손이 그 땅을 차지하리라"(14:24) 하신 약속에 의해서입니다. "온전히 따른" 것은 갈렙 만은 아니었습니다. 그런데 여호수아는 모세의 후계자를 삼으셔서 "예수"의 예표적인 인물로 세우시고, 갈렙에게는 그리스도가 탄생하실 땅을 주셨던 것입니다.

⑧ 민수기에는 그리스도가 어떻게 증언되어 있는가? 광야생활에 있어서 하루라도 없어서는 안 될 두 가지 요소는 "만나와 생수"입니다.

　㉠ 주님은 요한복음 6장에서는 "너희 조상들은 광야에서 만나를 먹었어도 죽었거니와 이는 하늘에서 내려오는 떡이니 사람으로 하여금 먹고 죽지 아니하게 하는 것이니라"(요 6:49-50)고 "만나"가 자신에 대한 그림자임을 말씀하시고,

　㉡ 7장에서는 "누구든지 목마르거든 내게로 와서 마시라"(요 7:37)고 반석을 침으로 솟아난 "생수"가 자신이 치심을 당함으로 성취될 것임을 말씀하십니다.

　㉢ 또한 "모세가 광야에서 뱀을 든 것같이 인자도 들려야 하리니 이는 그를 믿는 자마다 영생을 얻게 하려 하심이니라"(요 3:14-15)하고 "불뱀"에 물린 자들을 치료하기 위해서 들려야 할 것을 말씀하십니다.

⑨ 민수기를 통한 불변의 진리는 무엇인가? 그것은 구원에 이르는 "믿음"입니다. 구원에 이르는 믿음은 어떤 믿음인가?

　㉠ 성경은 말씀합니다. "또 하나님이 누구에게 맹세하사 그의 안식에 들어오지 못하리라 하셨느냐 곧 〈순종하지 아니하던 자〉들에게가 아니냐 이로 보건대 그들이 〈믿지 아니하므로〉 능히 들어가지 못한 것이

라(히 3:18-19).

ⓛ 그들과 같이 우리도 복음 전함을 받은 자이나 들은바 그 말씀이 그
들에게 유익하지 못한 것은 듣는 자가 믿음과 결부시키지 아니함이
라"(히 4:2)하고 경계하십니다. 명심하십시다. "불순종은 곧 믿지 아
니함"입니다. 민수기는 바로 이 "구원에 이르는 믿음"을 계시해 주고
있는 것입니다.

신명기

주제 : 마음을 다하고 뜻을 다하고 힘을 다하여 네 하나님 여호와를 사랑하라

신명기는 요단강을 건너 약속의 땅에 들어가기 직전(直前) 모압 평지에서 모세가 행한 세 편의 설교로 되어있습니다. 모세는 "구하옵나니 나를 건너가게 하사 요단 저쪽에 있는 아름다운 땅, 아름다운 산과 레바논을 보게 하옵소서"하고 간구하였으나, 하나님께서는 "그만해도 족하니 이 일로 다시 내게 말하지 말라" (3:25-26)고 허용되지 않았던 것입니다. 왜냐하면 모세는 율법의 대명사로 "율법이 우리를 그리스도께(영적 여호수아)로 인도하는 초등교사"(롬 3:24)역할이기 때문입니다. 그러므로 신명기는 모세가 죽기 약 두 달 전에 마지막으로 행한 유언과 같은 설교입니다. 두 번째 계수함을 받은 군인(軍人)들은 1차 계수 때에는 들지 못한 어린아이들과 광야 40년 동안에 새로 태어난 제2세대들입니다. 이들은 하나님께서 친히 강림하셔서 십계명을 주시고 언약을 맺으신 시내 산 언약(言約)에는 참여하지 못한 자들입니다. 그런데 이들이 가나안을 정복하고 정착해야 할 주역(主役)들이고, 모세는 떠나야 할 처지에 있는 것입니다. 모세는 이들에게 죽기전에 약속의 땅에 들어가서 준행해야 할 하나님께 받은 율례와법도를 전수(傳授)해야 할 필요를 느꼈던 것입니다.

그러므로 신명기 안에는 "네 하나님 여호와께서 네게 기업으로주어 차지하게 하실 땅에 네가 들어가서 거기에 거주할 때에(26:1), 내가 오늘 명하는 모든 명령을 너희는 지켜 행하라"(8:1)는 말씀이 반복적으로 나옵니다. 이것이 모세가 신명기를 기록하게 된 동기(動機)입니다.

그러면 신명기의 내용은 어떻게 구성되어 있는가?
㉠ 첫 번째 설교(1:1-4:43)는 1세대들이 약속의 땅에 들어가지 못하게 된 원인(原因)을 2세대들에게 일깨워주는 내용이고,
㉡ 두 번째 설교(4:44-26:29)는 신명기의 본론(本論)이라 할 수가 있는데, 2세대들이 약속의 땅에 들어가서 준행해야 할 율례와 법도들입니다.
㉢ 그리고 마지막 세 번째 설교(27:1-34:12)는 결론(結論)부분인데, 2세대들을 하나님의 언약과 맹세에 참여시키면서 예언적인 경고와축복으로 되어있습니다.

① 첫 번째 설교(1:1-4:43)

㉠ "호렙산에서 세일 산을 지나 가데스 바네아까지 열하룻 길이었더라" (1:2)고 시작(始作)됩니다. 그리고 이어지기를 "마흔째 해 열한째 달 그 달 첫째 날에"(1:3), 모세가 이스라엘 자손들에게 신명기를 말씀하기 시작했다는 것입니다. 그러니까 1:2절과 3절 사이에는 무려 38년의 간극(間隙)이 있는 것입니다.

　㉡ 그 원인이 어디에 있는가? 가데스 바네아는 열두 족장을 정탐꾼으로 파송한 곳입니다. 그렇다면 "열하루"면 들어갈 수 있는 것을 삼십팔 년이나 광야에서 방황하게 되었다는 말인데, 그렇게 된 원인을 2세 대들에게 말해주고 있는 것입니다.

　㉢ "내가 너희의 조상 아브라함과 이삭과 야곱에게 맹세하여 그들과 그들의 후손에게 주리라 한 땅이 너희 앞에 있으니 들어가서 그 땅을 차지할지니라"(1:8)하고 명했으나, "그러나 너희가 올라가기를 원하지 아니하고 너희의 하나님 여호와의 명령을 거역하여 장막 중에서 원망하여 이르기를 여호와께서 우리를 미워하시므로 아모리 족속의 손에 넘겨 멸하시려고 우리를 애굽 땅에서 인도하여 내셨도다"(1:26 -27)하고 불순종(不順從)했기 때문이라는 것입니다.

민수기에 보면 "한 지휘관을 세우고 애굽으로 돌아가자"(민 14:4)하고 말하고 있는데 이는 명백한 반역(叛逆)이었던 것입니다. 결론은 너희는 1세대들처럼 불순종하지 말라는 경계인 것입니다.

　② 두 번째 설교(4:44-26:19)

　㉠ 2세대들이 약속의 땅에 들어가서 준행해야 할 "율례와 법도"입니다. 가나안은 비어있는 땅이 아닙니다. 소돔 고모라와 같이 죄악이 관영하여 심판을 당하게 된 땅입니다. 마치 전염병(傳染病)이 창궐하는 지역으로 들어가는 것과 같아서 감염될 위험성이 있었기 때문에 같

은 말씀을 여러 방면으로 반복적으로 강조하고 있는 것을 보게 됩니다.

ⓒ 모세는 크게 행해야 할 것과 해서는 아니 될 두 가지를 말씀합니다. 행해야 할 점은 한마디로 주님께서 "크고 첫째 되는 계명"이라 하신 "너는 마음을 다하고 뜻을 다하고 힘을 다하여 네 하나님 여호와를 사랑하라"(6:5)는 말씀입니다. 그러므로 두 번째 설교 중에는 "잊지 말라"는 말이 열두 번, "기억하라"는 말이 열다섯 번 이상 등장합니다. "너는 조심하여 너를 애굽 땅 종 되었던 집에서 인도하여내신 여호와를 잊지 말고(6:12), 너는 광야에서 네 하나님 여호와를 격노하게 하던 일을 잊지 말고 기억하라"(9:7)고 거듭거듭 당부합니다.

ⓒ 그러면 행해서는 안 될 치명적(致命的)인 일이 무엇인가? 그것은 한마디로 "다른 신" 즉 우상을 숭배하지 말라는 말씀입니다. 이 점에서 유념해야 할 점은 "우상숭배"를 십계명 중 한 계명을 범하는 여겨서는 안 된다는 점입니다. 이렇게 여기는 것은 성경을 구속사(救贖史)라는 선으로 보는 것이 아니라 교훈집과 같은 점(點)들의 모임으로 여기기 때문입니다.

ⓒ 하나님은 모세를 통하여 십계명을 주시기에 앞서서 아브라함에게 메시아언약을 세워주셨던 것입니다. 이런 구속사라는 맥락(脈絡)으로 보게 되면 우상숭배란 아브라함에게 세워주신 메시아언약에 대한 배신(背信)행위임이 드러나게 되는 것입니다. 하나님은 아브라함의 자손으로 그리스도를 보내셔서 천하 만민이 복(福)을 받게 하시려는데, 그들은 우상을 통해서 복을 받으려 했던 것입니다. 그래서 신약 성경은 "탐심은 우상숭배니라"고 우상이 마음의 문제임을 말씀합니다. 즉 기복신앙은 우상숭배와 같다는 뜻입니다. 이것이 두 번째 설교의 요점입니다.

③ 세 번째 설교(27:1-34:12)

㉠ 중심점은 2세대들을 하나님께서 세워주신 "언약(言約)과 맹세"에 참여시키는 데 있습니다. 신명기의 핵심이 여기에 있다고 말할 수 있습니다. 왜냐하면 첫째와 둘째 설교는 인간이 행해야 할 윤리라 할 수 있는데 "언약과 맹세"는 하나님이 세워주신 은혜이기 때문입니다. "언약"이 먼저고 윤리는 뒤따르게 되는 것입니다.

㉡ "호렙에서 이스라엘 자손과 세우신 언약 외에 여호와께서 모세에게 명령하여 모압 땅에서 그들과 세우신 언약의 말씀은 이러하니라"(29:1) 합니다. 모세는 백성들을 소집해놓고 "네 하나님 여호와의 언약에 참여하며 또 네 하나님 여호와께서 오늘 네게 하시는 맹세에 참여하기"(29:12) 위해서라고 말씀합니다.

④ 이 점에서 확고히 해야 할 점은 "언약(言約)과 맹세"가 어느 언약을 가리키는가 하는 점입니다. 그것은 모세 율법이 아닙니다. 율법은 쌍방언약으로 "맹세"가 없습니다. 언약과 맹세에 참여시키는 목적(目的)이 어디에 있는가? "네 조상 아브라함과 이삭과 야곱에게 맹세하신 대로 오늘 너를 세워 자기 백성을 삼으시고 그는 친히 네 하나님이 되시려 함이니라"(29:13)고 말씀합니다. 이 말씀 속에는 중요한 요점 둘이 나타나는데, 그것은 "자기 백성과 맹세"입니다.

㉠ 첫째로 바로의 종이었던 자들이 하나님의 백성이 되는 것은 시내 산 율법으로 가능해진 것이 아닙니다. 이는 하나님께서 아브라함에게 주권적으로 세워주신 메시아언약 안에서만이 가능해지는 것입니다.

㉡ 또한 "맹세"란 보증(保證)을 의미하는데, 율법은 "맹세"로 주어진 것이 아닙니다. 하나님은 아브라함에게 언약을 세워주실 때 "내가 나를 가리켜 맹세하노니"(창 22:16)하고 맹세로 보증해주셨던 것입니다. 또한 "내가 나의 거룩함으로 한번 맹세하였은즉 다윗에게 거

짓말을 하지 아니할 것이라"(시 89:35) 하십니다. 그러므로 "언약과 맹세"는 아브라함과 다윗에게 세워주신 "메시아언약"과 결부되는 것입니다. 그러므로 히브리서에서는 "언약과 맹세"를 가리켜서 "이 두 가지 변하지 못할 사실"(히 6:18)이라고 말씀합니다. 맹세로 보증하신 메시아언약은 폐하여질 수도 없고 그 누구도 끊을 수 없으나 돌비는 깨졌고 율법은 폐하여졌던 것입니다.

⑤ 이런 맥락에서 신명기는 서두(序頭)에서 "너희의 조상 아브라함과 이삭과 야곱에게 맹세하여"(1:8)로 시작(始作)하여 마지막 장 결론(結論)에 이르러, "내가 아브라함과 이삭과 야곱에게 맹세하여"(34:4)하고 "아브라함"으로 시작하여 아브라함으로 마치는 구조입니다. 이는 무엇을 말해주느냐 하면 모세의 권면이 아브라함에게 세워주신 메시아언약에 근거하고 있다는 증거인 것입니다.

㉠ 그리고 그 중간(中間)에서도 "조상에게 맹세"한 것이라는 말이 무려 30회 정도 등장합니다. 모세는 신명기를 말씀하는 내내 하나님께서 아브라함에게 세워주신 "메시아언약"을 놓치지 않고 붙잡고 있었다는 점을 말해줍니다. 그리고 하나님께서 아브라함에게 언약하시고 맹세로 보증하여주신 것은 가나안이라는 "땅"에 핵심이 있는 것이 아니라, 그의 자손(子孫)으로 그리스도를 보내주시겠다 하신 "메시아언약"이 핵심이라는 점입니다.

㉡ 가나안 땅은 메시아가 탄생하실 장소를 준비하심이었던 것입니다. 모세는 십계명에 근거해서 마지막 유언을 하고 있는 것이 아니라, 아브라함에게 세워주신 메시아언약에 입각해서 권면하고 있다는 점을 간과하지 말아야 합니다.

⑥ 이런 맥락에서 모세가 2세대들을 "언약과 맹세에 참여"시키려는 목적에는 신학적(神學的)인 면과 윤리적(倫理的)인 의미가 있는 것입니다.

　㉠ 신학적인 면은 아브라함의 언약에 입각하여 그들이 "언약백성, 하나님의 백성"이라는 정체성(正體性)을 확고하게 세워주고자 하는 것이요,

　㉡ 윤리적인 면은 하나님의 백성답게 "율례와 법도"를 준행하라는 것입니다.

⑦ 그러므로 신명기는 동떨어진 "교훈집"이 아니라,

　㉠ 창세기에서 조상에게 언약하신 하나님

　㉡ 출애굽기에서 언약하신 대로 유월절 어린양의 피로 구속하여 자기백성 삼으신 하나님

　㉢ 레위기에서 "구속교리"를 5대 제사(祭祀)와 3대 절기(節氣)를 들어서 계시하신 하나님

　㉣ 민수기에서는 시내 산을 출발하여 모압 평지까지 인도(引導)하신 하나님의 구속사(救贖史)의 맥락에서 신명기는 주어진 것입니다.

　㉤ 그리고 이어지는 여호수아서에서 조상에게 언약하신 대로 약속의 땅을 주어 안식(安息)하게 하시는 문맥 안에서 주어진 것이 신명기입니다.

⑧ 다시 강조합니다만 준행해야 할 "율례와 법도"가 무엇인가? "십계명"이라 말하겠습니까? 하나님은 시내 산에서 십계명만을 주신 것이 아닙니다. 만일 그렇게 하셨다면 구약의 성도들은 한 사람도 구원(救援)에 참여할 수 없었을 것입니다. 왜냐하면 "율법의 행위로 그의 앞에 의롭다 하심을 얻을 육체가 없느니"(롬

3:20)고 말씀하기 때문입니다.

ㄱ 이를 우리보다도 잘 아시는 하나님은 "성막 식양"도 주셨던 것입니다. "성막"은 임마누엘의 모형이요, 번제단에서 드려지는 제물은 그리스도께서 단번에 드려주실 대속제물에 대한 그림자로 주어진 것입니다. 유월절 어린 양의 대속이 아니었다면 바로의 노예에서 구원 얻을 수 없었을 것이요, 속죄제를 드릴 번제단이 주어지지 않았다면 죄를 해결할 방도가 없었을 것입니다.

ㄴ 모세는 "유월절 제사를 네 하나님 여호와께서 네게 주신 각 성에서 드리지 말고 오직 네 하나님 여호와께서 자기의 이름을 두시려고 택하신 곳에서 네가 애굽에서 나오던 시각 곧 초저녁 해 질 때에 유월절 제물을 드리라"(16:5-6)하고 명합니다. 12장에는 "택하신 곳"이라는 말이 여섯 번이나 강조되어 있습니다. 이는 구원의 근거가 여기저기 있는 것이 아니라 오직 택하신 곳 곧 예수 그리스도의 십자가에만 있다는 강력한 시사인 것입니다. 그러므로 구약의 성도들이 준행해야 할 "율례와 법도"란 십계명으로 대변이 되는 율법만이 아니라, 성막으로 대변이 되는 제사(祭祀)의식을 바르게 준행하는 일이 포함되었던 것입니다. "십계명"이 윤리(倫理)라면 제사의식은 의문에 가려있는 은혜요, 복음(福音)이었던 것입니다.

ㄷ 신구약 시대를 막론하고 "다른 이로써는 구원을 받을 수 없나니 천하 사람 중에 구원을 받을 만한 다른 이름을 우리에게 주신 일이 없다"(행 4:12)는 점에 확고해야 합니다. 다른 점이 있다면 구약의 성도들은 제사의식을 지킴으로 앞으로 오실 그리스도를 대망하였고, 신약의 성도들은 성찬을 행하면서 다시 오실 그리스도를 대망(待望)하고 있다는 차이뿐입니다.

ㄹ 이런 맥락에서 약속의 땅에 들어가서 준행해야 할 "율례와 법도"는 십계명만이 아니라, 실체(實體)가 오시기까지 메시아언약을 대망(待望)하게 하는 "유월절·오순절·초막절"과 같은 제사제도를 올바로

준행해야 하는 것이 포함되어 있었던 것입니다. 그런데 구약교회는 어떻게 되었는가? 남북으로 갈리어 북이스라엘은 앗수르에 의해 남쪽 유다는 바벨론에 의해서 멸망 당하고야 말았던 것입니다. 그 결정적인 원인은 "윤리"에 있는 것이 아니라 메시아언약을 우상과 바꿔치기한 "우상숭배"에 있었던 것입니다.

⑨ 신명기 마지막 부분에 보면 "내가 그들의 조상들에게 맹세한바 젖과 꿀이 흐르는 땅으로 그들을 인도하여 들인 후에 그들이 먹어 배부르고 살찌면 돌이켜 다른 신들을 섬기며 나를 멸시하여 내 언약을 어기리니"(31:20)하고 그들이 메시아언약을 배신할 것을 하나님은 아시고 경고하셨던 것입니다.

　㉠ 그런데 "심판·멸망"이 끝이 아니라 "네 하나님 여호와께서 마음을 돌이키시고 너를 긍휼히 여기사 포로에서 돌아오게 하시되 네 하나님 여호와께서 흩으신 그 모든 백성 중에서 너를 모으시리니, 모으실 것이며, 이끄실 것이라, 돌아오게 하사"(30:3,4,5)라고 돌아오게 하실 것을 말씀하십니다.

　㉡ 심판을 당하고 추방을 당하게 되는 것은 인간의 행위 때문이지만 "돌아오게" 하심은 공로나 자격이 있어서가 아니라 전적인 하나님의 은혜, 다시 말하면 그리스도의 속량으로 말미암아 가능하여진다는 점을 명심하시기 바랍니다.

　㉢ 그러므로 신명기는 구약의 성도들에게는 약속의 땅에 들어가서 그리스도가 오시기까지 메시아언약을 잊지 않고 준행해야 할 "율례와 법도"요, 신약의 성도들에게는 주님께서 재림하시기까지 복음을 보수하면서 "신중함과(자신) 의로움과(이웃) 경건함(하나님)으로 이 세상(世上)에 살면서 구주 예수 그리스도의 영광이 나타나심을 기다리게 하셨으니"(딛 2:12-13) 한 주님의 재림 때까지 성별된 삶을 살아야

할 지침들인 것입니다.

⑩ 끝으로 신명기에서는 그리스도가 "너와 같은 선지자 하나를 그들을 위하여 일으키리니"(18:18)라고 예언되어 있습니다. 오순절 성령강림 후에 베드로는 이 약속이 그리스도로 성취가 되었음을 증언(행 3:22)하고 있습니다. 그러면 "너와 같은"이라 하신 모세와 그리스도는 어떤 점이 같은가? "중보자"라는 점입니다.

ㄱ 그러면 구약교회의 중보자는 모세요, 신약교회의 중보자는 그리스도란 말인가? 아닙니다. 성경은 "하나님은 한 분이시요 또 하나님과 사람 사이에 중보자도 한 분이시니 곧 사람이신 그리스도 예수라"(딤전 2:5)고 "한 분"이라고 말씀합니다. 그러면 어찌하여 중보자가 한 분이란 말인가?

ㄴ 형제는 참 중보자의 역할이 무엇인지 알고 있습니까? 그것은 죄 값으로 팔린 자들의 "죄를 대속"해주는 일입니다. 모세는 죄를 깨닫게 하는 "율법"을 주었을 뿐 대속할 자격이 없었던 것입니다. 그리하여 모세는 백성들을 약속의 땅으로 들어가게 할 수 없었고 "예수"를 예표하는 여호수아에게 인도(引導)하고 구속사의 무대에서 퇴장했던 것입니다.

ㄷ 죽음을 앞 둔 모세는 "여호와께서 이미 말씀하신 것과 같이 네 하나님 여호와께서 너보다 먼저 건너가사 이 민족들을 네 앞에서 멸하시고 네가 그 땅을 차지하게 할 것이며"(31:3)라고 하나님을 "네 하나님"이라고 말합니다. 10장에는 "네 하나님"이라는 말이 여덟 번이나 강조되어 있습니다. 모세 자신은 떠나나 모세와 함께 하셔서 출애굽을 시켜주신 하나님은 "네 하나님"이 되셔서 구원계획을 중단함이 없이 이루어나가시리라는 말씀입니다. 그래서 "여호수아의 하나님"이 되셨던 것입니다.

여호수아

주제 : 선한 싸움을 싸운 후에 주어지는 안식

　　여호수아서는 "여호와의 종 모세가 죽은 후에"(1:1)하고 시작됩니다. 하나님은 여호수아에게 "내가 모세와 함께 있었던 것같이 너와 함께 있을 것임이라"(1:5) 하십니다. 모세는 떠났으나 구속 사역은 중단 없이 계속 추진되어 나간다는 말씀입니다.

　　여호수아서는 크게 두 부분으로 나누어집니다.

　　㉠ 1-12장까지는 가나안 땅을 정복하는 내용이고

　　㉡ 13-24장까지는 점령한 땅을 분배하여 정착하는 내용입니다.

　　교회는 크게 지상(地上)의 교회와 천상(天上)의 교회로 분류할 수 있는데 지상의 교회는 전투적인 교회요, 천성의 교회는 안식하는 교회입니다. 하나님의 백성이 가나안 땅을 점령해 나가는 것은 전투적인 교회의 모형이고, 점령한 후에 땅을 분배하여 정착하게 되는 것은 안식하는 교회의 모형입니다.

① 그러면 전투하는 교회에 하시는 격려가 무엇인가? "내가 너를 떠나지 아니하며 버리지 아니하리니 강하고 담대하라"(1:5-6)는 말씀입니다.

　㉠ 1:9절에서도 "내가 네게 명령한 것이 아니냐 강하고 담대하라 두려워하지 말며 놀라지 말라 네가 어디로 가든지 네 하나님 여호와가 너와 함께 하느니라 하시니라"고 용기를 주시고 격려하십니다. 소극적으로는 "두려워 말며 놀라지 말라"는 말씀인데 이는 전투하는 교회의 용사들이 "두려워하고, 놀랄" 일이 있을 것이기 때문입니다. 그래서 적극적으로는 "마음을 강하게 하고 담대히 하라" 하시는 것입니다.

　㉡ 신약성경은 이 말씀을 받아 "그가 친히 말씀하시기를 내가 결코 너희를 버리지 아니하고 너희를 떠나지 아니하리라 하셨느니라 그러므로 우리가 담대히 말하되 주는 나를 돕는 이시니 내가 무서워하지 아니하겠노라 사람이 내게 어찌하리요"(히 13:5-6)하고 선언합니다.

② 하나님의 군대는 요단강을 건너가 전투하기 전에 먼저 할례를 행하고 유월절을 지켰습니다(5장). 여기에는 어떤 의미가 있는가?

　㉠ 할례(割禮)는 하나님의 선민 된 표요, 유월절은 구속의 은총을 잊지 않기 위하여 행하는 기념행사입니다. 영적 싸움에 임하는 정신무장과 승리의 비결은 바로 선민의식과 은총의식을 망각하지 않는 데 있다는 점을 명심하십시다.

　㉡ 그래서 사도 바울은 "너희는 너희가 하나님의 성전인 것과 하나님의

성령이 너희 안에 계시는 것을 알지 못하느냐(고전 3:16), 너희 몸은 너희가 하나님께로부터 받은바 너희 가운데 계신 성령의 전인 줄을 알지 못하느냐"(고전 6:19)고 정체(正體)성을 각성시켰던 것입니다. 현대교회의 치명적인 약점이 은총의식과 정체성을 망각한 것이라 할 수 있습니다.

ⓒ 가나안의 첫 성은 여리고 인데 난공불락을 자랑하는 성입니다. "이스라엘 자손들로 말미암아 여리고는 굳게 닫혔고 출입하는 자가 없더라"(6:1) 합니다. 그 여리고 성이 선민의식과 은총의식으로 무장한 하나님의 군대들의 믿음의 순종(順從)에 의해서 무너졌던 것입니다.

③ 여호수아서의 주제는 "선한 싸움을 싸운 후에 주어지는 안식"(安息)입니다. 출애굽한 제1세대들은 하나님의 명령에 불순종하다가 "너희 시체가 이 광야에 엎드러질 것이라 너희 중에서 이십 세 이상으로서 계수된 자 곧 나를 원망한 자 전부가 여분네의 아들 갈렙과 눈의 아들 여호수아 외에는 내가 맹세하여 너희에게 살게 하리라 한 땅에 결단코 들어가지 못하리라"(민 14:29-30)는 선고를 받았습니다.

㉠ 그런데 시편 기자는 가나안 땅에 "결단코 들어가지 못하리라" 하신 말씀을 "그러므로 내가 노하여 맹세하기를 그들은 내 안식에 들어오지 못하리라 하였도다"(시 95:11)고 이를 "안식"(安息)으로 해석하고 있습니다.

㉡ 이 말씀을 인용하여 히브리서에서는 "내가 노하여 맹세한 바와 같이 그들은 내 안식(安息)에 들어오지 못하리라 하였다 하였느니라 형제들아 너희는 삼가 혹 너희 중에 누가 믿지 아니하는 악한 마음을 품고 살아 계신 하나님에게서 떨어질까 조심할 것이요"(히 3:11,12)하고 적용시켜 줍니다. 이로 보건대 이스라엘 백성들이 가나안 땅에

들어가서 정착하게 된 것은 하나님의 백성들이 영적인 가나안에 들어가서 누리게 될 영원한 안식에 대한 예표였던 것입니다.

④ 이스라엘 자손들은 애굽에서 고역으로 인하여 탄식하며 부르짖던 노예들이었습니다. 이것은 바로 "또 죽기를 무서워하므로 한평생 매여 종노릇하는"(히 2:15) 사탄의 노예 된 자들의 모습이기도 합니다. 이들이 갈구하고 있는 것은 참 안식(安息)입니다. 그렇다고 출애굽 하자마자 그들에게 안식이 바로 주어진 것은 아닙니다. 이점은 신약의 성도들도 동일한 것입니다.

㉠ 40년이나 광야에서 방황의 세월을 보내야 했습니다. 가나안에 입성하였을 때에도 안식(安息)이 그들을 기다리고 있었던 것은 아닙니다. 7년간이나 싸워서 정복해 나가야 했습니다. 11장 끝에 가서야 "그 땅에 전쟁이 그쳤더라"(11:23)고 말씀합니다. 정복의 기사가 끝나는 12장에 보면 그들이 쳐서 멸한 왕들은 자그마치 서른 한 왕이었다고 말씀합니다.

㉡ 정복한 땅을 분배하기를 마치고 성경은 말씀하기를 "여호와께서 이스라엘의 조상들에게 맹세하사 주리라 하신 온 땅을 이와 같이 이스라엘에게 다 주셨으므로 그들이 그것을 차지하여 거기에 거주하였으니 여호와께서 그들의 주위에 안식을 주셨으되 그 조상들에게 맹세하신 대로 하셨으므로 그들의 모든 원수들 중에 그들과 맞선 자가 하나도 없었으니 이는 여호와께서 그들의 모든 원수들을 그들의 손에 넘겨 주셨음이니라 여호와께서 이스라엘 족속에게 말씀하신 선한 말씀이 하나도 남음이 없이 다 응하였더라"(21:43-45)고 말씀하는데 이 말씀이 여호수아서에서 가장 중심적인 말씀입니다.

⑤ 여호수아는 요단 동쪽에서 이미 기업을 얻은 르우벤과 갓과

므낫세 반지파에게 "여호와께서 너희를 안식하게 하신 것 같이 너희의 형제도 안식하게"(1:15) 하실 때까지 무장하고 앞서 건너가서 싸우라고 명합니다.

ㄱ 그리고 22:4절에서 "이제는 너희의 하나님 여호와께서 이미 말씀하신 대로 너희 형제에게 안식을 주셨으니"라는 말이 나오고, 23:1에서 "여호와께서 주위의 모든 원수들로부터 이스라엘을 쉬게 하신 지 오랜 후에"라고 말씀합니다. 이처럼 "안식"(安息)은 여호수아서의 핵심적인 단어일 뿐만 아니라 신구약 성경 전체에 있어서도 핵심적인 주제 중 하나입니다.

ㄴ 성경에 "안식"(安息)이라는 첫 단어가 등장하는 곳은 창세기 2:2절입니다. "하나님이 그가 하시던 일을 일곱째 날에 마치시니 그가 하시던 모든 일을 그치고 일곱째 날에 안식하시니라"고 말씀합니다. 안식은 지으시던 일, 즉 창조의 역사를 마치셨을 때 취하셨습니다. 그러나 그 안식이 3장에서 깨지고 맙니다. 그러자 하나님은 "내가 하리니"(창 3:15)하고 다시 일을 시작하신 것입니다.

ㄷ 주님께서는 "내 아버지께서 이제까지 일하시니 나도 일한다"(요 5:17) 하심으로 하나님은 안식하고 계시는 것이 아니라, "일을 행하시는 여호와, 그것을 만들며 성취하시는 여호와"(렘 33:2)이심을 말씀하십니다. 구속사역을 "이루었도다"(계 21:6)고 선언하실 때에야 또다시 안식을 취하시게 될 것입니다.

⑥ 출애굽의 대장정의 목적은 약속의 땅에 들어가 안식하는 것이었습니다. 전투적인 교회의 목표도 궁극적으로는 안식입니다. 이스라엘 백성들은 참으로 기나긴 고난의 여정을 통과하고 선한 싸움을 싸워 승리한 후에 비로소 안식이 주어진 것입니다. 그렇다면 그들에게 주어진 안식이 진정한 회복이요 영원한 안식이었

습니까? 아닙니다. 성경은 말씀합니다. "만일 여호수아가 그들에게 안식을 주었더라면 그 후에 다른 날을 말씀하지 아니하셨으리라"(히 4:8).

　㉠ 여호수아는 진정한 안식을 주지 못했다는 것입니다. 그때 주어진 안식은 오래가지 못했습니다. 그 사실이 여호수아서 뒤에 나오는 사사기가 말해줍니다. "그런즉 안식할 때가 하나님의 백성에게 남아 있도다"(히 4:9) 합니다. 그 궁극적인 안식은 재창조의 역사가 완성되었을 때에야 주어질 것입니다. 이는 역사적인 안식이요, 개인적인 안식은 "내가 선한 싸움을 싸우고 나의 달려갈 길을 마치고 믿음을 지켰으니"(딤후 4:7)라고 고백하면서 육신의 수고를 그치게 될 때 주어집니다(계 14:13).

　㉡ 출애굽 사건이 영적 출애굽의 예표이듯이 여호수아서를 통하여 보여 주신 정복과 승리 후에 주어진 안식도 선한 싸움을 다 싸운 후에 주어질 영원한 안식에 대한 예표였던 것입니다.

　⑦ 죽음을 앞둔 여호수아는 유언과 같은 두 가지 요점을 말씀하는데,

　㉠ 첫째는 23장에서 "너희의 하나님 여호와께서 너희를 위하여 이 모든 나라에 행하신 일을 너희가 다 보았거니와 너희의 하나님 여호와 그는 너희를 위하여 싸우신 이시니라"(23:3)고 하나님을 "너희 하나님"이라고 부르고 있습니다. 23장에는 "너희 하나님"이라는 말이 열두 번이나 등장하는데 모세도 그러했던 것입니다. 자신은 떠나나 하나님은 떠나시지 아니하시고 "너희 하나님"이 되셔서 구원계획을 중단함이 없이 이루어나가신다는 말씀입니다.

　이 말씀을 받아서 신약성경에서는 "예수 그리스도는 어제나 오늘이나 영원토록 동일하시니라"(히 13:8)고 말씀합니다. 그리하여 하나

님은 이제 "형제의 하나님"이 되신 것입니다.

ⓛ 둘째는 24장에서 "그 날에 여호수아가 세겜에서 백성과 더불어 언약을 맺고 그들을 위하여 율례와 법도를 제정하였더라"(24:25) 한 일입니다. 모세가 죽기 전에 언약을 갱신시키는 것(신 29:12)을 보았습니다. 여호수아도 죽기 전에 언약을 갱신시키고 있는 것입니다. "언약"은 잊지 않도록 끊임없이 갱신(왕하 11:17)되어야 하는 것입니다.

ⓒ 어찌하여 예루살렘이 멸망하고 백성들이 포로가 되었는가? "언약"을 망각했기 때문입니다. 그러므로 포로에서 귀환한 후에 다시 언약을 갱신시키는 것(느 9:38)을 보게 됩니다. 현대교회야말로 언약 갱신이 절실히 요청된다고 하겠습니다.

⑧ 그러면 언약 갱신이 무엇인가? 그 내용이 24:1-28절입니다. 여호수아는 하나님께서 "아브라함"을 택하심으로부터 시작하여 (24:3), "내가 또 너희가 수고하지 아니한 땅과 너희가 건설하지 아니한 성읍들을 너희에게 주었더니"(24:13)하고 가나안 땅을 주시기까지의 하나님의 행사(行事) 곧 구속의 역사(歷史)를 상기시킵니다.

㉠ 그런 후에 "그러므로 이제는 여호와를 경외하며 온전함과 진실함으로 그를 섬기라"(24:14)하고 적용시킵니다. 이렇게 하는 것이 언약 갱신입니다. 14-22절 안에는 "섬김"이란 단어가 열네 번이나 강조되어 있습니다. 여호수아는 "오직 나와 내 집은 여호와를 섬기겠노라"(24:15) 합니다.

㉡ 백성들도 "우리도 여호와를 섬기리니 그는 우리 하나님이심이니이다, 우리가 여호와를 섬기겠나이다, 우리 하나님 여호와를 우리가 섬기고 그의 목소리를 우리가 청종하리이다"(24:18,21,24) 합니다. 이렇게

하는 것이 언약 갱신(更新)입니다.

ⓒ 구원은 하나님의 주권적인 역사요, 이에 대한 인간의 응답은 섬김입니다. 이처럼 "언약과 맹세"가 갱신되고 계승되어 내려오다가 주님께서 죽으시기 전날 밤에 "이 잔은 내 피로 세우는 새 언약이니"(눅 22:20)하시므로 아브라함과 다윗에게 세워주셨던 언약과 맹세가 성취되었던 것입니다.

ⓔ 그렇다고 주님의 십자가의 속량으로 구원계획이 완성된 것은 아닙니다. 그러므로 신약교회도 "너희가 이 떡을 먹으며 이 잔을 마실 때마다 주의 죽으심을 그가 오실 때까지 전하는 것이니라"(고전 11:26)하고, 구속사역이 완성되는 역사적인 종말이 이르기까지 언약의 갱신은 중단됨 없이 계속되어야 하는 것입니다.

⑨ 그런데 여호수아서는 이렇게 끝나고 있습니다. "이스라엘이 여호수아가 사는 날 동안과 여호수아 뒤에 생존한 장로들 곧 여호와께서 이스라엘을 위하여 행하신 모든 일을 아는 자들이 사는 날 동안 여호와를 섬겼더라"(24:31). 그렇다면 그 후에는 여호와를 섬기지 않았다는 것이 되는데 이점을 사사기에서 보게 됩니다. 이는 "언약과 맹세"를 망각했다는 증거인 것입니다.

ⓐ 율법을 대표하는 모세는 요단 동쪽까지 밖에는 인도하지 못했습니다.

ⓑ 예수의 히브리식 이름인 여호수아도 그들에게 예표적인 안식만을 주었을 뿐 궁극적인 안식은 주지 못했습니다.

ⓒ 여호수아서는 "수고하고 무거운 짐 진 자들아 다 내게로 오라 내가 너희를 쉬게 하리라"(마 11:28)하신 예수 그리스도의 초청으로 우리를 인도합니다. 그분만이 우리에게 참되고도 항구적인 안식을 주실 수 있으시기 때문입니다. 여호수아서를 요약하면,

　　㉮ 들어감(1-5)

ⓑ 싸워서 취함(6-12)
ⓒ 분배하여 정착함(13-19)
ⓓ 하나님을 섬김(20-24)인데 이는 전투하는 교회에 대한 예표
　가 됩니다.

"네 후손도 여자의 후손과 원수가 되게 하리니"(창 3:15)하신 영적 싸움은 아직 끝난 것이 아닙니다. 사도 바울은 "내가 선한 싸움을 싸우고 나의 달려갈 길을 마치고 믿음을 지켰다"(딤후 4:7)하고 고백합니다.

형제여, 형제는 지금 전투하는 교회와 안식하는 교회 중 어디에 속해 있습니까? 그렇다면 형제의 사명은 무엇입니까? 전투적인 교회에게 주어진 표어는 "내가 네게 명령한 것이 아니냐 강하고 담대하라 두려워하지 말며 놀라지 말라 네가 어디로 가든지 네 하나님 여호와가 너와 함께 하느니라"(1:9) 하신 말씀임을 명심하십시다.

형제여, 아직 무너지지 않고 굳게 닫혀있는 우리에게 있는 여리고성은 무엇입니까? 그것은 형제의 믿음의 순종에 의해서 무너지게 될 것입니다.

사사기

**주제 : 그 때에 이스라엘에 왕이 없으므로 사람이 각각
자기의 소견에 옳은 대로 행하였더라(21:25)**

사사기는 여호수아가 죽은 후부터 이스라엘에 왕이 세워지기까
지의 약 350년의 기간(期間)에 사사들이 통치하던 역사입니다.
그러므로 최우선적으로 유념해야 할 점은 여호수아서와 사사기서
의 연속성입니다.

여호수아서는 말미에서 "이스라엘이 여호수아가 사는 날 동안
과 여호수아 뒤에 생존한 장로들 곧 여호와께서 이스라엘을 위하
여 행하신 모든 일을 아는 자들이 사는 날 동안 여호와를 섬겼더
라"(수 24:31)고 마치고 있는데, 사사기는 그 서두에서 "백성이
여호수아가 사는 날 동안과 여호수아 뒤에 생존한 장로들 곧 여

호와께서 이스라엘을 위하여 행하신 모든 큰 일을 본 자들이 사는 날 동안에 여호와를 섬겼더라"(삿 2:7)하고 받고 있습니다.

이 연속(連續)성이 어째서 중요하냐 하면 사사시대의 정치체제(政治體制)를 이해하는데 여호수아서가 결정적인 단서를 제공해 주고 있기 때문입니다. 사사기에는 "그 때에 이스라엘에 왕이 없었다"는 말씀이 후렴처럼 네 번(17:6, 18:1, 19:1, 21:25)이나 등장합니다. 여기 두 가지 물음이 제기되는데,

　㉠ 사사시대는 과연 왕이 없었는가 하는 점과
　㉡ 그렇다면 사사시대의 통치체제는 무엇이었는가 하는 점입니다.

사사시대는 왕이 없었는가?

　① "사사기" 하면 대번에 왕이 없던 시대라고 생각합니다만 아닙니다. 사사시대는 하나님께서 친히 왕이 되셔서 다스리신 신정시대(神政時代)였습니다.

　㉠ 장로들이 마지막 사사라 할 수 있는 사무엘에게 왕을 요구하자 하나님은 "백성이 네게 한 말을 다 들으라 이는 그들이 너를 버림이 아니요 나를 버려 자기들의 왕(王)이 되지 못하게 함이니라"(삼상 8:7)하십니다. 그렇다면 사사시대는 결코 왕이 없던 시대가 아니었습니다.

　㉡ 기드온은 이를 알았기에 "당신이 우리를 미디안의 손에서 구원하셨으니 당신과 당신의 아들과 당신의 손자가 우리를 다스리소서 (왕이 되소서)"라고 말했을 때, "내가 너희를 다스리지 아니하겠고 나의 아들도 너희를 다스리지 아니할 것이요 여호와께서 너희를 다스리시리라"(8:22-23)하고 대답했던 것입니다.

　㉢ 그러므로 사사시대 출발은 좋았습니다. 사사기는 "여호와께 여쭈어 이르되"(1:1)하고 시작됩니다. 얼마나 좋습니까? 그런데 나중에는

"사람이 각각 그 소견에 옳은 대로" 즉 제멋대로 행했다는 것입니다. 모든 문제와 책임은 하나님의 뜻을 받들지 못한 인간에게 있는 것입니다.

② 그러므로 먼저 사사시대의 통치체제가 무엇인가부터 고찰해 보아야 합니다.

㉠ 하나님이 왕이 되셔서 친히 다스리시는 신정체제(神政體制)입니다. 이점이 어째서 중요하냐 하면 신약시대의 체제가 사사시대와 마찬가지로 하나님이 친히 다스리시는 신정체제(神政體制)이기 때문입니다. 현대교회에 눈에 보이는 왕은 없습니다. 그렇다고 그리스도인들에게 왕이 없는 것은 아닙니다.

주님은 교회의 머리가 되시며, 왕 중 왕이십니다. 그런데 이를 망각하고 오늘날도 왕이 없는 것같이 제멋대로 행하는 것이 문제일 뿐입니다. 그래서 사사시대와 같은 혼란과 악순환이 되풀이 되고 있는 것입니다.

㉡ 출애굽 이후로 하나님의 성막(전)은 언제나 중심(中心)에 있어 왔습니다. 하나님이 거하시는 성막을 중심으로 제사장 지파인 레위 지파를 통해서 다스리시는 체제가 신정체제였습니다. 그래서 레위 지파는 다른 지파들처럼 한 곳에 모여 살도록 땅을 분배해 준 것이 아니라, 각 지파가 얻은 기업에서 나누어 준 마흔여덟 성읍(수 21:41)에 흩어져 살게 하셨습니다.

㉢ 그 마흔여덟 성읍 가운데는 여섯 개의 도피성이 포함되어 있었는데, 도피성을 여섯 개나 주신 의도에서 레위인을 전국 방방곡곡에 분산시켜 살게 하신 하나님의 의중을 깨달을 수 있습니다. 살인자가 도피성으로 도망가는데 그 거리가 너무 멀면(신 19:6) 도중에 잡힐 가능성이 있기때문에 이를 배려해서 도피성을 여섯 개나 주셨다고 합니다.

② 그렇다면 마흔여덟 개 성읍에 분산하여 살게 하신 레위인들의 사명(使命)은 무엇을 말해주고 있는가? 땅을 분배받아 흩어져 살게 된 이스라엘 열두 지파의 아주 가까운 이웃에 레위인들이 있었다는 것이 됩니다. 이 레위인들로 하여금 하나님의 말씀을 백성들에게 가르쳐 지키게 함으로 살아가도록 하셨던 것입니다. 그래서 레위인들은 백성들의 십일조로 살아가게 하셨습니다. 이것이 레위인들의 사명이요, 사사시대의 통치체제였던 것입니다.

③ 이는 고도(高度)의 정치체제였습니다. 장로들이 "열방과 같이 우리에게 왕을 세워 우리를 다스리게 하소서"라고 요구했을 때에 하나님은 말씀하시기를 "그들의 말을 듣되 너는 그들에게 엄히 경고하고 그들을 다스릴 왕의 제도를 가르치라"(삼상 8:9) 하셨습니다.

㉠ 여기서 말씀하시는 "왕의 제도"란 왕을 세울 경우 왕으로 인하여 백성들이 메게 될 무거운 멍에를 뜻합니다. 그런 왕의 제도가 사무엘상 8:10-18절에 나오는데, 왕을 세우게 되면 "그가 너희 아들들을 데려다가 그의 병거와 말을 어거하게 하리니(11), 그가 또 너희의 딸들을 데려다가 향료 만드는 자와 요리하는 자와 떡 굽는 자로 삼을 것이며(13), 그가 또 너희의 밭과 포도원과 감람원에서 제일 좋은 것을 가져다가 자기의 신하들에게 줄 것이며(14), 종래는 너희가 그의 종(從)이 될 것이라"(17)고 말씀합니다. "데려다가"라는 말이 여섯 번이나 나옵니다.

㉡ 반면 하나님의 신정제도, 즉 주시려는 왕은 어떤 왕입니까? "주시고, 또 주시고, 목숨까지 주시는" 베푸시는 은혜의 제도인 것입니다. 그래서 하나님이 친히 다스리신 사사시대를 고도의 정치체제라 한 것입니다. 그러나 왕을 세우게 되면 베푸는 것이 아니라 착취하게 되

리라는 것입니다.

ⓒ 그러므로 하나님께서는 모세를 통하여 경계하시기를,

　　㉠ 하나님 여호와께서 택하신 자를 네 위에 왕으로 세울 것이며

　　㉡ 그는 병마를 많이 두지 말 것이요

　　㉢ 아내를 많이 두어서 그의 마음이 미혹되게 하지 말 것이며

　　㉣ 자기를 위하여 은금을 많이 쌓지 말 것이니라고 경계하신 후
　　에 결정적으로 중요한 말씀은

　　㉤ "그가 왕위에 오르거든 이 율법서의 등사본을 레위 사람 제사
　　장 앞에서 책에 기록하여 평생에 자기 옆에 두고 읽어서 그의
　　하나님 여호와 경외하기를 배우며 이 율법의 모든 말과 이 규
　　례를 지켜 행할 것이라"(신 17:14-19)고 경계하셨던 것입니
　　다.

그런데 열왕기에 등장하는 왕들 중에 이렇게 행한 왕이 몇이나 됩니
까? 이를 아셨기에 왕을 세우시지 않으셨던 것입니다.

④ 시편에서는 "하나님은 예로부터 나의 왕(王)이시라 사람에
게 구원을 베푸셨나이다"(시 74:12)고 진술합니다. 하나님은 이스
라엘을 애굽에서 구속하여 하나님의 백성으로 삼으실 때부터
"왕"이셨습니다.

㉠ 근원적으로 사람을 하나님의 형상대로 창조하실 때부터 왕이셨던 것
입니다. 그 하나님께서 아브라함이라는 한 사람을 택하시고, "네 씨
로 말미암아 천하 만민이 복을 받으리니"(창 22:18) 하신 언약을 세
워주셨습니다. 그리하여 섭리 중에 한 가정(家庭)에서, 한 민족(民
族)으로 발전한 것이 선민 이스라엘 민족입니다. 하나님은 이 민족
을 통해서 천하 만민이 복을 얻게 하시려는 계획을 이루어나가고 계
셨던 것입니다.

이것이 창세기 · 출애굽기 · 민수기 · 여호수아 · 사사기로 이어져 내려

온 신정체제입니다. 그럼에도 불구하고 "왕이 없다"고 말한다는 것은 하나님이 왕이심을 인식하는 데 실패했음을 의미합니다.

ⓛ 그리고 하나님이 친히 다스리시는 신정체제가 바로 신약교회의 체제라는 깨달음인데 "왕 같은 제사장"들인 성도들은 지구촌 방방곡곡에 배치되어 살아가고 있습니다. 그들을 향하여 주님은 말씀하십니다. "너희는 세상에 소금이다, 너희는 세상의 빛이다", 그러므로 "너희 빛이 사람 앞에 비치게 하여 그들로 너희 착한 행실을 보고 하늘에 계신 너희 아버지께 영광을 돌리게 하라"(마 5:16) 말씀하셨던 것입니다. 그렇다면 사사시대에 이러한 체제가 제 기능들을 발휘하고 있었던가? 그리고 오늘날도 제 사명을 감당하고 있는가?

⑤ 이 점에서 사사시대가 타락하게 된 근본(根本) 원인이 어디에 있는가를 말씀드리므로 현대교회가 안고 있는 문제에 대한 해답을 구하고자 합니다. 이점이 2장에 나옵니다.

ⓜ "내가 너희의 조상들에게 맹세한 땅으로 들어가게 하였는데(2:1), 이 백성이 내가 그들의 조상들에게 명령한 언약을 어기고 나의 목소리를 순종하지 아니하였다(2:20), 조상들의 하나님 여호와를 버리고 다른 신들"(2:12)을 섬겼다고 말씀합니다. 그렇다면 그들이 "어기고, 버렸다"는 조상과 세운 언약이 무엇인가?

ⓛ 이를 시내 산 언약으로 보고 교훈적으로 접근하고 있는 것은 참으로 답답하고 안타까운 일입니다. 아닙니다. 이는 아브라함·이삭·야곱에게 세워주신 메시아언약을 망각했다는 신학적인 문제입니다. 이점이 "조상"이라는 말을 세 번이나 강조하면서 "조상에게 맹세한 땅으로 이끌어 왔다"는 "맹세"라는 언급이 뒷받침해 줍니다.

사도 바울은 "하나님께서 미리 정하신 언약을 사백삼십 년 후에 생긴 율법이 폐기하지 못하고 그 약속을 헛되게 하지"(갈 3:17) 못한다고 역설합니다. 그들이 망각한 것은 "메시아언약"이었던 것입니다.

ⓒ 사사시대가 그토록 암흑하게 된 근본적인 원인은 아브라함에게 세워 주신 메시아언약을 버리고 우상을 섬겼기 때문입니다. 이는 사사시대 만의 문제가 아니라 구약시대 내내 그러했으며, 어느 시대를 막론하고 복음을 망각하게 되면 사사시대와 같은 암흑한 시대가 되고 만다는 것이 사사기가 말씀하고 있는 경고입니다.

중세 암흑시대가 그러했으며 현대교회가 더욱 그러합니다. 그런데 사사기를 교훈적으로 접근하다 보니 이 핵심적인 원인(原因)을 놓치고 우리와는 무관한 양 여기게 되는 것입니다. 그래도 현대교회가 "왕이 없으므로 사람이 각기 자기의 소견에 옳은 대로 행하고 있다"는 점을 인정하지 않을 것입니까?

⑥ 사사기는 크게 세 부분으로 나누어집니다.
㉠ 첫째 부분(1:1-3:6)은 서론이라 할 수가 있는데, 사사시대가 혼란에 빠지게 된 문제점과 원인 등이 요약되어 있습니다.
㉡ 둘째 부분(3:7-16장)은 일곱 번의 악순환이 되풀이되는 내용입니다.
㉢ 셋째 부분(17-21장)은 당시의 부패상을 보여주는 두 편의 부록으로 되어있습니다.

첫째 부분(1:1-3:6), 혼란에 빠지게 된 원인이 무엇인가?

⑦ 첫째는 패역한 가나안의 일곱 족속을 완전히 내어 쫓지 못했다는 것이 문제입니다. 하나님께서는 올무가 될 것을 아시고, "그들을 진멸할 것이라 그들과 어떤 언약도 하지 말 것이요 그들을 불쌍히 여기지도 말 것이며 또 그들과 혼인하지도 말지니"(신 7:2-3)라고 경계하셨으나,

ⓐ 그러나 1장에는 "쫓아내지 못했다"는 말이 아홉 번이나 강조되고 있습니다. 34절에 보면 "아모리 족속이 단 자손을 산지로 몰아넣고 골짜기에 내려오기를 용납하지 아니하였다"하고 도리어 쫓겨 들어간 것을 보게 됩니다. 쫓아내지 못한 결과가 어떻게 나타나게 되었는가?

ⓑ "이스라엘 자손은 가나안 족속, 가운데에 거주하면서(3:5), 그들의 딸들을 맞아 아내로 삼으며 자기 딸들을 그들의 아들들에게 주고 또 그들의 신들을 섬겼더라"(3:6)하는 데까지 빠져들어 갔던 것입니다. 이는 하나님의 백성들이 세속화(世俗化)되고 타락하였음을 의미합니다.

ⓒ 이처럼 성(性)을 통한 타락은 여기가 처음이 아닙니다. 노아 당시도 그러했으며(창 6:2), 출애굽 당시에도 모압 여자들과 음행함으로 바알브올에게 부속됨으로 염병으로 죽은 자가 이만사천 명이었더라(민 25:9) 합니다. 그리고 이제도 "그릇되게 행하는 사람들에게서 겨우 피한 자들을 음란으로써 육체의 정욕 중에서 유혹"(벧후 2:18)하고 있다고 경계하고 있습니다. 음란은 사탄의 최대의 무기인 것입니다.

⑧ 두 번째 원인은 자녀들의 신앙교육에 실패했기 때문입니다. "그 세대의 사람도 다 그 조상들에게로 돌아갔고 그 후에 일어난 다른 세대는 여호와를 알지 못하며 여호와께서 이스라엘을 위하여 행하신 일도 알지 못하였더라"(2:10) 합니다. 어찌하여 알지 못하게 되었는가?

ⓐ 모세는 이렇게 될 것을 우려하여 죽기 전에 당부하기를 "이스라엘아 들으라 우리 하나님 여호와는 오직 유일한 여호와시니 너는 마음을 다하고 뜻을 다하고 힘을 다하여 네 하나님 여호와를 사랑하라 오늘 내가 네게 명하는 이 말씀을 너는 마음에 새기고 네 자녀에게 부지

런히 가르치며 집에 앉았을 때든지 길을 갈 때든지 누워있을 때든지 일어날 때든지 이 말씀을 강론할 것이며"(신 6:4-7) 했는데, 이를 등한히 여겼기 때문입니다. "밭을 황폐화시키려면 그냥 놓아두면 된다", 자녀들을 말씀으로 가꾸기를 게을리했기 때문에 황무지처럼 되고 만 것입니다.

⑨ 세 번째 원인으로는 제사장과 레위인 등 종교지도자들이 사명을 감당하지 못했기 때문입니다. 사사기에서는 성막도 제사장의 모습도 찾아볼 수 없습니다. 사사시대의 혼란기에 제사장들은 도대체 어디서 무엇을 하고 있었단 말인가? 그리고 48개 성읍에 흩어져 살게 한 레위인들은 무엇을 하고 있었는가? 이점을 셋째 부분에서 보게 될 것입니다.

둘째 부분(3:7-16장) 일곱 번의 악순환입니다.

⑩ 둘째 부분에는 일곱 번의 악순환이 반복됩니다. 악순환이란,
  ㉮ 여호와를 버리고 다른 신을 쫓습니다.
  ㉯ 진노하사 대적에게 내어줌으로 징벌하십니다.
  ㉰ 여호와께 부르짖습니다.
  ㉱ 하나님께서 구원자(사사)를 세우셔서 구원하여 주십니다.
  ㉲ 그 땅에 평화가 옵니다.
  ㉳ 시간이 지남에 따라 망각하고 다시 죄를 범합니다.
  ㉴ 진노하사 대적을 통해서 징계하십니다. 또 부르짖습니다. 구원자를 세우셔서 구원해주십니다.
  이러한 악순환이 일곱 번이나 반복되고 있는 것입니다. 어찌 일곱 번뿐이겠습니까? 인류의 시조 아담으로부터 오늘에 이르기

까지 이러한 악순환은 역사의 전 과정에서 수도 없이 반복되고 있음을 사사기는 보여주고 있는 것입니다. 이러한 악순환은 성도 개개인 안에서도 되풀이되고 있다는데 경각심을 갖게 합니다.

구원자를 세워주신 하나님

⑪ 그럼에도 불구하고 하나님께서는 구속사역을 포기하시거나 중단함이 없이 "여호와께서 이스라엘 자손을 위하여 한 구원(救援)자를 세워 구원하게 하셨다"(3:9,15)고 말씀합니다. 주목할 점은 사사(士師)를 "구원(救援)자"라 말씀한다는 점입니다. 여기에 사사시대 뿐만이 아니라 인류의 해답(解答)이 있는 것입니다.

　㉠ 사사시대에도 "태평"한 시기가 있었습니다. "그 날에 모압이 이스라엘 수하에 굴복하매 그 땅이 팔십 년 동안 평온하였더라"(3:30) 합니다. 그런데 사사기 기자는 태평(泰平)한 시기의 기사는 침묵한 채 신음하며 고통 중에 부르짖으매 하나님께서 구원(救援)자를 세워 구원하여 주셨다는 "구원자"에 초점을 맞추고 있다는 점입니다.

　㉡ 왜 그렇게 하고 있는가? 구속사의 맥락에서 보면 인류의 "구원자"란 사사들이 아닙니다. "이름을 예수라 하라 이는 그가 자기 백성을 그들의 죄에서 구원할 자이심이라"(마 1:21)한 예수 그리스도에게로 인도하기 위해서인 것입니다. 그러므로 사사시대는 "구원자" 곧 왕(王)을 대망(待望)하고 있던 시기입니다. 이점을 룻기서에서 보게 될 것입니다.

셋째 부분(17-21장) 두 편의 부록

⑫ 17장 이하에는 당시의 어두웠던 시대상을 말해주는 두 편의 부록이 있습니다. 그런데 우리를 놀라게 하고 경각심을 갖게 하는 것은 두 사건의 중심에 앞부분에서는 찾아볼 수 없었던 "레위인"이 등장하고 있다는 점입니다. 사사기에서 레위인은 순기능(順機能)으로 행하고 있는 것이 아니라 역기능(逆機能)으로 행하고 있는 것입니다.

   ㉠ 한 레위인 소년은 "내가 해마다 은 열과 의복 한 벌과 먹을 것을 주리라"하는 제의를 받고 만족히 여겨 사신 우상을 섬기는 제사장 (17:7-13)이 됩니다.

   ㉡ 다른 레위인은 첩을 얻었는데 첩이 베냐민 지파 사람들에게 성폭행을 당하다가 죽고 맙니다. 레위인은 시체를 열두 토막을 내어 각 지파에 보냅니다. 이로 말미암아 동족상잔을 일으켜 베냐민 지파가 전멸되게 만드는 원인 제공자로 등장합니다.

   ㉢ 사사 말기의 대제사장이었던 엘리와 제사장들인 그의 두 아들을 통해서 사사시대의 제사장 지파의 부패와 타락상을 엿볼 수 있는데, "엘리의 아들들은 행실이 나빠 여호와를 알지 못하더라"(삼상 2:12) 합니다.

⑬ 앞에서 언급한 대로 교회시대란 신정시대(神政時代)라 말할 수 있습니다. 지금 가견적(可見的) 교회 앞에는 눈에 보이는 왕은 없습니다. 그러나 우리에게 왕이 없는 것이 아니라 "이 여러 왕들 시대에 하늘의 하나님이 한 나라를 세우시리니 이것은 영원히 망하지도 아니할 것이요 그 국권이 다른 백성에게로 돌아가지도 아니한다"(단 2:44) 하신 영원한 나라와 영원하신 왕을 모시고 있는 것입니다.

사사시대는 신정(神政)의 범위가 이스라엘에 국한되어 있었지만 교회시대란 "중간에 막힌 담을 허시고" 온 세계로 확장된 것입니다. 그리고 그리스도인들은 이 시대의 레위인들로 세계 방방곡곡에 흩어져 살아가고 있습니다.

자, 이제 사사기가 우리에게 던지는 메시지는 분명해졌습니다. 모든 그리스도인들이 자신의 위치에서 소금과 빛의 사명을 감당하라는 말씀입니다. 그리고 "내어 쫓으라" 즉 복음으로 정복해 나가라 는 명령입니다. 그리고 사사기는 "그 때에 이스라엘에 왕이 없으므로 사람이 각기 자기의 소견에 옳은 대로 행하였더라"(21:25)하고 마치고 있는데 자녀들이 잊지 않도록 예수 그리스도와 복음을 부지런히 가르쳐 전수하는 일입니다.

룻기

주제 : 기업 무를 자가 없게 아니하신
여호와를 찬송할지어다(4:14).

　　룻기는 "사사들이 치리하던 때에"(1:1), 이렇게 시작됩니다. 우리는 사사기 말미에서 사사들이 치리하던 때에 있었던 두 편의 부록을 대한 바 있습니다. 그렇다면 룻기는 사사시대에 있었던 또 하나의 부록(附錄)인 셈입니다. 이점이 왜 중요하냐 하면 사사기의 문제(問題)는 룻기가 있음으로 말미암아 그 해답(解答)을 찾게 되기 때문입니다.

룻기에서 해답을 얻게 되는 사사기

주님은 안식일을 범했다고 비난하는 유대인들에게 "내 아버지께서 이제까지 일하시니 나도 일한다"(요 5:17)하고 응수하셨습니다. 성경은 "하나님의 일하심", 즉 구원계획을 어떻게 추진해 오셨는가를 계시해 주고 있습니다.

그러므로 성경에는 일관성(一貫性)과 통일성(統一性)과 점진성(漸進性)이 있는 것입니다. 마치 창세기라는 시발역(始發驛)으로부터 계시록이라는 종착역(終着驛)까지 놓여있는 선로(線路)와 같고, 건물에 비한다면 66층 고층 빌딩같이 골조(骨組)와 같은 뼈대가 있다는 말씀입니다. 그러므로 성경은 나눌 수도 없고 떼어놓을 수도 없는 것입니다.

이를 가리켜 바울은 "영원부터 만물을 창조하신 하나님 속에 감추어졌던 비밀의 경륜"(엡 3:9)이라고 말씀합니다. 이를 전해주어야 "뿌리가 박히고 뼈가 굳어져서"(엡 3:17) 어떤 시련도 넉넉히 이길 수 있는 견고한 신앙이 될 수 있는 것입니다.

룻기가 이를 잘 보여주고 있습니다. 룻기는 사사기와 사무엘상 사이에 놓여있어서 마치 척추 사이에 끼어있는 연골과 같은 역할을 합니다. 그러므로 룻기를 교훈적으로만 접근하여 구속사라는 맥락을 무시하게 되면 사사기와 사무엘상의 연결고리가 끊어지게 되고 맙니다. 그렇게 한다면 하나님께서 이루어 오신 구원계획을 해체(解體)시키는 결과가 되고 맙니다. 교훈적인 설교의 한계가 여기에 있는 것입니다.

룻기에 대한 전통적인 관점은 암흑기였던 사사시대에 찬란하게 빛을 발하는 샛별처럼, 룻의 효행이나 고부간의 사랑에 초점을 맞추어 가정의 달의 단골 메뉴로 취급되어 왔습니다. 그렇게 한다면 룻기는 춘향전이나 심청전과 같이 권선징악(勸善懲惡)의 윤리적인 문학작품은 될지언정 하나님의 계시인 성경은 될 수 없는 것입니다.

룻기의 연결고리

① 사사기는 "그 때에 이스라엘에 왕이 없으므로"(삿 21:25)라는 말씀으로 끝나는데, 룻기는 "이새는 다윗을 낳았더라"(4:22)하고 끝맺고 있습니다. 우리가 얼마나 둔감한가를 보십시오. 다윗은 이새의 맏아들이 아니라 막내입니다. 그런데도 우리는 "이새는 다윗을 낳았더라"는 말씀에 둔감합니다.

　㉠ 이를 대할 때에 당연히 물어야 합니다. 무엇을 말씀하기 위해서 "다윗을 낳았더라"고 말씀하는가? 이는 왕이 없는 줄로 여기고 제멋대로 행하는 사사시대에 하나님은 왕을 준비하고 계셨음을 계시해 주고 있는 것입니다. 이것이 룻기서의 첫째 주제입니다.

　㉡ 룻기에 등장하는 중요한 인물은 "룻과 보아스"입니다. 보아스는 룻을 맞이하여 오벳을 낳았습니다. 그런데 룻기는 "오벳을 낳았더라"고 끝나는 것이 아니라 "오벳은 이새를 낳았고 이새는 다윗을 낳았더라"하고 "다윗"까지 더 나아가고 있습니다.

　㉢ 그러므로 룻기 다음 책인 사무엘상에서 "너는 뿔에 기름을 채워 가지고 가라 내가 너를 베들레헴 사람 이새에게로 보내리니 이는 내가 그의 아들 중에서 한 왕을 보았느니라"(삼상 16:1)하고, 예선해 놓으신 왕이 다윗임을 말씀하시는 것입니다. 그러하기 때문에 룻기가 사사기와 사무엘상을 연결해주는 "연골"과 같다 한 것입니다.

　㉣ 이 점에서 주목해야 할 점은 다윗의 족보를 보아스로부터 시작하고

있는 것이 아니라 "베레스의 계보는 이러 하니라"(4:18)고 "베레스"까지 소급해 올라가고 있다는 점입니다. 이는 무심한 것이 아니라 베레스는 "다말이 유다에게 낳아준 베레스"(4:12)라고 설명을 부가(附加)해 줌으로 다윗의 뿌리가 유다 지파 자손임을 밝혀주고 있는 것입니다.

왕을 예선해 놓으심

② "다윗"의 뿌리를 유다까지 거슬러 올라가 보여주는 의도가 무엇인가? 야곱은 죽기 전에 유다 지파에 대해서 "규가 유다를 떠나지 아니하며 통치자의 지팡이(왕권)가 그 발 사이에서 떠나지 아니하기를 실로가 오시기까지 이르리니 그에게 모든 백성이 복종하리로다"(창 49:10)고 예언한 바가 있습니다. 하나님께서 예선해 놓으신 다윗이 이 정통(正統)을 이어받은 줄기임을 보여주기 위해서 유다 지파 자손임을 밝히고 있는 것입니다.

ㄱ 그러므로 이스라엘의 정치사(政治史)의 초대 왕은 사울이지만 구속사의 초대 왕은 다윗인 것이 됩니다. 이점이 사울 왕을 가리켜 "너희의 구한 왕, 너희의 택한 왕"(삼상 12:13)이라고 말씀하는 데서 드러납니다.

ㄴ 이 점에서 다윗을 왕으로 예선해 놓으셨다는 것은 예표일 뿐 궁극적으로는 다윗에게 "내가 네 몸에서 날 네 씨를 네 뒤에 세워 그의 나라를 견고하게 하리라, 네 집과 네 나라가 내 앞에서 영원히 보존되고 네 왕위가 영원히 견고하리라"(삼하 7:12,16)하고 세워주신 메시아언약으로 이어지고 있는 것입니다.

ㄷ 그리고 이 다윗언약은 "보라 네가 잉태하여 아들을 낳으리니 그 이름을 예수라 하라 그가 큰 자가 되고 지극히 높으신 이의 아들이라

일컬어질 것이요 주 하나님께서 그 조상 다윗의 왕위를 그에게 주시리니 영원히 야곱의 집을 왕으로 다스릴 것이며 그 나라가 무궁하리라"(눅 1:31-33)에서 성취되고 있는 것입니다. 그러므로 룻기에 나오는 다윗의 족보(4:18-22)가 예수 그리스도의 족보(마 1:3-6)와 일치함을 보게 됩니다. 룻기는 구속사의 이 연결고리를 이어주고 있는 것입니다.

기업 무를 자

③ 룻기서의 또 하나의 중요한 주제(主題)는 "기업 무를 자"입니다. 짧은 룻기에 열두 번이나 등장합니다.
  ㉠ 기업 무를 자란 형제가 가난하여 분배받은 땅을 잃었을 때, 자식이 종으로 팔렸을 때(레 25:25) 이를 회복해주며, 대를 이을 자식이 없이 죽었을 때 계대결혼(繼代結婚)을 통해서 대를 이어주어야 할 의무가 있는 자를 가리킵니다.
  ㉡ 기업 무를 자의 자격요건은 첫째 가까운 친척이어야 하고, 둘째 자원하여야 하고, 셋째 능력이 있어야 합니다. 룻기에서는 이 기업 무를 자로 보아스가 자원하고 있는 것입니다.

④ 룻기서의 줄거리는, 베들레헴에 살던 엘리멜렉이 그 땅에 흉년이 들매 아내와 두 아들을 데리고 모압 지방으로 내려가는 것으로 이야기는 시작됩니다. 거기서 엘리멜렉과 두 아들이 죽고 과부 시어머니와 그곳에서 얻은 두 과부 며느리만 남게 되는데, 그 중 한 자부 오르바는 시모 나오미를 작별하고 자기 신에게로 돌아갑니다.
  ㉠ 그러나 룻은 "내게 어머니를 떠나며 어머니를 따르지 말고 돌아가라

강권하지 마옵소서 어머니께서 가시는 곳에 나도 가고 어머니께서 머무시는 곳에서 나도 머물겠나이다 어머니의 백성이 나의 백성이 되고 어머니의 하나님이 나의 하나님이 되시리니 어머니께서 죽으시는 곳에서 나도 죽어 거기 묻힐 것이라 만일 내가 죽는 일 외에 어머니를 떠나면 여호와께서 내게 벌을 내리시고 더 내리시기를 원하나이다"(룻 1:16-17)고 고백하면서 "그를 따랐더라"고 말씀합니다.

ⓒ 이는 며느리가 시어머니를 따라왔다는 뜻이 아닙니다. 이방인이었던 룻이 메시아언약 안으로 들어왔음을 가리킵니다. 이점이 "어머니의 백성이 나의 백성이 되고 어머니의 하나님이 나의 하나님이 되시리니"라는 그의 고백에 나타납니다. 또한 "여호와께서 네가 행한 일에 보답하시기를 원하며 이스라엘의 하나님 여호와께서 그의 날개 아래에 보호를 받으러 온 네게 온전한 상 주시기를 원하노라"(2:12)는 보아스의 축복에서도 드러납니다.

ⓒ 나오미는 룻을 데리고 고향 베들레헴으로 돌아옵니다. 나오미는 성읍 사람들에게 "나를 나오미라 부르지 말고 나를 마라라 부르라 이는 전능자가 나를 심히 괴롭게 하셨음이니라 내가 풍족하게 나갔더니 여호와께서 내게 비어 돌아오게 하셨느니라"(1:19-21)하고 말합니다. 질문입니다. 하나님은 나오미를 "비어 돌아오게" 하셨는가? 아닙니다. 앞에서 언급한 대로 다윗을 낳아 구속사의 맥을 이어줄 "산 자의 어머니"(창 3:20)를 데리고 돌아오게 하셨다는 참으로 놀라우신(amazing) 하나님이십니다.

⑤ 그러면 나오미와 그를 "쫓고" 있는 룻에게는 어떤 소망이 있단 말인가? 없습니다. 그 점이 나오미가 딸들에게 "내 태중에 너희의 남편 될 아들들이 아직 있느냐"(1:11)고 말한 데서 드러납니다. 이들에게 유일하게 남은 소망(所望)이 있다면 "기업 무를

자"를 만나는 일입니다.

첫 번으로 가까운 친족 중 "아무개"는 "내 기업에 손해가 있을까 하여 무르지 못하겠다"(4:6)하고 나오미를 부인합니다. 이때 보아스가 기업 무를 자로 자원을 합니다. 그리하여 룻을 맞이하여 대를 이어줄 아들을 낳게 됩니다.

⑥ 그러므로 룻기의 요절은 4:14절이라 할 수 있습니다. "여인들이 나오미에게 이르되 찬송할지로다 여호와께서 오늘 네게 기업 무를 자가 없게 하지 아니하셨도다"고 찬양합니다.

여인들은 보아스나 룻을 찬양하고 있는 것이 아닙니다. "여호와" 하나님을 찬양하고 있다는 점을 주목하시기 바랍니다. 왜냐하면 "기쁨"(나오미)을 잃어버리고 "괴로움"(마라)이 되어 돌아온 그에게 기업 무를 자가 있게 하셔서 "기쁨"을 회복하게 해주신 것은 그들에게 그럴 만한 가치가 있어서가 아니라 전적인 하나님의 "은혜"임을 알았기 때문입니다. 그런데 우리는 한 걸음 더 나아가야 합니다.

우리에게 기업 무를 자가 있게 하신 하나님

⑦ 성경은 나오미의 기업을 회복시켜 주는 이야기가 아니기 때문입니다. 성경은 인류의 시조가 잃어버렸던 기업을 회복시켜 주시기 위해서 우리의 기업 무를 자가 없게 아니하셨다는 계시입니다. 이점을 히브리서 2장은 잘 보여주고 있습니다.

㉠ 주님은 우리를 "형제라 부르시기를 부끄러워하지 아니하셨다"(히

2:11)하고 증언합니다. 이는 기업 무를 자로 자원하셨다는 뜻인데 어떤 처지에 있는 자들을 형제라 부르기를 부끄러워 아니하셨는가?

ⓛ "또 죽기를 무서워하므로 한평생 매여 종노릇 하는 모든 자"(히 2:15), 다시 말하면 죄 값에 팔린 자들입니다. 이는 체면(體面)의 문제가 아니라 책임(責任)의 문제였던 것입니다. 이러한 처지에 있는 우리의 가까운 친족이 되어주시기 위해서 우리와 같은 "혈육"을 입고 오셨습니다.

ⓒ "그러므로 그가 범사에 형제들과 같이 되심이 마땅하도다 이는 하나님의 일에 자비하고 신실한 대제사장이 되어 백성의 죄를 속량하려 하심이라"(히 2:17), 즉 대속물이 되셨다고 말씀합니다.

"속량하려 하심" 이것이 값을 대신 지불해 주고 자유하게 하는 기업 무를 자의 사명인 것입니다. "이를 행하심은 하나님의 은혜로 말미암아 모든 사람을 위하여 죽음을 맛보려 하심이라"(히 2:9) 말씀합니다. 이는 전적으로 "하나님의 은혜로 말미암아"입니다.

ⓔ 그러므로 룻기에서 여인들이 보아스를 찬양하고 있는 것이 아니라, "찬송할지로다 여호와께서 오늘 네게 기업 무를 자가 없게 하지 아니하셨도다"(4:14)고 하나님을 찬양하는 이유가 여기에 있는 것입니다. 그러므로 룻기서는 우리를 아담의 후예들의 기업 무를 자가 되어주신 그리스도에게로 인도해주고 있는 것입니다.

성취하기까지 쉬지 않으시는 하나님

⑧ 나오미는 룻에게 말합니다. "내 딸아 이 사건이 어떻게 될 지 알기까지 앉아있으라 그 사람이 오늘 이 일을 성취하기 전에 는 쉬지 아니하리라"(3:18)고 말합니다. 출애굽 당시 추격해오는 바로의 군대와 홍해 사이에 끼어서 절망하는 백성들에게 모세는

외쳤습니다. "너희는 두려워하지 말고 가만히 서서 여호와께서 오늘 너희를 위하여 행하시는 구원을 보라"(출 14:13).

그렇습니다. 잃었던 기업을 회복하는 일에 나오미나 룻이 보태야 할 일은 아무 것도 없습니다. "가만히 앉아있으라"뿐입니다. 오직 "그 사람이 이 일을 성취하기 전에는 쉬지 아니하리라" 하십니다. "여호와의 열심(熱心)이 이를 이루시리라"(사 9:7), 하나님은 구속사역을 성취하시기 전에는 결코 쉬지 않으십니다. 이는 전적으로 하나님의 주권적인 사역입니다.

⑨ "일을 행하시는 여호와, 그것을 만들며 성취하시는 여호와"(렘 33:2)의 섭리하심은 룻기서 전편에 걸쳐 나타납니다.
- ㉠ 사사시대에 여호와의 목전에 악을 행한 그들을 징벌하시기 위해서 "흉년"으로 치신(1:1) 일
- ㉡ 하나님의 징계를 순히 받지 아니하고 피하여 모압으로 내려간 엘리멜렉의 가정을 징벌하신(1:21) 일
- ㉢ 그들이 부르짖자 "자기 백성을 돌보시사 그들에게 양식을 주신"(1:6) 일
- ㉣ 그들이 떡집(베들레헴)으로 돌아왔을 때가 "보리 추수 시작할 때"(1:22)였다는 점
- ㉤ 이삭을 주우러 간 룻을 "우연히 엘리멜렉의 친족 보아스에게 속한 밭으로"(2:3) 인도하신 일
- ㉥ 그때 "마침 보아스가 베들레헴에서부터" 돌아와서 이삭을 줍는 룻을 만나도록 하신(2:4) 일
- ㉦ 그리고 보아스가 기업 무를 자로 자원토록 행해주신 일
- ㉧ 보아스의 줄기에서 "다윗을 낳았더라"(4:22) 하신 일 등입니다.

⑩ 궁극적으로 룻기의 주제는,

㉠ 왕을 준비해주신 일과

㉡ 우리의 기업 무를 자가 없게 아니 하신 일입니다. 그래도 부족합니까?

룻은 보아스에게 이렇게 간구합니다. "나는 당신의 여종 룻이오니 당신의 옷자락을 펴 당신의 여종을 덮으소서 이는 당신이 기업을 무를 자가 됨이니이다"(3:9).

우리도 이렇게 간구하십시다. "주여 당신의 의로운 옷자락으로 이 종을 덮으소서 주는 우리의 기업 무를 자가 됨이니이다".

우리에게 왕을 주시고, 우리에게 기업 무를 자가 있게 하신 하나님을 찬양하십시다.

사무엘상

주제 : 너희가 구한 왕, 너희가 택한 왕을 보라(12:13)

  사무엘 상하는 신정체제에서 왕정체제로의 전환을 보여주고 있
습니다. 이제까지는 왕을 세우심이 없이 하나님께서 직접 다스리
시는 신정체제였으나 사무엘서에 와서는 왕을 세우셔서 다스리시
는 신정왕국(神政王國)이 수립되는 것입니다. 그런데 신정왕국이
사무엘하에 가서야 세워진다는 점을 주목하시기 바랍니다. 왜냐
하면 로마서 5:20절을 보면 "율법이 들어온(加入) 것은"하는 언급
이 있는데 사무엘상에서 들어오지 말아야 할 왕이 가입되었기 때
문입니다.

  ㉠ 사사기는 "그 때에 이스라엘에 왕이 없으므로 사람이 각기 자기의
     소견에 옳은 대로 행하였더라"(삿 21:25)고 끝났는데,

ⓛ 사사들이 치리하던 때를 배경으로 한 룻기는 "이새는 다윗을 낳았더라"(룻 4:22)고 끝맺고 있습니다.

ⓒ 이는 왕이 없어 혼란을 거듭하던 시대에 하나님께서 한 왕을 예선해 놓으셨는데, 그가 다윗임을 보여주는 대목입니다. 이점이 하나님께서 사무엘에게 "너는 뿔에 기름을 채워 가지고 가라 내가 너를 베들레헴 사람 이새에게로 보내리니 이는 내가 그의 아들 중에서 한 왕을 보았느니라"(삼상 16:1)는 말씀에 분명히 나타납니다. 성경에 그 유명한 "다윗"의 이름이 처음으로 등장하는 것이 룻기 4:22절인데, 이때부터 구속사의 초점이 다윗에게 모아지고 있음을 주목해야 합니다. 그리고 그 초점은 아브라함과 다윗의 자손 예수 그리스도에게로 귀결(歸結)되는 것입니다.

① 사무엘상에서 백성들은 사무엘에게 "… 열방과 같이 우리에게 왕을 세워 우리를 다스리게 하소서"(8:5)하고 왕을 요구합니다. 사무엘은 이 요구를 기뻐하지 아니하였고 성경은 이 요구가 큰 죄악이었다고 말씀합니다(12:17).

ⓐ 왜 그럴까요? 첫째 이유로는 "그들이 …나를 버려 자기들의 왕이 되지 못하게 함이니라"(8:7)고 "하나님을 버린 것"이라고 말씀합니다. 지금까지는 하나님이 친히 다스리시는 신정체제였는데 거짓된 인간은 보이는 왕을 요구했던 것입니다. 어찌하여 거짓된 인간이라 하는가? "언약"을 통해서 함께 하시는 하나님의 약속을 믿지를 않았기 때문입니다. 이는 옛날이야기가 아니라 "볼지어다 내가 세상 끝날까지 너희와 항상 함께 있으리라"(마 28:20) 하신 약속을 믿지 못하고 있는 오늘 우리들의 이야기인 것입니다.

ⓑ 이런 요구에 의해 세워진 왕이 바로 사울 왕이었습니다. 신명기 17장에는 장차 왕을 세우자는 뜻이 나거든 "반드시 네 하나님 여호와

께서 택하신 자를 네 위에 왕으로 세울 것이며"(신 17:15)라고 말씀합니다. 그런데 사울은 사람이 택한 왕이요, 하나님께서 택하신 왕은 다윗이었던 것입니다.

② 16장에 보면 다윗이 기름 부음을 받는 장면이 나옵니다. 사무엘은 이새의 장자 엘리압을 예선해 놓으신 자로 알고 기름을 부으려 했습니다. 그러나 그는 하나님의 택하신 자가 아니었습니다. 아비나답도, 삼마도 … 일곱 아들 모두가 "이도 여호와께서 택하지 아니하셨느니라"(16:8) 하십니다.

이새는 "막내가 남았는데 그는 양을 지키나이다"고 말합니다. 이는 일곱 아들 중에 택하신 자가 없다면 막내는 보나 마나라는 뜻입니다. 그러나 다윗이 양 치던 곳으로부터 돌아오자 "여호와께서 이르시되 이가 그니 일어나 기름을 부으라"(16:12)는 말씀이 떨어졌습니다.

③ 그렇다면 그들이 왕을 구하였을 때에 어찌하여 "이럴 줄 알고 내가 왕을 예선해 놓았다"고 "다윗"을 세우시지 않으셨을까요?
　㉠ 첫째로 장로들이 추구하는 왕국과 하나님이 세우시려는 왕국의 성격이 다르다는 데 있습니다. 그들의 요구한 왕국은 "다른 나라들 같이" 즉 열방의 왕들처럼 적들을 정복하고 나라가 부강해지며 잘 먹고, 잘 살게 해주는 그런 정치적인 왕(8:19-20)을 요구했던 것입니다.
　㉡ 그러나 하나님의 의도는 인류를 구원하시려는 메시아왕국을 예표하는 신정왕국을 세우시려는 것입니다. 그런 왕으로 다윗을 예선해 놓으셨는데 그들의 요구에 응하여 다윗을 왕으로 세우셨다면 어찌 되

겠는가? 하나님은 "그러면 잘 먹고 잘 사는지 한 번 해보라"고 "열방과 같은 왕"으로 사울이 등장하게 된 것입니다.

ⓒ 이미 창세기에서 "통치자의 지팡이"(왕권)가 유다 지파에서 떠나지 아니하리라(창 49:10)고 작정되어 있었는데, 사울은 유다 지파가 아닌 베냐민 지파(9:1) 사람이었습니다. 그러므로 그가 신정왕국의 왕으로서 부적합한 것이 드러나자(13:8-14, 15:22-23) 즉각 폐하여졌던(16:1, 참고 12:13-15) 것입니다.

④ 그러면 사람이 택한 사울과 하나님이 택하신 다윗의 특성이 어떻게 다르게 나타나는가를 주목하게 됩니다.

㉠ 첫째로 사울 왕은 40년간이나 왕위에 있었습니다만 하나님의 임재를 뜻하는 궤는 기럇여아림에 방치 상태에 있었습니다(7:2)

㉡ 그러나 다윗은 왕위에 오르자 최우선적으로 사울 때에 방치했던 궤를 운반하여 오면서 "문들아 너희 머리를 들지어다 영원한 문들아 들릴지어다 영광의 왕이 들어가시리로다"(시 24:7)고 고백하면서 예루살렘에 안치하였던 것입니다. 보이는 왕은 다윗 자신이지만 진실한 왕은 하나님이시라는 고백이었던 것입니다.

㉢ 둘째로 다윗은 즉위하자, "우리가 우리 하나님의 궤를 우리에게로 옮겨오자 사울 때에는 우리가 궤 앞에서 묻지 아니하였느니라"(대상 13:3)고 말합니다. 사울 왕국과 다윗 왕국이 어떻게 다른가? "여호와 앞에 묻지 않고 다스렸느냐? 묻고 다스렸느냐"의 차이입니다. 이런 점들이 사울이 신정왕국의 왕이 아니었음을 단적으로 말해주고 있습니다.

⑤ 하나님은 "내가 이새의 아들 다윗을 만나니 내 마음에 맞는 사람이라 내 뜻을 다 이루리라"(행 13:22)고 말씀하십니다. 그러므로 다윗왕국은 메시아왕국에 대한 명백한 예표였던 것입니다.

그러므로 다윗에게는 "나는 그에게 아버지가 되고 그는 내게 아들이 되리니 그가 만일 죄를 범하면 내가 사람의 매와 인생의 채찍으로 징계하려니와 내가 네 앞에서 물러나게 한 사울에게서 내 은총을 빼앗은 것처럼 그에게서는 빼앗지는 아니하리라"(삼하 7:14-15)고 말씀하십니다. 왜 그런가? 다윗도 실수하고 넘어지리라는 것입니다. 그런데 그때마다 폐하신다면 설 수 있는 자는 사람 중에는 없을 것이요, 하나님의 구원계획은 중단되고 말 것이기 때문입니다. 이는 다윗과 그의 후손에게 무슨 선이나 공로가 있어서가 아니라 하나님의 구원계획을 주권적으로 성취해 나가시기 위해서였던 것입니다.

　　⑥ 하나님께서 사무엘을 보내사 다윗에게 기름을 붓자 "이날 이후로 다윗이 여호와의 영에게 크게 감동되니라"(16:13)고 말씀합니다. 그러나 사울에게는 악신이 그를 번뇌하게 했다 합니다. 이어지는 17장에서 다윗이 골리앗을 물리치는 기사도 동떨어진 사건이 아닌 구속사의 맥락에서 해석되어야 마땅한 것입니다. 골리앗이 말하기를 "너희는 한 사람을 택하여 내게로 내려보내라"(17:8), 그래서 대표자끼리 1:1로 싸워서 승부를 가르자는 것입니다.
　　그런데 이스라엘 진영에는 대표할 그 "한 사람"이 없었습니다. 이때 하나님이 예선해 놓으시고 기름을 부어 성령으로 충만하게 하신 다윗이 그 「한 사람」으로 등장합니다. 다윗이 "물매로 던져 블레셋 사람의 이마를 치매 돌이 그의 이마에 박히니 땅에 엎드러지니라, 블레셋 사람들이 자기 용사의 죽음을 보고 도망하는지라” (17:49-51).

⑦ 동일한 원리로 예수 그리스도는 우리를 대표한 그「한 사람」으로 오셨던 것입니다. 주님은 “세상에서는 너희가 환난을 당하나 담대하라 내가 세상을 이기었노라”(요 16:33)고 말씀하십니다. 우리는 대표자 되시는 그리스도께서 승리해 놓으신 싸움을 싸우고 있는 것입니다.

이처럼 구속사의 맥락에서 대표성을 인식한다는 것은 중요한 요점입니다. 아담의 범죄는 개인이 아닌 인류의 대표자(代表者)로서의 범죄였던 것입니다. 그래서 그의 범죄는 모든 사람의 범죄로 전가되었던 것입니다. 이점을 신약성경은 “한 사람이 순종하지 아니함으로 많은 사람이 죄인 된 것같이 한 사람이 순종하심으로 많은 사람이 의인이 되리라”(롬 5:19)고 대표성을 “한 사람”으로 나타내고 있습니다.

⑧ 또한 사무엘상에서 주목할 점은 “궤”입니다. 가나안에 입성하여 처음으로 성막을 세운 곳은 실로였습니다. 블레셋과의 싸움에서 패하자 “언약궤를 실로에서 우리에게로 가져다가 우리 중에 있게 하여 그것으로 우리를 우리 원수들의 손에서 구원하게 하자”(4:3)고 말했습니다. 무지한 인간은 살아계시는 하나님을 의지한 것이 아니라 법궤라는 “그것”을 의지했다가 블레셋에게 법궤를 빼앗겼습니다.

㉠ 이 사건이 중요한 의미를 갖게 되는 것은 법궤가 돌아올 때는 실로가 아닌 “벧세메스”(6:12)로 돌아왔기 때문입니다. 실로는 에브라임

지파에 분배된 땅이고 벧세메스는 유다 지파에게 분배된 땅입니다. 그러니까 에브라임 진영에 있던 법궤가 유다 진영으로 옮겨온 것이 됩니다.

ⓒ 이점을 시편에서는 감동적으로 노래하고 있습니다.

사람 가운데 세우신 장막 곧 실로의 성막을 떠나시고
또 요셉의 장막을 버리시며
에브라임 지파를 택하지 아니하시고
오직 유다 지파와 그가 사랑하시는 시온 산을 택하시며
또 그의 종 다윗을 택하시되 (시 78:60,67-70)

라고 찬양합니다. 여기에는 구속사적인 깊은 의미가 있는데, 인간은 법궤를 빼앗겼다 하나 하나님은 실로의 장막을 "떠나셨다, 요셉의 장막을 버리셨다"라고 진술합니다. 더욱 분명한 것은 "에브라임 지파를 택하지 아니하시고 오직 유다 지파와 그가 사랑하시는 시온 산을 택하셨다"고 진술한다는 점입니다. 이는 그리스도가 에브라임 지파가 아닌 유다 지파를 통해서 나신다는 분명한 계시인 것입니다. 법궤를 빼앗긴 것은 인간의 죄악이나 하나님은 이를 합력하여 그리스도가 유다 지파를 통해 오실 것을 계시하셨던 것입니다. 얼마나 놀랍고도 분명한 계시인가!

⑨ 그러므로 사울 왕이 악신에게 사로잡혀(16:14) 다윗을 미워하고 악랄하게 죽이려 한 것은 결국 다윗을 택하신 하나님을 대적한 것이었던 것입니다. 주목할 점은 사무엘상이 어떻게 끝나고 있는가 하는 점입니다. "사울과 그의 세 아들과 무기를 든 자와

그의 모든 사람이 다 그 날에 함께 죽었더라"(31:6), 이것이 인간이 택한 왕, 인간이 구한 왕의 종말입니다. 하나님은 자력구원의 불가능성을 보여주시기 위해서 그들의 요구를 허용하셨던 것입니다.

역사는 반복됩니다. 메시아가 이 땅에 오셨을 때에 메시아를 고대하던 그들에 의해 십자가에 못 박히게 된 것은 로마의 속박으로부터 해방시켜 줄 정치적인 메시아, 즉 잘 먹고 살 살게 해 줄 왕을 구했기 때문입니다.

그렇다면 현대교회는 어떠한 그리스도를 구하고 있는가 하고 묻지 않을 수 없습니다. 그 대답은 형제의 몫입니다.

사무엘하

**주제 : 네가 나를 위하여 집을 건축하겠느냐,
여호와가 너를 위하여 집을 짓고(7:5,11)**

　　사무엘하의 내용은 다윗이 통일 왕국의 왕위에 올라 신정왕국을 세우는 것이 중심주제입니다. "다윗이 나이가 삼십 세에 왕위에 올라 사십 년 동안 다스렸다"(5:4)고 말씀합니다. 사무엘하는 크게 세 부분으로 나누어집니다.

　　㉠ 첫 부분(1-4장)은 다윗이 헤브론에서 7년 동안 왕 노릇 하는 내용이고

　　㉡ 둘째 부분(5-10장)은 다윗이 예루살렘을 점령하여 신정왕국의 수도(首都)로 삼는 통일왕국이 수립되는 내용이고

　　㉢ 셋째 부분(11-24장)은 다윗의 범죄로 인한 징벌을 당하는 내용입니다.

① 사울이 죽자 다윗은 하나님께 묻습니다.

㉠ "내가 유다 한 성읍으로 올라가리이까, 올라가라!"

㉡ "어디로 가리이까? 헤브론으로 갈지니라!"(2:1)하십니다.

㉢ "헤브론으로 가라"는 말씀은 구속사라는 맥락으로 보면 대단히 중요한 의미가 있습니다. ㉮ 그곳은 아브라함·이삭·야곱 등 열조가 하나님의 언약을 믿고 잠들어 있는 가족 묘지가 있는 "막벨라 밭 곧 헤브론"(창 23:19)이기 때문입니다.

㉣ 그래서 헤브론은 하나님께서 유다 지파 족장인 갈렙에게 "그의 자손이 그 땅을 차지하리라"(민 14:24)고 약속하셨던 곳이기도 합니다. 하나님께서 다윗에게 그런 헤브론으로 올라가라 하심은 다윗이 언약의 정통(正統)성에 근거한 왕이라는 증표였던 것입니다. 그곳에서 7년 동안 왕 노릇 합니다.

② 5장에서 이스라엘 모든 지파가 헤브론에 이르러 다윗을 통일 왕국의 왕으로 추대합니다. 그들은 "여호와께서도 왕에게 말씀하시기를 네가 내 백성 이스라엘의 목자가 되며 네가 이스라엘의 주권자가 되리라 하셨나이다"(5:2)고 사무엘상 16:1절에서 "내가 그의 아들 중에서 한 왕을 보았느니라" 하신 말씀을 상기시킵니다.

㉠ 통일왕국의 왕위에 오른 다윗은 우선적으로 예루살렘을 정복하여 통일왕국의 수도로 삼습니다. 예루살렘을 정복했다는 것은 구속사에 있어서 중요한 의미가 있습니다. 왜냐하면 첫째는 하나님께서 아브라함에게 "너의 고향과 친척과 아버지의 집을 떠나 내가 네게 보여 줄 땅으로 가라"(창 12:1)고 명하신 "보여 줄 땅"이 가나안 땅이요

㉡ 둘째는 "네 아들 네 사랑하는 독자 이삭을 데리고 모리아 땅으로 가서 내가 네게 일러 준 한 산 거기서 그를 번제로 드리라"(창 22:2)

고 하신 곳이 바로 모리아 산 곧 예루살렘이었기 때문입니다. 그리고 "한 산 거기"가 그리스도의 모형인 성전이 세워질 자리요, "이 성전을 헐라 내가 사흘 동안에 일으키리라"(요 2:19) 하신 그리스도께서 대속제물이 되실 곳이기 때문입니다.

ⓒ 모세도 죽기 전에 행한 설교에서 "유월절 제사를 네 하나님 여호와께서 네게 주신 각 성에서 드리지 말고 오직 네 하나님 여호와께서 자기의 이름을 두시려고 택하신 곳에 가서 드리라"(신 16:5-6)고 분부합니다.

그런데 사울 왕은 40년 동안이나 자신의 고향 기브아에서 왕 노릇했을 뿐 예루살렘에 대한 관심이 없었습니다. 이처럼 중요한 의미가 있는 예루살렘에서 여부스 사람을 내어 쫓고 완전히 정복하여 수도로 삼은 것은 다윗 때에 이르러서야 비로소 이루어졌던 것입니다.

ⓔ 예루살렘을 정복하여 수도로 삼은 후에 다윗은 그때까지 방치되어 있던 궤를 아비나답의 집으로부터 예루살렘으로 운반해 안치했던 것입니다(6장). 그때 지은 것으로 인정이 되는 시편 24편은 이렇게 노래합니다.

문들아 너희 머리를 들지어다 영원한 문들아 들릴지어다
영광의 왕이 들어가시리로다
영광의 왕이 누구시냐
만군의 여호와께서 곧 영광의 왕이시로다(셀라)(시 24:7-10).

궤가 예루살렘으로 옮겨오게 된 것을 영광의 왕이 들어오시는 것으로, 그리고 보이는 왕은 다윗 자신이지만 진정한 왕은 하나님이시요, 하나님이 통치하신다는 고백인 것입니다.

③ 이렇게 함으로써 하나님의 대리자로 왕을 세우셔서 다스리

시는 명실상부한 신정왕국(神政王國)이 세워진 것입니다. 이점이 "너희가 택한 왕, 구한 왕"인 사울과 하나님이 택하신 다윗의 다른 점입니다.

㉠ 신정왕국의 의미는 언약궤를 운반하는 과정에서 보여주신 하나님의 뜻에서도 밝히 드러나고 있습니다. 하나님은 "새 수레"를 기뻐하지 않으셨습니다. 소들에 의해 받듦을 받으시고 섬김받으심을 거부하셨습니다. 그것들과 교제하기를 원하신 것이 아니었습니다. 하나님은 구속함을 얻은 하나님의 백성들에 의해 받들어 섬김받으시기를 기뻐하셨습니다.

㉡ 뒤늦게 하나님의 뜻을 깨달은 다윗은 "전에는 너희가 메지 아니하였으므로 우리 하나님 여호와께서 우리를 찢으셨다"(대상 15:13) 하면서 이번에는 메어옵니다. 무엇을 깨닫게 되는가? 하나님이 원하신 것은 소·양·염소 같은 제물도 아니요, 화려한 수레도 아니요, 성전이라는 건물이 아니라, 잃어버린 자기 백성을 찾아서 "함께 거하시려는" 바로 "너" 곧 형제를 원하셨던 것입니다.

④ 7장은 사무엘 상하를 통틀어 핵심 장이 되는데 다윗이 왕궁에 평안히 거하게 되었을 때 하나님께 황송한 마음이 들었습니다. "나는 백향목 궁에 살거늘 하나님의 궤는 휘장 가운데에 있도다"(7:2). 그리하여 하나님의 성전을 건축할 소원을 말합니다.

㉠ 그러나 그 날 밤 여호와의 말씀이 선지자 나단에게 임합니다. "내가 이스라엘 자손을 애굽에서 인도하여 내던 날부터 오늘까지 집에 살지 아니하고 장막과 성막 안에서 다녔나니"(7:6) 하십니다. 그러면 집에 살지 아니하고 장막에 거하셨다는 "집과 장막"이 어떻게 다른가? 집은 부동산(不動産)이지만 장막은 신속하게 움직이는 동산(動産)이라는 점이 다릅니다.

ⓛ 하나님은 안식하는 하나님이 아니라 야전군 사령관처럼 일을 행하시
  는 하나님이심을 나타내는 말씀입니다. 하나님은 다윗 때까지 아브라
  함·모세·여호수아와 같은 장막에 거하시면서 구원계획을 이루어
  오셨습니다. 하나님은 지금도 형제의 장막에 거하시면서 일을 행하시
  기를 원하십니다.

⑤ 그러므로 하나님은 다윗에게 "네가 나를 위하여 내가 살 집
을 건축하겠느냐(7:5), 여호와가 너를 위하여 집을 지어주겠다"
(7:11) 하십니다. 이 말씀은 구속사의 맥락에서 참으로 중요한 의
미를 내포하고 있습니다.
  ㉠ 하나님께서 다윗을 위하여 집을 세워주시겠다는 뜻은 다윗의 왕위를
    폐하지 않으시고 주권적으로 계승시켜 나가시겠다는 뜻입니다. 그래
    서 만일 죄를 범할지라도 "내가 네 앞에서 물러나게 한 사울에게서
    내 은총을 빼앗은 것처럼 그에게서 빼앗지는 아니하리라"(7:15)고
    말씀하셨던 것입니다.
  ㉡ 미련한 인간은 자신이 하나님의 집을 세워드리는 양 착각을 합니다.
    "너희는 너희가 하나님의 성전인 것과 하나님의 성령이 너희 안에
    계시는 것을 알지 못하느냐"(고전 3:16)고 묻습니다. 형제는 이 성
    전이 누가, 누구의 무엇을 통해서 세워주신 성전인지를 알고 있습니
    까? "너희 몸은, 너희 가운데 계신 성령의 전인 줄을 알지 못하느
    냐"(고전 6:19)고 말씀합니다. 이를 망각하지 않고 명심하고 있습니
    까?

⑥ 하나님은 다윗에게 언약을 세워주시기를 "네 수한이 차서
네 조상들과 함께 누울 때에 내가 네 몸에서 날 네 씨를 네 뒤에
세워 그의 나라를 견고하게 하리라"(7:12) 하십니다. "그는 내 이

름을 위하여 집을 건축할 것이요"(7:13) 하십니다.

ⓐ 이 언약이 일차적으로는 솔로몬이 왕위를 계승하게 되고, 그가 성전을 건축하므로 성취됩니다만 그것은 예표에 불과했습니다. 하나님께서 다윗에게 세워주신 언약의 궁극적인 성취는 다윗의 자손으로 오실 그리스도께서 영원한 왕위에 오르실 것과 그가 하나님이 거하실 참 성전을 건축하게 될 것을 말씀하심입니다. 그러므로 다윗 언약에는 "영원히, 견고하리라"는 말씀이 반복적으로 강조되어 있음을 보게 됩니다. 세상 나라는 "영원히 견고"하지 못합니다.

ⓑ 하나님께서 다윗에게 세워주신 언약은 다니엘서에서 "이 여러 왕들의 시대에 하늘의 하나님이 한 나라를 세우시리니 이것은 영원히 망하지도 아니할 것이요 그 국권이 다른 백성에게로 돌아가지도 아니할 것이요 도리어 이 모든 나라를 쳐서 멸망시키고 영원히 설 것이라"(단 2:44)한 말씀으로 이어지는 "나라"인 것입니다.

ⓒ 그리하여 이 언약은 "보라 네가 잉태하여 아들을 낳으리니 그 이름을 예수라 하라 그가 큰 자가 되고 지극히 높으신 이의 아들이라 일컬어질 것이요 주 하나님께서 그 조상 다윗의 왕위를 그에게 주시리니 영원히 야곱의 집을 왕으로 다스리실 것이며 그 나라가 무궁하리라"(눅 1:31-33)에서 성취되었던 것입니다.

ⓓ 이러한 하나님의 구원계획을 다윗도 알고 있었습니다. 오순절에 강림하신 성령께서는 베드로의 입을 통해서 "그(다윗)는 선지자라 하나님이 이미 맹세하사 그 자손 중에서 한 사람을 그 위에 앉게 하리라 하심을 알고 미리 본 고로 그리스도의 부활을 말하되"(행 2:30-31)라고 증언해 주고 있습니다.

⑦ 성전건축 사명이 다윗에게 허락되지 않고 그의 아들 솔로몬이 지으리라 하심도 궁극적인 성취는 다윗의 자손으로 오실 그리스도에게서 성취될 것에 대한 예시라 하겠습니다. 왜냐하면 하나

님은 무엇이 부족한 것처럼 사람의 손으로 지은 성전에 계시지 않기 때문입니다.

ㄱ） "성전"에 대한 예언은 에스겔 선지자를 통해서도 계시되고 있는데 "내 종 다윗이 그들의 왕이 되리니 그들 모두에게 한 목자가 있을 것이라"(겔 37:24) 하십니다. 이는 그리스도에서 성취될 명백한 예언인데, "내가 그들과 화평의 언약을 세워서 영원한 언약이 되게 하고 또 그들을 견고하고 번성하게 하며 내 성소(聖所)를 그 가운데에 세워서 영원히 이르게 하리니 내 처소가 그들의 가운데 있을 것이며 나는 그들의 하나님이 되고 그들은 내 백성이 되리라"(겔 37:26-27)고 말씀하십니다.

ㄴ） "여호와가 너를 위하여 집을 세워주겠다"는 이 집이 육신의 장막을 입고 오실 그리스도요, 그리스도의 구속으로 말미암아 세워진 하나님의 교회요, 하나님의 나라였던 것입니다.

이 집은 "너희도 성령 안에서 하나님이 거하실 처소가 되기 위하여 그리스도 예수 안에서 함께 지어져 가느니라"(엡 2:22)고 확장이 되어나가다가, "보라 하나님의 장막이 사람들과 함께 있으매 하나님이 그들과 함께 계시리니 그들은 하나님의 백성이 되고 하나님은 친히 그들과 함께 계셔서 모든 눈물을 그 눈에서 닦아주시니 다시는 사망이 없고 애통하는 것이나 곡하는 것이나 아픈 것이 다시 있지 아니하리니 처음 것들이 다 지나갔음이러라"(계 21:3-4)에서 완성되는 것입니다. 그런 후에 하나님은 선언하십니다. "이루었도다 나는 알파와 오메가요 처음과 마지막이라"(계 21:6).

⑧ 다윗은 왕궁에 평안히 앉아 있을 때 내가 하나님을 위하여

무엇인가를 해드려야 하겠다고 생각했습니다.

그러나 "내가 너를 위하여 집을 세워주겠다"는 황공한 말씀을 들은 후에는 보좌에서 내려와 왕궁이 아닌 여호와 앞에 나아가, "주 여호와여 나는 누구이오며 내 집은 무엇이기에 나를 여기까지 이르게 하셨나이까"(7:18)고 감복하는 것입니다. 구원계획이란 인간이 하나님을 위하여 집을 지어드리는 것이 아니라, 하나님께서 우리를 위하여 집을 이루어나가시는 주권적인 행사인 것입니다.

⑨ 그럼에도 불구하고 다윗은 11장에서 어처구니없는 범죄를 저지르는 것을 보게 됩니다. 이것이 다윗만의 문제(問題)라고 말할 수 있겠습니까?

㉠ 그런데 이 점에서 대두되는 질문은 "그가 만일 죄를 범하면 내가 사람의 매와 인생의 채찍으로 징계하려니와 사울에게서 내 은총을 빼앗은 것처럼 그에게서 빼앗지는 아니하리라"(삼하 7:14-15), 즉 사울은 폐하셨는데 어찌하여 다윗은 빼앗지 않는다 하시는가? 첫째는 율법의 행위로 의롭다함을 얻은 자가 있는가 하는 점인데 하나도 없나니라고 말씀합니다. 둘째는 죄를 범할 때마다 폐하신다면 하나님의 나라건설은 어떻게 되는가 하는 점인데 다윗의 자손으로 그리스도를 보내시려는 계획은 무산되고 말 것입니다.

㉡ 이런 맥락에서 하나님은 다윗의 문제를 통해서 무엇을 계시하셨는가를 주목하게 됩니다. 한마디로 자력구원의 불가능성입니다. 7장의 언약, 즉 하나님이 "너를 위하여 집을 지어 주겠다" 하신 주권적인 은혜가 왜 필요한지를 계시하셨다고 말할 수 있습니다. 보십시오, 다윗은 이 사건을 통해서 "내가 죄악 중에서 출생하였음이여 어머니가 죄 중에서 나를 잉태하였나이다"(시 51:5)고, 전적타락·전적부패

즉 자력구원의 불가능성을 고백하기에 이르게 됩니다.

⑩ "다윗이 나단에게 이르되 내가 여호와께 죄를 범하였노라"
고 인정을 하고 자백을 합니다. 그러자 즉각적으로 "여호와께서
도 당신의 죄를 사하셨나니"(12:13) 합니다. 그러면 묻습니다. 하
나님 앞에는 물론 사람 앞에서도 용서받을 수 없는 파렴치한 죄
를 범한 다윗이, 그리고 나 자신의 죄를 "사하셨나이다"하는 것
이 어떻게 가능해지는지 형제는 말해줄 수 있습니까? 그것은 그
냥 되는 것이 아닙니다. 그것은 하나님의 공의가 용납하지 못하
는 것입니다. 그렇다고 짐승의 피가 죄를 속하는 것도 아닙니다.
  ㉠ 우리는 "여호와께서도 당신의 죄를 사하셨나이다" 하심으로 사건이
    종결(終決)이 된 줄로 여기나 "기결(旣決)이 아닌 미결"(未決)로 보류
    (保留)해 두셨을 뿐이라는 점을 인식해야 합니다. 이점이 "이 일로
    말미암아 여호와의 원수가 크게 비방할 거리를 얻게 하였으니 당신
    이 낳은 아이가 반드시 죽으리이다"(12:14), "반드시 죽으리라"는
    언급에 나타납니다. 그렇다고 아이가 죽는다고 다윗의 죄가 해결되는
    것은 아니라는 점입니다. 이는 자신보다 자식이 죽는 것을 통하여
    죄의 가공스러움을 깨닫게 하시려는 도덕적인 의미와
  ㉡ 궁극적으로는 우리 대신 죽으실 다윗의 자손 예수 그리스도에게로
    우리를 인도해주는 신학적인 의미가 있는 것입니다. 이점을 히브리서
    에서는 그리스도께서 "첫 언약 때(구약시대)에 범한 죄에서 속량하려
    고 죽으사"(히 9:15)라고 말씀합니다. 이를 깨달았기에 다윗은 이
    사건을 통하여 "허물 사함을 받고 자신의 죄가 가려진 자는 복이 있
    도다"(시 32:1)고 칭의 교리를 고백했던 것입니다.
    "죄가 가려진 자", 이것이 복음의 핵심인 "하나님의 의가 나타났다"
    (롬 1:17, 3:21)는 "의롭다고 여겨주심"입니다. 전적타락 · 전적무능

한 죄인에게는 그 허물을 사해주시고 죄를 가려주심을 받는 길 외에는 다른 가망이 없다는 말씀입니다. 다윗의 파렴치한 타락을 통해서 영광스러운 "칭의 교리"를 계시하시다니! 하나님은 "모든 것을" 합력하여 선을 이루십니다.

ⓒ 그러므로 11장은 하나님께서 "너를 위하여" 집을 세워주시지 않으면, 즉 "여호와께서 집을 세우지 아니하시면 세우는 자의 수고가 헛됨"(시 127:1)을 명백하게 계시해 주는 장입니다. 다윗만이 "죄악 중에 출생한 것"은 아닙니다. 이 사건을 통해서 인간의 행위로는 의롭다함을 얻을 자가 없음을 보여주고 있습니다. 메시아언약에 해답(解答)이 있다는 말씀입니다.

ⓔ 이 점에서 명심해야 할 점이 있는데, 다윗의 범죄로 인하여 손해를 입게 된 것이 우리아·밧세바, 그가 낳은 아이라고 생각해서는 안 된다는 점입니다. "이 일로 말미암아 여호와의 원수가 크게 비방할 거리를 얻게 하였다"(12:14), 곧 최대의 피해자는 신정왕국이요, 여호와의 거룩하신 이름이었던 것입니다. 그러므로 "이제 네가 나를 업신여기고 헷 사람 우리아의 아내를 빼앗아 네 아내로 삼았은즉 칼이 네 집에서 영원토록 떠나지 아니하리라"(12:10)고 징벌의 불가피성을 말씀하십니다.

사울의 범죄와 다윗의 범죄를 비교해 본다면 윤리적인 면에서는 비교되지 않을 만큼 다윗이 악하고 추합니다. 그러나 다윗은 메시아언약을 통해서 "그리스도 안에", 즉 "은혜 아래" 있었기 때문에 그를 징벌하실지라도 폐하시지 않음이 가능했던 것입니다.

⑪ 24장에는 다윗이 인구조사를 명하는 것이 나옵니다. 병행구절인 역대상 21장과 결부시켜보면 이는 다윗이 교만해졌음을 나타냅니다. 이점이 "다윗이 백성을 조사한 후에 그의 마음에 자책

하고 다윗이 여호와께 아뢰되 내가 이 일을 행함으로 큰 죄를 범하였나이다 내가 심히 미련하게 행하였나이다"(24:10)고 자복하는 데서 드러납니다.

　㉠ 그리하여 "칠년 기근, 석달 패망, 삼일 전염병" 중 택일하라는 징벌을 받게 되는데 다윗은 "우리가 여호와의 손에 빠지고 내가 사람의 손에 빠지지 아니하기를 원하노라"(24:14)고 대답합니다. 그리하여 전염병이 임하게 되는데 이 점에서 다윗이 "여호와의 손에 빠지는 것"이라 말한 것이 어찌하여 "전염병"을 택한 것이며, 전염병을 택한 것이 어찌하여 "여호와의 손에 빠지는 것"인지 아시겠습니까?

　㉡ 그 해답이 출애굽기 30:12절에 나옵니다. "전염병이, 생명의 속전"과 결부되어 있기 때문이요, 생명의 속전(贖錢)이 "그가 모든 사람을 위하여 자기를 대속물로 주셨으니"(딤전 2:6) 한 그리스도의 구속과 결부되어 있기 때문입니다. 놀라움을 금할 수 없는 말씀입니다.

　㉢ 더욱 놀라운 것은 여호와의 사자가 "여부스 사람 아라우나의 타작마당에서 여호와를 위하여 제단을 쌓으소서"(24:18)라고 장소를 지정(指定)해주고 있다는 점입니다. 바로 그 자리가 여호와께서 아브라함에게 이삭을 번제로 드리라고 지시하신 모리아 산이요, 솔로몬이 성전을 지은 터(대하 3:1)요, 그리스도께서 대속제물이 되실 곳이었기 때문입니다.

⑫ 사무엘하는 "그 곳에서 여호와를 위하여 제단을 쌓고 번제와 화목제를 드렸더니 이에 여호와께서 그 땅을 위한 기도를 들으시매 이스라엘에게 내리는 재앙이 그쳤더라"(24:25)고 끝맺고 있습니다.

　㉠ "진노"를 그치게 한 번제와 화목제는 그리스도께서 단번에 드려주실 대속제물에 대한 예표로써만 의미가 있는 것입니다. 주님께서 "너희

가 성경에서 영생을 얻는 줄 생각하고 성경을 연구하거니와 이 성경
이 곧 내게 대하여 증언하는 것이니라"(요 5:39)고 말씀하신 대로
사무엘하는 독자들을 예수 그리스도와 복음으로 인도해 줌으로 대단
원의 막을 내리고 있는 것입니다. "너희는 내 증인이라" 하십니다.
하나님의 아들 그리스도께서 "그곳에서" 대속제물이 되어주심으로
우리에게 임할 진노가 그치게 되었다는 점을 담대히 굳세게(엡
6:20, 딛 3:8) 증언하십시다.

ⓛ 형제는 왕궁에 평안히 앉아서 내가 하나님을 위하여 무엇을 할까를
궁리하고 있습니까? 아니면 하나님 앞에 나아가 "나는 누구이오며
내 집은 무엇이기에 나에게 이에 이르게 하셨나이까"하고 감사와 감
격하고 있습니까? 이것이 먼저입니다. 믿음의 순종은 그 후에 따라
오는 것입니다.

열왕기상

주제 : 내 종 다윗과 내가 택한 예루살렘을 위하여 한 지파를 네 아들에게 주리라(11:13)

열왕기 상하는 본래 한 권의 책으로 통일(統一)왕국으로 출발하여 분열(分裂) 왕국이 되었다가, 종래는 패망(敗亡)하기까지의 역사를 기록하고 있습니다. 열왕기(列王記)는 제목 그대로 많은 왕들이 등장합니다. 그런데 여기에 초점을 맞추다 보면 잊기 쉬운 일이 있는데, 그것은 영원히 변치 아니하는 하늘 보좌(寶座)에 좌정하신 왕이 계시다는 사실입니다.

이사야 선지자는 "웃시야 왕이 죽던 해에… 주께서 높이 들린 보좌"(사 6:1)에 앉아 계시는 것을 보았습니다. 지상의 보좌는 자주 바뀌어도 높이 들린 보좌는 영원합니다. 지상의 보좌가 하늘 보좌에 의해 통치함을 받은 시대는 흥왕하고 태평하였으나, 패역한 시대는 쇠퇴하고 혼란하였음을 보여주는 것이 열왕기(列王記)의 역사입니다. 이점을 시편 기자는 노래하기를,

> 천지는 없어지려니와 주는 영존(永存)하시겠고
> 그것들은 다 옷같이 낡으리니
> 의복같이 바꾸시면 바뀌려니와
> 주는 한결같으시고
> 주의 연대는 무궁(無窮)하리이다(시 102:26-27) 합니다.

열왕기상은 크게 두 부분으로 나누어집니다.

㉠ 1-11장까지는 통일 왕국인데 중심점은 솔로몬이 왕위에 올라 성전을 건축하는 내용이고,

㉡ 12-22장까지는 솔로몬의 범죄로 인한 분열 왕국에 대한 기사인데 주로 엘리야 선지자의 활동으로 되어있습니다.

① 열왕기상은 다윗의 임종으로 시작하여 솔로몬이 왕위에 올라 성전을 건축하지만 타락으로 인하여 아들 르호보암 대에 이르러 분열 왕국이 되어 남쪽 유다는 르호보암 - 아비얌 - 아사 - 여호사밧 왕까지 4대가 이어지는 역사이고, 북쪽 이스라엘은 여로보암 1세로 시작하여 8대인 아하시야 왕까지의 역사입니다.

㉠ 열왕기는 역사(歷史)서입니다. 그렇다고 우리는 이스라엘의 역사를 공부하고 있는 것이 아닙니다. 하나님께서 인류를 구원하시기 위한 구원계획을 어떻게 추진하여 오셨는가 하는 구속의 역사를 배우고 있는 것입니다.

㉡ 그러므로 역사서를 상고할 때에 놓쳐서는 아니 될 점은 인류의 시조

가 타락한 현장에서 선언한 "여자의 후손과 뱀의 후손"(창 3:15)의 두 줄기입니다. 역사서를 통해서 이 두 줄기가 "원수가 되게 하리니" 하신 대로 적대적(敵對的)인 관계로 흘러 내려오고 있는 것을 볼 수 있어야 합니다. 사탄은 끈질기게 대적해오지만 "그러나 죄가 더한 곳에 은혜가 더욱 넘쳤나니"(롬 5:20) 한 것이 구속사입니다.

② 솔로몬은 출발은 좋았으나 그의 만년은 극도로 타락하여 이방의 신들(아스다롯·밀곰·그모스 등)을 섬기는 데까지 타락합니다. 그 원인으로 이방 여러 나라의 여인들을 처첩으로 삼아 "왕은 후궁이 칠백 명이요 첩이 삼백 명이라 그의 여인들이 왕의 마음을 돌아서게 하였더라"(11:3)고 진술합니다.

　㉠ 이는 "뱀이 그 간계로 하와를 미혹"(고후 11:3)한 것과 같은 맥락인 것입니다. 이 점에서 한마디 언급해야 할 점은 다윗은 한 가지 사명, 즉 대를 이을 솔로몬에게 현숙한 아내를 짝지어주는 일을 하지 못했다는 점입니다.

　㉡ 아브라함은 늙어 죽기 전에 충복(忠僕)에게 "너는 내가 거주하는 이 지방 가나안 족속의 딸 중에서 내 아들을 위하여 아내를 택하지 말고 내 고향 내 족속에게로 가서 내 아들 이삭을 위하여 아내를 택하라"(창 24:3-4)고 분부했는데 다윗은 이 일을 하지 못했습니다. 그리하여 솔로몬은 바로의 딸을 아내로 맞이했고, 솔로몬의 왕위를 계승한 르호보암도 "그의 어머니의 이름은 나아마라 암몬 사람이더라"(14:31)고 이방인 여인의 소생임을 밝히고 있습니다.

③ 솔로몬이 우상을 숭배했다는 것은 십계명을 범했다는 단순한 뜻이 아니라 하나님께서 다윗에게 세워주신 메시아언약(言約)을 우상으로 바꿔치게 했다는 배신이었던 것입니다.

ⓐ 이점이 북 왕국이 분열되는 과정에서도 나타납니다. 그들은 말하기를 "우리가 다윗과 무슨 관계가 있느냐 이새의 아들에게서 받을 유산이 없도다 이스라엘아 너희의 장막으로 돌아가라"(12:16) 고 "이새의 아들 다윗"과의 결별을 선언했던 것입니다. 이는 르호보암을 배신한 것이 아니라 메시아언약에 대한 명백한 배신(背信)이었던 것입니다. 그리하여 여로보암은 금송아지 둘을 만들어 단과 벧엘에 세우고 "이는 너희를 애굽 땅에서 인도하여 올린 너희의 신들이라"(12:28) 하고 말했던 것입니다. 그들은 건너서는 아니 될 루비콘 강을 건넜던 것입니다.

ⓑ 솔로몬의 타락은 이미 예견된 바입니다. 이점이 "여호와께서 일찍이 두 번(6:12, 9:2)이나 그에게 나타나시고, 이 일에 대하여 명하사 다른 신을 따르지 말라 하였으나"(11:9-10) 한 말씀에 나타납니다. 하나님은 성전을 건축하는 도중에, 그리고 건축한 후에 솔로몬에게 나타나셔서 "내 이름을 위하여 내가 거룩하게 구별한 이 성전이라도 내 앞에서 던져버리리니"(9:7)라고 경고하셨습니다.

그럼에도 불구하고 솔로몬은 타락하고 말았습니다. 이 점에서 솔로몬의 죄만을 보아서는 아니 됩니다. 이 거울에 비친 "전적타락·전적부패" 한 자신의 모습을 볼 수 있어야 합니다.

④ 이에 대한 하나님의 선고는, "내가 반드시 이 나라를 네게서 빼앗아 네 신하에게 주리라"(11:11) 하십니다.

ⓐ 그러나 언약에 신실하신 하나님은 여기서 끝이신 것이 아니라, "오직 내가 이 나라를 다 빼앗지 아니하고 내 종 다윗과 내가 택한 예루살렘을 위하여 한 지파를 네 아들에게 주리라"(11:13)고 한 지파를 남겨주시겠다고 말씀하십니다. 여기에 문제에 대한 해답(解答)이 있는 것입니다. 그러므로 남겨주신 한 지파를 "내 종 다윗이 항상 내 앞

에 등불을 가지고 있게 하리라"(11:36)고 "한 등불"이라고 말씀하십니다.

ⓛ 그러면 "한 지파, 한 등불"이 어느 지파입니까? 바로 "유다 지파"입니다. 일찍이 창세기에서 유다 지파를 통해 왕위가 계승될 것과 그 지파에서 실로, 즉 메시아가 오실 것(창 49:10)이 예언되었던 것입니다. 메시아는 이 땅의 등불이요 소망입니다. 메시아를 등불로 표현하고 있음은 세상은 상대적으로 어두움임을 말해줍니다.

ⓒ "흑암에 행하던 백성이 큰 빛을 보고 사망의 그늘진 땅에 거주하던 자에게 빛이 비치도다"(사 9:2)고 말씀합니다. 이 등불이 신약성경에 이르러서는 "참 빛 곧 세상에 와서 각 사람에게 비추는 빛이 있었나니"(요 1:9)하고 성취됩니다.

⑤ 그러므로 열왕기상의 핵심 장은 솔로몬이 그토록 타락하였음에도 불구하고 그 나라를 다 빼앗지 아니하시고 한 지파를 남겨주시고, 한 등불을 끄지 아니하시겠다는 11장이라 할 수 있습니다. 11장에는 "한 지파"를 주시겠다는 말씀이 세 번(13,32,36) 강조되어 있습니다. 이것은 하나님의 은혜가 아닐 수 없습니다.

ⓐ 이사야 선지자는 "상한 갈대를 꺾지 아니하며 꺼져가는 등불을 끄지 아니하신다"(사 42:3)고 말씀하는데, 구속의 역사는 참으로 "상한 갈대, 꺼져가는 등불"과 같은 역사였던 것입니다. 그러나 하나님께서는 상한 갈대도 꺾지 아니하시고 꺼져가는 등불도 끄지 아니하시고 언약하신 바를 지키시며 하나님의 구원계획을 묵묵히 성취하여 오셨던 것입니다.

ⓛ 그러므로 창세기 3장, 열왕기상 11장을 인간 행위 중심으로 보면 타락 장이 분명하지만, 하나님의 구원계획 중심으로 보게 되면 놀랍게도 "은혜 장"이 되는 것입니다. 이처럼 솔로몬의 타락을 통해서도

여자의 후손의 줄기를 대적하는 사탄의 궤계를 보게 되고, "그러나 죄가 더한 곳에 은혜가 더욱 넘쳤나니"(롬 5:20)하는 "은혜의 넘침"을 보게 됩니다.

⑥ 이런 맥락에서 열왕기상에서 대두되는 중요한 두 주제(主題)는 "다윗에게 세워주신 메시아언약과 다윗의 왕위"가 어떻게 계승(繼承)되고 보존(保存)이 되었는가 하는 점입니다. 그리고 이 점은 하나님께서 다윗에게 "네 집과 네 나라가 내 앞에서 영원(永遠)히 보존(保存)되고 네 왕위가 영원히 견고(堅固)하리라"(삼하 7:16) 하신 약속과 결부되는 것입니다.

　㉠ 그러므로 모세오경의 중심인물이 제사장(祭司長)이라면 역사서의 핵심 주제는 "왕위"(王位)입니다. 왜냐하면 왕위가 끊어짐이 없이 계승되어 그리스도에게서 성취될 "왕위"이기 때문입니다. 다윗은 죽기 전에 솔로몬에게 "여호와께서 내 일에 대하여 말씀하시기를 만일 네 자손들이 그들의 길을 삼가 마음을 다하고 성품을 다하여 진실히 내 앞에서 행하면 이스라엘 왕위에 오를 사람이 네게서 끊어지지 아니하리라 하신 말씀을 확실히 이루게 하시리라"(2:4)고 유언합니다.

　㉡ 솔로몬은 성전 봉헌기도에서 "이스라엘의 하나님 여호와여 주께서 주의 종 내 아버지 다윗에게 말씀하시기를 네 자손이 자기 길을 삼가서 네가 내 앞에서 행한 것 같이 내 앞에서 행하기만 하면 네게서 나서 이스라엘의 왕위에 앉을 사람이 내 앞에서 끊어지지 아니하리라 하셨사오니 이제 다윗을 위하여 그 하신 말씀을 지키시옵소서"(8:25)라고 기도합니다.

　㉢ 하나님은 "내가 네 아버지 다윗에게 말하기를 이스라엘의 왕위에 오를 사람이 네게서 끊어지지 아니하리라 한 대로 네 이스라엘의 왕위를 영원히 견고하게 하려니와"(9:5)하고 응답하십니다. 이상에서 살

펴본 대로 "다윗에게 세워주신 메시아언약과 다윗의 왕위를 계승시켜 나가겠다"는 것이 열왕기서의 중심주제입니다.

ⓔ 이 두 주제가 얼마나 중요하냐 하면 솔로몬이 건축한 성전은 경고하신 대로 던져버리셨으나 다윗에게 세워주신 "언약과 왕위"는 폐하심이 없이 이어지게 하여 "주 하나님께서 그 조상 다윗의 왕위를 그에게 주시리니 영원히 야곱의 집을 왕으로 다스리실 것이며 그 나라가 무궁하리라"(눅 1:32-33)고 기필코 예수 그리스도에게서 성취하게 하셨다는 데서 알 수 있습니다.

⑦ 이런 맥락에서 열왕기에는 왕을 평가하는 두 기준(基準)이 제시되어 있는데,

㉠ 하나는 "왕의 마음이 그의 아버지 다윗의 마음과 같지 아니하여"(11:4,6,33,38, 15:11, 왕하 14:3, 16:2, 18:3) 한 다윗이 행한 길이고,

㉡ 다른 한 길은 "바아사가 여호와 보시기에 악을 행하되 여로보암의 길로 행하며"(15:34, 16:2,7,19,26,31 22:51) 한 "여로보암의 길"입니다. 모든 왕들은 이 두 길 중 어느 길로 행했느냐에 의하여 평가되고 있음을 보게 됩니다. "다윗의 길"로 행했다는 것은 메시아 언약을 보수(保守)한 것이 되고, "여로보암의 길"로 행했다는 것은 배신했다는 것이 됩니다.

㉢ 대부분의 왕은 여호와 보시기에 악을 행했습니다. 참으로 이상한 것은 선한 왕이라 하더라도 종말에 가서는 사악함을 드러낸다는 점입니다. 이는 다윗이 "내가 죄악 중에서 출생하였음이여 어머니가 죄 중에서 나를 잉태하였나이다"(시 51:5)라고 고백한 전적 타락하고 부패하여서 자력(自力)으로는 구원의 여망이 없음을 보여줍니다.

㉣ 그러므로 우리는 구약의 역사서들을 통해서 역사(歷史)라는 거울에 비친 열왕들의 죄가 아닌 자신의 죄성을 볼 수 있어야 하고, 죄악

세상을 비춰주는 한 등불인 메시아를 만나야만 하는 것입니다. 이것이 우리에게 역사서를 주신 목적이기도 합니다.

⑧ 열왕기상의 역사는 남쪽 유다는 "여호사밧"까지이고, 북쪽 이스라엘은 아합과 그의 아들 아하시야까지 입니다. 이 점에서 한마디 언급해야 할 점은 "여호사밧" 왕은 참으로 선한 왕이었습니다. 그런데 영적 분별력이 부족했던 것으로 여겨집니다. 왜냐하면 북 왕국의 아합 집과 동맹(同盟)을 맺고(22:4), 통상(通商)을 하고(22:48), 아합의 딸을 자부로 맞이하는 통혼(通婚)까지(대하 18:1) 하여 두 줄기가 하나로 합쳐지게 했기 때문입니다.

뒤에 가서 보게 될 것입니다만 이로 인하여 바알 우상이 유다에 침투하게 되어 아들과 손자 왕 대에 우상을 숭배하게 되고 급기야는 왕의 씨가 진멸(盡滅)을 당하는 데까지 이르게 됩니다. 그리하여 선견자 예후를 통해서 "왕이 악한 자를 돕고 여호와를 미워하는 자들을 사랑하는 것이 옳으니이까 그러므로 여호와께로부터 진노하심이 왕에게 임하리이다"(대하 19:2)는 책망을 받기까지 합니다. 이점 또한 현대교회에 경종이 된다고 하겠습니다.

⑨ 열왕(列王)의 시대는 또한 선지자(先知者)들의 시대이기도 합니다. 엘리야 선지자는 아합에게 "내 말이 없으면 수년 동안 비도 이슬도 있지 아니하리라"(17:1)고 선언합니다. 이 말에는 상징성이 있는데 "우로"(雨露) 즉 은혜는 말씀과 함께 임하기 때문입니다.

하나님은 엘리야에게 "그릿 시냇가에 숨으라"(17:3) 하시는데 엘리야는 하나님 말씀의 대언자입니다. 그러므로 엘리야가 숨었다는 것은 "말씀"이 숨은 것이 됩니다. 말씀이 숨은 시대가 암흑 시대입니다. "사무엘이 엘리 앞에서 여호와를 섬길 때에는 여호와의 말씀이 희귀하여 이상이 흔히 보이지 않았더라"(삼상 3:1)고 말씀하는데 이는 사사 말기의 암흑시대를 상징적으로 나타내고 있는 것입니다.

⑩ 엘리야 선지자 하면 "3년 가뭄, 갈멜산의 대결과 불의 응답" 등을 연상하게 합니다. 그러나 이런 것들에 초점을 맞춰서는 안 됩니다. 갈멜산의 대결에서 엘리야는 "아브라함과 이삭과 이스라엘의 하나님 여호와여 주께서 이스라엘 중에서 하나님이신 것과 … 이 백성에게 주 여호와는 하나님이신 것과 주는 그들의 마음을 되돌이키심을 알게 하옵소서"(18:36-37)라고 기도합니다.

ㄱ) 엘리야는 두 가지 요점을 붙잡고 기도를 하고 있는데, 첫째는 "아브라함과 이삭과 야곱"에게 세워주신 메시아언약이고

ㄴ) 둘째는 "그들의 마음으로 돌이키게 하시는 것"이 하나님의 뜻이라는 점입니다. 엘리야는 절체절명의 상황에서 전지전능(全能)의 하나님이 아닌 "아브라함과 이삭과 이스라엘의 하나님 여호와여"(왕상 18:36) 합니다. 이는 족장들에게 세워주신 메시아언약(言約)을 붙잡고 기도를 드리고 있다는 점을 의미합니다. 또한 선지자 엘리야의 사명이 무엇인가? 다윗 언약을 배신하고 떨어져 나가 바알과 아세라 목상을 섬기고 있는 패역한 북 왕국 이스라엘의 마음을 돌이키기 위하여 파송한 사신입니다.

ㄷ) "이에 여호와의 불이 내려서 번제물과 나무와 돌과 흙을 태우고 또 도랑의 물을 핥은지라"(18:38) 합니다. 무엇에 대한 응답인가? 아브라함 · 이삭 · 야곱에게 세워주신 "언약의 하나님"이시라는 것과 언약

안으로 "돌아오기를 기다리시는 하나님"이시라는 응답입니다. 그러나 그들은 끝내 돌아오지 않았다가 멸망 당하였던 것입니다. 이점이 열왕기상이 현대교회에 주시는 경고라 하겠습니다.

열왕기하

주제 : 여호와께서 그의 종 다윗을 위하여 유다 멸하기를 즐겨하지 아니하셨으니 이는 그의 자손에게 그와 자손에게 항상 등불을 주겠다고 말씀하셨음이더라(8:19)

열왕기하는 크게 두 부분으로 나누어집니다. 1-17장까지는 분열 왕국이 계속되다가 북쪽 이스라엘이 앗수르에 패망하게 되는 내용이고, 18-25장까지는 잔존 왕국인 남쪽 유다 왕국의 역사인데, 북 왕국이 패망한 이후 130년의 회개할 기회를 주셨으나 결국 유다도 바벨론에 패망하는 것으로 끝이 납니다.

① 열왕기 상하를 주목해 보면 북쪽 이스라엘과 남쪽 유다를

교차적으로 또는 대조적(對照的)으로 기록하고 있다는 점입니다. 얼른 보기에는 중심점(中心點)이 북쪽 이스라엘에 있지 아니한가 싶을 정도로 이스라엘의 역사를 먼저 언급한 후에 유다의 역사를 말씀하곤 합니다.

이렇게 하는 것은 북 왕국을 중요시하기 때문이 아니라 북쪽 이스라엘의 타락과 패망을 거울삼아 남쪽 유다가 회개하기를 바라셨기 때문입니다.

② 17장에 이르러 기어코 북이스라엘이 앗수르에 의하여 패망하고 맙니다. 패망하게 된 원인(原因)을 "여호와의 율례와 여호와께서 그들의 조상들과 더불어 세우신 언약과 경계하신 말씀을 버리고, 자기들을 위하여 두 송아지 형상을 부어 만들고 또 아세라 목상을 만들고 하늘의 일월 성신을 경배하며 또 바알을 섬겼기"(17:15,16) 때문이라고 말씀합니다.

　㉠ 북이스라엘은 멸망한 후에도 "이와 같이 그들이 여호와도 경외하고 또한 어디서부터 옮겨왔든지 그 민족의 풍속대로 자기의 신들도 섬겼더라"(17:33)고 혼합(混合)종교가 되었다고 말씀합니다. 이 말씀도 현대교회에 경종이 됩니다.

　㉡ 문제는 "여호와께서 이스라엘에게 심히 노하사 그들을 그의 앞에서 제거하시니 오직 유다 지파 외에는 남은 자가 없으니라"는 언급으로 그치는 것이 아니라, "유다도 그들의 하나님 여호와의 명령을 지키지 아니하고 이스라엘 사람들이 만든 관습을 행하였다"(17:18-19)고 말씀한다는 점입니다.

　㉢ 이점을 예레미야서에서는 "내게 배역한 이스라엘이 간음을 행하였으므로 내가 그를 내쫓고 그에게 이혼서까지 주었으되 그의 반역한 자

매 유다가 두려워하지 아니하고 자기도 가서 행음 함을 내가 보았노라"(렘 3:8) 하십니다. 하나님은 그러한 유다에게 북쪽 이스라엘이 망한 후에도 약 130년이나 참고 기다리시면서 회개할 기회를 주셨건만 돌아오지 않다가 끝내 바벨론에게 패망하고 맙니다.

③ 이런 맥락에서 열왕기하에서 주목해야 할 점은 역사서의 중심적인 두 주제(主題)인 "언약과 왕위"가 어떤 도전을 받았으며, 하나님은 이를 어떻게 보존하셨는가 하는 점입니다.

  ㉠ 11장에 의하면 다윗의 왕위(王位)에 심각한 위기가 있었음을 보게 됩니다. 7대에 아달랴라고 하는 여왕(女王)이 6년을 왕위에 있었는데, 그녀는 다윗의 혈통이 아니라 북이스라엘의 아합과 이세벨 사이에 태어난 딸로서 여호람(요람)의 왕비가 되었던 자입니다.

  ㉡ 이는 열왕기상에서 언급한 여호사밧 왕이 아합 집과 정략적으로 통혼을 했기 때문에 일어난 오류입니다. 그러니까 "한 사람으로 말미암아 세상에 죄가 들어오듯"이 다윗 왕가에 "뱀의 후손"이 침입을 한 셈입니다. 그리하여 남편인 여호람 왕과 아들 아하시야 왕까지 바알을 숭배하게 함으로 "그가 이스라엘 왕들의 길을 가서 아합의 집과 같이 하였으니 이는 아합의 딸이 그의 아내가 되었음이라 그가 여호와 보시기에 악을 행하였다"(8:18)고 말씀합니다.

④ 아달랴의 간계는 여기서 그친 것이 아니라 아들 아하시야 왕이 죽자 "일어나 왕의 자손을 멸절"(11:1)하고 왕위(王位)에 오름으로 다윗의 왕위를 찬탈하려 했습니다. "왕의 자손"이란 다름 아닌 친 손자들로서 다윗의 왕위를 이을 자들입니다.

  ㉠ 그러나 하나님은 이를 묵과하시지 않으시고 아하시야의 누이 여호세바를 들어서 어린 왕자 요아스를 왕자들의 죽임을 당하는 중에서 도

둑질하여 내어 여호와의 전에 6년을 숨겨 양육하게 하셨습니다. 어린 왕자를 구출해 낸 여호세바는 대제사장의 아내(대하 22:11)였는데 하나님은 이들을 들어서 "언약과 왕위"를 보존(保存)하게 하셨던 것입니다.

ⓛ 아달랴의 행위는 구속사적인 관점에서 볼 때 중대한 도발이었던 것입니다. 하나님은 "내 종 다윗이 항상 내 앞에 등불을 가지고 있게 하리라"(왕상 11:36)고 "한 등불"을 남겨주셨는데, 그녀는 "한 등불"을 말살하려고 대적했으니, 이는 다윗의 혈통을 통하여 메시아를 보내시려는 구원계획을 파괴하려는 사탄의 음모라고 볼 수밖에 없는 것입니다.

ⓒ 이 점에서 "요아스가 그와 함께 여호와의 성전에 육년을 숨어있는 동안에 아달랴가 나라를 다스렸더라"(11:3) 한 표현은 의미심장합니다. 다윗의 왕위는 끊어지고 왕의 보좌에 멸망의 가증한 것이 앉아 있는 듯이 보이기 때문입니다. 그러나 다윗의 왕위가 끊어진 것이 아니라 다만 진정한 왕은 "여호와의 전에 숨어있는 기간"이었다는 점을 유념해야 합니다.

ⓔ 여호야다가 6년 동안 숨겨 두었던 "왕자를 인도하여 내어 왕관을 씌우며 율법 책을 주고 기름을 부어 왕으로 삼으매 무리가 박수하며 왕의 만세를 부르니라"(11:12)고 말씀합니다. 이 말씀은 우리로 하여금 하나님 우편에 계시는 왕이 나타나시는 날 "박수하며 왕의 만세"(할렐루야)를 부르게 될 것으로 인도해 줍니다.

⑤ 16장에는 복음을 변개(變改)하려는 또 다른 음모가 있는데, 아하스 왕이 수리아의 다메섹에 갔다가 거기 있는 제단을 보고 그 구조와 식양을 그려 대제사장 우리야에게 보내는 사건입니다. 대제사장 우리야는 이를 거부했어야 마땅합니다. 왜냐하면 성

전 식양은 그리스도에게서 성취될 모형으로 하나님이 정해주신 식양이었기 때문입니다.

그러나 "우리야가 아하스 왕이 다메섹에서 보낸 대로 모두 행하여 제사장 우리야가 제단을 만든지라"(16:11) 합니다. 그 위에 제사드리고 "여호와의 앞에 있는 놋단(번제단)을 옮기고, 물두멍 받침의 옆 판을 떼어내고" 옮기는 것을 보게 되는데 이는 성막 식양을 통해서 그리스도의 구속사역을 계시하신 것을 변개(變改)한 구약에 나타난 "다른 복음"이었던 것입니다. 대제사장 우리야는 복음을 보수하지 못했다는 것이 됩니다.

⑥ 히스기야 왕 때에 앗수르의 대군이 침략해 왔습니다. 하나님께서는 "내가 나와 나의 종 다윗을 위하여 이 성을 보호하여 구원하리라" 하시고, "이 밤에 여호와의 사자가 나와서 앗수르 진영에서 군사 십팔만오천 명을 친지라 아침에 일찍이 일어나 보니 다 송장이 되었더라"(19:35)고 "언약과 왕위"를 보존하여주셨습니다.

　㉠ 히스기야 왕이 병들어 죽게 되었을 때 그를 돌아보사 15년의 수한을 더하여 주셨는 데 그 기간에 출생한 것이 "므낫세"입니다. 그러니까 히스기야에게 15년의 수한을 연장시켜 주신 것은 다윗의 왕위(王位)가 끊어지지 않게 하시려는 섭리라 할 수 있습니다.

　그런데 그처럼 은혜 중에 태어난 므낫세는 왕위에 오르자 "여호와의 성전에 제단들을 쌓고, 또 여호와의 성전 두 마당에 하늘의 일월 성신을 위하여 제단들을 쌓고, 또 자기가 만든 아로새긴 아세라 목상을 성전에 세웠더라"(21:4-7)고 유다 열왕 중에 가장 사악한 왕이 되고 말았던 것입니다. "사람은 다 거짓되되 오직 하나님은 참되시다 할지어다"(롬 3:4)고 말할 것밖에는 없는 것입니다.

   ⓛ 그런가 하면 므낫세의 손자 요시야는 "그의 조상 다윗의 모든 길로 행하고 좌우로 치우치지 아니하였더라"(22:2)고 가장 선한 왕이 되었습니다. 북 왕국 이스라엘에는 선한 왕이 단 한 사람도 없었으나, 남 왕국 유다에는 간간히 선한 왕을 일으키시어 퇴락한 성전을 보수하고 언약을 갱신시키게 하심으로 메시아언약을 보존(保存)시켜 나가셨던 것입니다.

⑦ 열왕기 상하에서 주목해야 할 단어가 있는데 그것은 "산당"(山堂)이라는 말입니다. 성전이 세워지기 전 솔로몬은 기브온에 있는 산당에 가서 일천 번제를 드렸습니다. 그러나 그것은 과도기적인 일이었던 것입니다.

   ㉠ 그런데 성전이 세워진 후에도 백성들은 산당에서 제사를 드리는 구습을 버리지 못했던 것입니다. 이는 "다른 터, 다른 복음"과 같은 것으로 용납될 수 없는 것입니다. 그래서 선한 왕이라도 "다만 산당은 없애지 아니하니라"(왕상 15:14, 22:43, 왕하 12:3, 14:4, 15:4, 35)고 이점을 계속적으로 지적하고 있는 것을 보게 됩니다.

   ⓛ 그런데 히스기야 왕 때에 이르러서야 "여러 산당들을 제거하며 주상을 깨뜨리며 아세라 목상을 찍으며 모세가 만들었던 놋 뱀을 이스라엘 자손이 이때까지 향하여 분향하므로 그것을 부수는"(18:4) 것을 보게 됩니다.

   ⓒ 그런데 므낫세 왕이 산당을 다시 세웁니다. 이를 손자 요시야가 왕위에 오르자 "각 성읍에 지어서 여호와를 격노하게 한 산당을 요시야가 다 제거하되 벧엘에서 행한 모든 일대로 행하고 또 거기 있는 산당의 제사장들을 다 제단 위에서 죽였다"(21:3, 23:19-20)고 말씀합니다. 이 점에서 심각하게 물어야 할 점은 오늘의 산당이 무엇

인가 하는 점입니다. 열심만 있으면 되는 것은 아닙니다. 진리에 입각한 열심(롬 10:2)이어야만 하는 것입니다.

⑧ 열왕기하는 두 왕국이 다 패망하는 것을 보여주고 있으나 남북 왕조 사이에는 뚜렷한 차별이 있다는 점입니다.
  ㉠ 남 유다가 20대에 이르도록 왕조가 바뀜이 없이 다윗의 왕위(王位)가 계승되어 내려온 반면,
  ㉡ 북이스라엘은 19대의 왕위가 아홉 번이나 왕조가 바뀌면서 반역(叛逆)과 피 흘림으로 얼룩져 있다는 점입니다. 이처럼 다윗의 왕위가 이어져 내려왔다는 것은 하나님께서 다윗에게 하신 약속을 지키시며 그 혈통에서 메시아를 탄생시키시려는 하나님의 주권적인 섭리라 할 수 있습니다.

⑨ 25장에는 유다 왕국이 바벨론에 의하여 멸망하는 것이 나옵니다. "시드기야의 아들들을 그의 눈앞에서 죽이고 시드기야의 두 눈을 빼고 놋 사슬로 그를 결박하여 바벨론으로 끌고 갔더라"(7)는 언급을 통해서 "또 죽기를 무서워하므로 한평생 매여 종노릇하는 모든 자들"(히 2:15), 즉 타락한 아담의 후예들의 모습을 보게 됩니다.

열왕기서는 영화롭게 세워진 통일 왕국이 분열 왕국이 되었다가 패망하는 것으로 끝이 납니다. 이를 통해서 보여주시려는 바는 "인간의 행위로는 그의 앞에 의롭다함을 얻을 자가 없다"는 자력 구원의 불가능성입니다.

⑩ 그러나 형제여! 여호와의 신실하심을 믿으십시오. 엘리야 선

지자가 "오직 나만 남았거늘 그들이 내 생명을 찾아 취하려 하나이다" 한 절망적인 상황에서도 하나님은 바알에게 무릎을 꿇지 아니한 자 칠천 인을 남겨 놓았다고 말씀하셨습니다. 성경은 "지금도 은혜로 택하심을 따라 남은 자가 있느니라"(롬 11:5)고 말씀하십니다.

   ㉠ 또한 유다가 패망하고 왕과 백성들이 사로 잡혀간 70년 포로 기간도, 그리고 신구약 중간(中間)시대의 침묵(沈黙)기에도 왕위가 끊어진 기간이 아니라 다만 「여호와의 전에 숨어있는」 기간에 불과했다는 점입니다.

   ㉡ 호세아 3장에는 "이스라엘 자손들이 많은 날 동안 왕도 없고 지도자도 없고 제사도 없고 주상도 없고 에봇도 없고 드라빔도 없이 지내다가 그 후에 이스라엘 자손이 돌아와서 그들의 하나님 여호와와 그들의 왕 다윗을 찾고 마지막 날에는 여호와를 경외하므로 여호와와 그의 은총으로 나아가리라"(호 3:4-5)고 "다윗" 왕을 찾을 것이 예언되어 있습니다. 죽은 지 250년이나 되는 "다윗 왕을 구하리라"는 말씀은 다윗의 위에 오르실 메시아에 대한 명백한 예언인 것입니다.

   ㉢ 형제여 성경은 우리를 향해서도, "복스러운 소망과 우리의 크신 하나님 구주 예수 그리스도의 영광이 나타나심을 기다리게 하셨으니"(딛 2:13)라고 말씀하십니다. "하나님의 우편"에 계시는 우리 왕께서 두 번째 나타나실 날이 다가오고 있습니다. 그때 우리는 「박수하며 왕의 만세」(11:12)를 부르게 될 것입니다.

역대상

주제 : 계보, 왕위, 언약, 성전의 구속사적 의미

역대 상하의 내용은,

㉠ "역대상"은 사무엘하의 내용, 즉 사울 왕이 죽은 후에 다윗이 왕위에
올라 예루살렘을 정복하여 수도로 삼고, 언약궤를 운반하여 안치하고
나라를 견고하게 하는 다윗의 일대기를 담고 있고,

㉡ "역대하"는 열왕기 상하의 내용, 즉 솔로몬 왕으로 시작하여 아들 대
에서 분열 왕국이 되고 마침내 예루살렘이 바벨론에 의하여 멸망 당
했다가 바사 왕 고레스에 의하여 귀환하는 데까지의 내용을 담고 있
습니다.

그렇다고 역대기가 단순한 중복이냐 하면 그런 것은 아니고 관
점(觀點)이 다릅니다. 사무엘하와 열왕기 상하는 이스라엘의 역사
를 선지자(先知者)적인 관점에서 기록하고 있는 반면에, 역대 상

하는 제사장(祭司長)적인 관점에서 기록하고 있습니다.

그러면 선지자적인 관점은 무엇인가? 인간의 배은망덕한 죄악 상을 고발합니다. 그런데 제사장적인 관점으로 기록한 역대 상하는 인간의 죄악을 덮어주고 있습니다. 그 예로 다윗이 범한 죄와 솔로몬의 타락에 대해서도 침묵합니다. 이는 인간의 거짓되고 패역 함에도 불구하고 하나님께서 구속사역을 중단함이 없이 묵묵히 이루어 오셨다는 하나님의 주권에 초점을 맞추고 있는 것이 역대 상하입니다. 이렇게 하는 의도가 무엇인가?

① 이를 알기 위해서는
㉠ 역대 상하의 저자는 누구인가?
㉡ 기록한 시기는 언제인가?
㉢ 기록목적은 무엇인가를 인식해야 합니다.

첫째로 전통적인 입장은 역대기의 저자를 "에스라"로 보고 있습니다. 역대기는 "바사의 고레스 왕 원년에 여호와께서 예레미야의 입으로 하신 말씀을 이루시려고 여호와께서 바사의 고레스 왕의 마음을 감동시키시매 그가 온 나라에 공포도 하고 조서도 내려 이르되, 그의 백성 된 자는 다 올라갈지어다"(대하 36:22-23)라는 말씀으로 마치고 있는데 에스라서도 동일한 말씀으로 시작(스 1:1)하고 있기 때문입니다. 이는 같은 저자에 의해서 기록되었다는 증거가 됩니다. 그렇다면 둘째로 기록한 시기는 분명해지는데 바벨론 포로에서 귀환한 후에 기록한 것이 됩니다.

② 그러면 셋째로 기록목적이 무엇인가? 에스라서에 의하면 에

스라는 "대제사장 아론의 16대손"인 제사장 신분으로 "에스라가 여호와의 율법을 연구하여 준행하며 율례와 규례를 이스라엘에게 가르치기로 결심하고"(스 7:10) 예루살렘으로 올라왔다고 합니다.

그렇다면 역대 상하의 1차 독자(讀者)는 70년의 바벨론 포로에서 귀환한 자들인데 이들 대부분은 바벨론에서 태어난 자들이요, "그 후에 일어난 다른 세대는 여호와를 알지 못하며 여호와께서 이스라엘을 위하여 행하신 일도 알지 못하였더라"(삿 2:10) 한 그런 자들에게 "여호와의 율법을 연구하여 준행하며 율례와 규례를 이스라엘에게 가르치기로 결심"하고 기록한 것이 역대 상하가 되는 것입니다. 이런 맥락에서 역대상은 계보(系譜)로 시작됩니다. 계보의 분량이 전체 분량의 ⅓에 해당되는 아홉 장이나 됩니다.

㉠ 그리고 계보의 범위를 보면 인류의 시조 "아담"으로부터 시작하여 바벨론으로부터 "남은 자"들이 돌아오는 데까지 펼쳐집니다. 이는 역대기가 포로에서 귀환한 이후에 기록(記錄)되었다는 증거입니다.

㉡ 여기에 역대기의 기록(記錄)목적과 특징이 나타나는데 앞에서 진술한 데로 1차 독자들은 바벨론으로부터 70년 만에 귀환한 "남은 자"들입니다. 이들은 포로 중에 태어난 2세들이었고, 귀환한 후의 상황은 선지자들의 약속과는 달리 많은 어려움에 봉착하게 되고 성전 재건은 완강한 반대세력에 부딪쳐 중단한 상태였습니다. 그리하여 실의와 낙망에 빠져있는 백성들을 위로하고 격려하기 위해서 기록된 것입니다.

이런 맥락에서 역대기는 마치 애굽에서 430년 동안 노예생활을 하다가 출애굽한 자들을 위해서 모세가 창세기(創世記)를 기록한 것과 맥을 같이 합니다. 출애굽의 감격은 잠시분 앞에는 홍해가 가로놓여 있고 뒤에서는 바로의 군사가 추격해오는 등, 약속의 땅 가나안까지 이르는 노정은 인간의 힘으로는 불가능한 난관의 중첩이었던 것입니다. 모세는 그들에게 자신들을 애굽에서 인도하여 내신 분은 천지만물을 창조하시고 주관하시는 "창조주 하나님"이시라는 것과 아브라함과 이삭과 야곱에게 거듭거듭 언약을 세워주신 "언약의 하나님"이라는 것을 일깨워줌으로 용기와 소망을 주었던 것입니다.

ⓒ 그러면 역대기 저자는 무엇에 근거하여 용기와 소망을 주고 있는가? 역대상의 내용은 크게 네 가지 주제(主題)로 되어있습니다.

㉮ 계보(1-9장)와

㉯ 다윗의 왕위(10-16장)와

㉰ 다윗에게 세워주신 언약(17장)과

㉱ 성전건축 준비(18-19장)로 되어있습니다.

③ 첫째로, 계보를 통해서 포로에서 귀환한 자들에게 계보를 찾아줌으로 자신들이 하나님의 선민(選民)이라는 정체(正體)성을 일깨워주고 있는 것입니다. 이것이 역대기가 계보를 위해서 1-9장까지 장장 아홉 장이나 할애하고 있는 이유입니다.

㉠ 포로에서 귀환한 자들에게 자신의 뿌리를 찾아주는 계보는 중요한 의미가 있었던 것입니다. 에스라서에 보면 "이 사람들은 계보 중에서 자기 이름을 찾아도 얻지 못하므로 그들을 부정하게 여겨 제사장의 직분을 행하지 못하게"(스 2:62) 하였다는 기록이 있습니다.

㉡ 둘째는 계보를 찾아줌으로 자신이 언약(言約) 백성임을 확신시켜주는 일입니다. 기록하고 있는 계보 내용을 보면 인류의 시조 "아담"으로부터 시작하여 아브라함과 이삭과 야곱까지를 진술한 후에 야곱의 열두 지파 중, 유다 지파에 초점을 맞추어 다윗을 부각시키고 있는 것(2:15)을 보게 됩니다. 이를 통해서 의도하는 바는 "아담 → 셋 → 노아 → 셈 →아브라함 → 이삭 → 야곱 → 유다 → 다윗"으로   이어

지는 구속사(救贖史)의 정통성을 깨닫게 함으로 자신들이 아브라함과 다윗에게 세워주신 언약백성(言約百姓)임을 확고하게 세워주고 있는 것입니다.

④ 셋째는 다윗의 "왕위"(王位)가 강조되어 있습니다.

이는 하나님께서 다윗에게 "여호와가 너를 위하여 한 왕조를 세울지라, 내가 영원히 그를 내 집과 내 나라에 세우리니 그 왕위가 영원히 견고(堅固)하리라"(17:10,14) 하신 언약(言約)을 상기시킴으로 지금도 다윗에게 세워주신 언약과 왕위는 폐하여짐이 없이 영원히 견고하다는 점을 들어서 용기와 소망을 주고 있는 것입니다.

⑤ 넷째는 "성전"(聖殿) 건축을 위한 준비가 강조되어 있는데, 하나님이 정해주신 "오르난의 타작마당"을 금 600세겔을 주고 사서 성전 터를 마련하고 다윗이 솔선하여 예물을 드린 후에, "오늘 누가 즐거이 손에 채워 여호와께 드리겠느냐"(29:5) 한 역사를 전해줍니다.

이 말씀은 포로에서 귀환하여 제2의 성전을 건축하는데 큰 격려와 용기를 주었을 것이 분명합니다. 이처럼 역대기의 기록목적이 하나님께서 이루시려는 구속사역을 증언하려는데 주안점이 있기 때문에 곁가지와 같은 "사울 왕"의 행적이나, 다윗언약에서 떨어져 나간 북 왕국 이스라엘의 역사 등은 제외(除外)시켜 언급하지 않고 있습니다.

⑥ 17:4-15절은 하나님께서 다윗에게 메시아언약을 세워주시는 내용인데 "내가 영원히 그를 내 집과 내 나라에 세우리니 그의 왕위가 영원히 견고하리라"(17:14)고 하나님의 주권을 나타내는 "나"라는 인칭이 스물네 번이나 강조되어 있습니다. 이처럼 하나님의 주권을 강조하는 점은 아브라함에게 메시아언약을 세워주시는 창세기 17장에도 나타나는데 구원계획은 하나님께서 주권적으로 이루어나가시는 역사라는 점을 확신시키기 위해서입니다.

　　㉠ 메시아언약을 들은 "다윗 왕이 여호와 앞에 들어가 앉아서 이르되 여호와 하나님이여 나는 누구이오며 내 집은 무엇이기에 나에게 이에 이르게 하셨나이까 하나님이여 주께서 이것을 오히려 작게 여기시고 또 종의 집에 대하여 먼 장래까지 말씀하셨사오니" 합니다.

　　㉡ 즉 목동인 자신을 왕위에 세우신 것만도 감사한 데 자신의 자손으로 메사아를 보내주시겠다는 언약까지 세워주셨다는 감사인 것입니다. 그래서 "여호와여 주께서 주의 종을 위하여 주의 뜻대로 이 모든 큰 일을 행하사 이 모든 큰 일을 알게 하셨나이다"(17:16-17,19)고 감격해 한 사실을 전해줍니다.

⑦ 또한 법궤를 운반하여 예루살렘에 안치한 후에도 "너희는 그의 언약 곧 천 대에 명령하신 말씀을 영원히 기억할지어다 이것은 아브라함에게 하신 언약이며 이삭에게 하신 맹세이며 이는 야곱에게 세우신 율례 곧 이스라엘에게 하신 영원한 언약이라"(16:15-17),

"온 땅이여 여호와께 노래하며 그의 구원을 날마다 선포할지어다 그의 영광을 모든 민족 중에, 그의 기이한 행적을 만민 중에 선포할지어다"(16:23-24) 한 점을 가르쳐줍니다.

⑧ 이상에서 역대기를 기록한 1차적인 목적이 포로에서 귀환한 자들을 격려하기 위해서라 했는데, 그렇다면 역대 상하를 통해서 후대에 계시하시려는 궁극적인 목적(目的)은 무엇인가 하는 점입니다. 그것은 분명한데 "이 성경이 곧 내게 대하여 증언하는 것이니라"(요 5:39) 하신 그리스도를 증언하기 위해서입니다.

㉠ 첫째는 "계보"를 통해서 예수가 그리스도이심을 입증해주고 있습니다. 역대기의 계보는 아담으로부터 → 아브라함까지, 아브라함으로부터 → 다윗까지, 다윗으로부터 → 포로귀환까지를 기록하고 있는데, 마태복음에서는 "아브라함부터 다윗까지가 14대요, 다윗부터 바벨론으로 이거할 때까지 14대요"한 후에 이어지기를, "바벨론으로 사로잡혀 갈 때까지 열네 대요"(마 1:17)라고 "그리스도"로 결부(結付)시키고 있습니다.

누가복음에 등장하는 계보는 "예수로부터… 아담까지" 거슬러 올라가고 있는데 만일 구약성경, 특히 역대상에서 이러한 계보를 밝혀주지 않았다면 예수가 아브라함과 다윗의 자손으로 오신 그리스도이심을 입증할 자료를 갖지 못하게 되었을 것입니다. 그러므로 계보를 기록한 궁극적인 목적은 "예수가 그리스도"이심을 입증하기 위한 것이 됩니다.

㉡ 둘째로 다윗의 왕위(王位)인데 "하나님께서 그 조상 다윗의 왕위를 그에게 주시리니 영원히 야곱의 집을 왕으로 다스리실 것이며 그 나라가 무궁하리라"(눅 1:32-33)고 언약하신 대로 그리스도로 성취되었다는 점을 입증하고,

㉢ 셋째로 "언약"(言約)인데 하나님께서 아브라함과 다윗에게 세워주신 언약은 구속사를 지탱해주고 있는 척추와 같은 역할을 하고 있습니다. 그 중요성을 신약성경이 "아브라함과 다윗의 자손 예수 그리스도의 계보라"(마 1:1)고 시작하는 것만 보아도 짐작할 수 있는 것입

니다.

그리하여 이 언약은 "이것은 죄 사함을 얻게 하려고 많은 사람을 위하여 흘리는바 나의 피 곧 언약의 피니라"(마 26:28)에서 성취가 되었던 것입니다. 만일 이 언약이 없다면 믿음도 구원도 하나님과의 관계도 성립되지 않는 것입니다.

ⓛ 넷째는 "성전"이라는 주제인데, 구약의 성막과 성전은 "말씀이 육신이 되어 우리 가운데 거하시매 우리가 그의 영광을 보니 아버지의 독생자의 영광이요 은혜와 진리가 충만하더라"(요 1:14)에 대한 모형이었던 것입니다. 그러므로 주님께서도 "이 성전을 헐라 내가 사흘 동안에 일으키리라"(요 2:19) 하신 것입니다.

⑨ 이런 맥락에서 역대기에서는 성전을 건축할 "터와 설계"가 중요하게 강조되어 있습니다. 성전은 아무 곳이나 인간의 생각대로 지어도 되는 것이 아니라 여호와의 사자가 정(定)해준 오르난의 타작마당 "거기"(21:18,26)에 세워야만 했고, 그 터는 하나님께서 일찍이 아브라함에게 "내가 네게 일러 준 한 산 거기서 그를 번제로 드리라"(창 22:2)고 정해주신 바로 모리아 산이니(대하 3:1), 이는 우리의 구원의 근거가 오직 그리스도의 구속에만 있음을 드러내고 있는 것입니다.

㉠ 또한 성전 설계는 인간이 좋을 대로 지으면 되는 것이 아닙니다. "그가 영감으로 받은 모든 것, 이 모든 일의 설계를 그려 나에게 알려 주셨느니라"(28:12,19) 한 설계대로 지어야만 했던 것입니다.

㉡ 왜냐하면 "번제단 · 물두멍 · 휘장 · 떡상 · 등대 · 향단 · 속죄소" 등 모든 설계는 그리스도께서 단번에 이루실 구속사역의 일면을 계시하는 모형들이기 때문입니다. 그러므로 이를 변개(變改)한다는 것은 복음을 변개하는 "다른 복음"이 되기 때문입니다.

⑩ 그러므로 역대기에는 열왕기에는 없는 구원계획에 대한 해설적인 말씀들이 있는데 몇 가지 예를 들면,

　㉠ 사울 왕이 블레셋과의 싸움에서 전사한 이유를 "사울이 죽은 것은 여호와께 범죄하였기 때문이라 그가 여호와의 말씀을 지키지 아니하고 또 신접한 자에게 가르치기를 청하고 여호와께 묻지 아니하였으므로 여호와께서 그를 죽이시고 그 나라를 이새의 아들 다윗에게 넘겨주셨더라"(10:13-14)고 해설해주고 있습니다.

　　구속사의 맥락에서 보면 사울은 왕이 되지 말았어야 할 인물입니다. 왜냐하면 그리스도에게로 이어질 왕위는 유다 지파를 통해서 계승될 것이 이미 창세기에서 작정이 되어있는데(창 49:10), 사울은 베냐민 족속이었기 때문입니다.

　㉡ 궤를 운반함에 있어서 첫 번 실패하게 된 원인도 사무엘하에는 언급이 없는데, "전에는 너희가 메지 아니하였으므로 우리 하나님 여호와께서 우리를 찢으셨으니 이는 우리가 규례대로 그에게 구하지 아니하였음이라"(15:13)고 설명합니다. 이를 설명해주는 의도는 그리스도는 소들을 위해서 죽으시는 것이 아니요, 하나님은 구속함을 얻은 자기 백성들에 의하여 섬김을 받으시기를 원하신다는 점을 드러내기 위해서인 것입니다.

　㉢ 성전건축도 어찌하여 다윗이 세울 수 없는지 사무엘하에는 설명이 없습니다. 그러나 역대상에서는 "네가 내 앞에서 땅에 피를 많이 흘렸은즉 내 이름을 위하여 성전을 건축하지 못하리라"(22:8)고 그 이유를 말씀합니다. 그러면 누가 성전을 건축한다 하시는가? "한 아들이 네게서 나리니, 그가 내 이름을 위하여 성전을 건축할지라"(22:9,10) 하십니다. 이 "한 아들"이 1차적으로는 솔로몬을 가리키는 것이지만 궁극적으로는, 그리스도가 다윗의 자손으로 오시어서 "내가 이 반석 위에 내 교회를 세우리니"(마 16:18)라고 성취될 것에 대한 예표였던 것입니다.

⑪ 끝으로 구속사(救贖史)는 바벨론 포로귀환이 끝이 아니요, 제2 성전도 모형에 불과하다는 점입니다.

　㉠ 그렇다고 그리스도의 초림으로 끝나는 것도 아닙니다. 성경 마지막 책, 마지막 부분에서 "보라 하나님의 장막이 사람들과 함께 있으매 하나님이 그들과 함께 계시리니 그들은 하나님의 백성이 되고 하나님은 친히 그들과 함께 계셔서"(계 21:3)에서 완성되는 것입니다. 이 한 절 안에는 "함께"라는 말이 세 번 강조되어 있습니다. 이점을 에스겔서는 "그 성읍의 이름을 여호와삼마라 하리라"(48:35)하는데 이것이 완성될 하나님의 성전이요, 하나님의 나라건설인 것입니다. 그때까지 교회는 "너희도 성령 안에서 하나님이 거하실 처소가 되기 위하여 예수 안에서 함께 지어져 가느니라"(엡 2:22)고 확장되어 나가는 것입니다.

　㉡ 이런 맥락에서 "계보"는 "예수 그리스도의 계보라"한 것이 끝이 아니라 "누구든지 생명책에 기록되지 못한 자는 불 못에 던져지더라, 오직 어린양의 생명책에 기록된 자들만 들어가라"(계 20:15, 21:27)로 이어지고 있는 것입니다. 즉 형제의 이름도 그리스도의 계보에 올라있다는 말씀입니다.

　㉢ 또한 성전도 교회 구성원인 "너희 몸은 너희가 하나님께로부터 받은 바 너희 가운데 계신 성령의 전인 줄을 알지 못하느냐"(고전 3:16, 6:19) 하신, 형제의 몸이 "성전"이라는 각성이 있어야 합니다. 그러므로 역대기는 신약 성도들의 정체성을 일깨워주고 믿음을 견고히 세워주는데도 적실성이 있는 것입니다.

역대하

주제 : 인간의 거짓됨과 하나님의 신실하심

　역대하는, 열왕기 상하의 내용을 담고 있습니다. 그러니까 솔로
몬이 왕위에 올라 성전을 건축하는 것과 분열 왕국이 되었다가
바벨론에 의하여 멸망 당하는 내용입니다. 그러나 단순한 반복이
아니라 역사를 해석하는 관점(觀點)이 다릅니다.

　열왕기 상하에서는 북 왕국과 남 왕국, 즉 분열 왕국의 역사를
교차적으로 기술하고 있는 반면, 역대하에서는 북 왕국의 역사를
생략한 채 언급하고 있지 않습니다. 이는 역대하를 이해하는데
중요한 요점이 되는데, 선민 이스라엘의 역사를 "구속사"(救贖史)
라는 관점으로 보고 있음을 말해줍니다. 그래서 다윗언약을 배반
하고 떨어져 나가 금송아지 우상을 섬긴 북 왕국에 대해서는 침

묵하고 있는 것입니다.

① 역대하는 크게 두 부분으로 나누어집니다.
㉠ 1-9장은 솔로몬 왕에 대한 기사인데 성전을 건축하는 것이 주요 내용이고,
㉡ 10-36장은 르호보암(10-12장), 아비야(13장), 아사(14-16장), 여호사밧(17-20장), 여호람(21장), 아하시야(22장), 요아스(23-24장), 아마샤(25장), 웃시야(26장), 요담(27장), 아하스(28장), 히스기야(29-32장), 므낫세, 아몬(33장), 요시야(34-35장), 여호아하스, 여호야김, 여호야긴, 시드기야(36장) 등 열아홉 명(아합의 딸 아달랴 제외) 왕들의 행적이 수록되어 있습니다.
㉢ 여기 북 왕국과 구별된 특징이 나타나는데 북 왕국은 반역으로 인하여 왕통(王統)이 자주 바뀌었으나, 남 왕국의 왕통은 하나님께서 다윗에게 "그의 왕위가 영원히 견고하리라"(대상 17:14)고 언약하신 대로 바뀜이 없이 다윗의 자손으로 계승되어 내려왔다는 점입니다. 이는 이미 야곱이 임종 머리에서 "규가 유다를 떠나지 아니하며 통치자의 지팡이가 그 발 사이에서 떠나지 아니하기를 실로가 오시기까지 이르리니"(창 49:10)라고 예언한 바입니다.

② 그런데 주목할 점은 왕들이 왕위에 오를 때마다 "여호와 보시기에"라는 잣대로 평가를 받고 있다는 점입니다.
㉠ 다윗의 길로 행한 왕과
㉡ 여로보암의 길로 행한 왕으로 나누어집니다. 즉 어떤 업적(業績)에 의해서 평가하고 있는 것이 아니라, 다윗에게 세워주신 메시아언약을 보수했느냐, 아니면 이를 버리고 여로보암처럼 우상을 숭배했느냐를 따지고 있다는 것입니다.

ⓒ 그리하여 다윗의 길로 행한 왕은 흥왕하여 자세히 기록하고 있는 반면, 여로보암의 길로 행한 왕은 쇠퇴하여 간략하게 언급하고 있는 것을 보게 됩니다. 그런데 참으로 기이한 것은 선한 왕도 시작은 좋았으나 나중이 나쁘다는 사실입니다. 그렇다면 결국 사도 바울이 죄론(罪論)의 결론으로 말한 "율법의 행위로 그의 앞에 의롭다 하심을 얻을 육체가 없다"(롬 3:20)는 자력구원의 불가능성이라는 결론에 도달하게 되는 것입니다. 역사서는 이를 증언하고 있는 것입니다.

③ 역대하의 중심주제는 "성전"입니다. 역대상에서 다윗이 성전을 건축할 자재와 터와 설계도를 준비하였다가 솔로몬에게 위임(委任)하는 것을 보았습니다. 솔로몬은 "그 터에, 그 설계"대로 성전을 건축했던 것입니다. 어찌하여 성전이 중심주제가 되는가? 이점이 성전 낙성식 때에 행한 솔로몬의 기도를 통해서 엿볼 수 있습니다.

ㄱ 첫째로 "주께서 전에 말씀하시기를 내 이름을 거기에 두리라 하신 곳 이 성전을 향하여 주의 눈이 주야로 보시오며 종이 이곳을 향하여 비는 기도를 들으시옵소서 주의 종과 주의 백성 이스라엘이 이곳을 향하여 기도할 때에 주는 그 간구함을 들으시되 주께서 계신 곳 하늘에서 들으시고 들으시사 사하여 주옵소서"(6:20-21) 합니다. 솔로몬은 하나님이 자신이 건축한 성전이라는 건물(建物)에 계신다고 말하고 있지 않습니다. "계신 곳 하늘에서 들으시고"라고 말합니다.

ㄴ 그러면 둘째로 성전의 기능이 무엇인가? 하늘에 계신 하나님과 땅에서 살아가고 있는 백성들의 만남의 장소, 즉 중보(中保)의 역할을 한다는 점입니다. 그리고 중보의 역할 중에 핵심적인 문제가 죄를 "사(赦)하여 주옵소서" 한 죄를 대속하는 문제입니다. 죄가 해결되

어야만 하나님과의 만남이 가능하기 때문입니다.

ⓒ 그러면 셋째로 죄가 사하여지는 것이 어떻게 가능하여지는가? 만일 성전에 죄를 사하는 기능이 없다면 죄인들에게 성전도 별 도움이 안 될 것입니다. 생각해보십시오. 성전에 지성소(至聖所)는 있는데 번제단(燔祭壇)이 없다면 하나님과 만남이 불가능하게 되는 것입니다. 하나님께서 명하신 설계대로 지은 "번제단"에서 대속의 제물이 드려짐으로만이 죄 사함이 가능해지는 것입니다.

④ 그렇다면 "성전"이 누구에 대한 모형으로 주어졌는가 하는 답은 명백해지는 셈입니다. 그리스도께서 육신을 입고 이 땅에 임마누엘 하신 목적은 "하나님은 한 분이시오 또 하나님과 사람 사이에 중보도 한 분이시니 곧 사람이신 그리스도 예수라" 한 중보(中保)의 역할을 담당하시기 위해서였던 것입니다.

ⓐ 그리고 "중보"의 핵심 사역은 "그가 모든 사람을 위하여 자기를 대속물로 주셨으니"(딤전 2:6) 한 대속(代贖)에 있는 것입니다. 그러므로 하나님께서는 성전만을 주신 것이 아니라 제물을 드려줄 제사장도 세워주셨던 것입니다. 이제 하나님의 백성들에게는,

ⓑ 하나님과의 만남의 장소인 성전이 있고

ⓒ 죄를 대속하는 번제단이 있고

ⓓ 대속제물을 드려줄 제사장을 갖게 된 것입니다.

⑤ 그러므로 역대하는 열왕기와는 달리 죄와 허물을 덮어주고 있는 것을 보게 됩니다. 역대상에서 다윗의 허물을 덮어주는 것을 보았는데 역대하에서는 타락했던 솔로몬의 허물을 덮어준 채 일체 언급이 없습니다.

또한 열왕기에서는 극악한 왕으로 묘사되어 있는 므낫세 왕까

지도 그가 회개하고 돌아와서 "조상들의 하나님 앞에 크게 겸손"(33:12)하는 모습을 보여줍니다. 이처럼 사함을 받을 수 있는 것은 번제단에서 드려지는 대속제물로 말미암아 가능하여지는 것입니다. 그리고 이 번제단은 그리스도께서 대속제물이 되어주실 것에 대한 예표였던 것입니다.

⑥ 그런데 문제의 심각성은 역대 왕들이 언약을 배반하고 성전을 훼파하고 우상을 숭배하는 패역을 범하고 있다는 점입니다. 이는 하나님께서 이루시고자 하는 구원계획을 대적하는 일이었습니다.

㉠ 그러면 하나님은 어떻게 대처해주셨는가? 참으로 하나님은 신실하시고 긍휼히 풍성하신 분이십니다. 왜냐하면 악한 왕이 성전을 헐고 더럽히면, 선한 왕을 일으키셔서 다시 세우시고 성결하게 해주셨기 때문입니다. 그러니까 역대하는 그리스도의 모형으로 주어진 "성전"을 헐려는 자와 세우려는 자의 격전(激戰)의 장이 되고 있는 것을 보게 됩니다.

㉡ 그리고 그 절정을 그리스도를 십자가에 못을 박아 죽이는 데서 보게 됩니다. 그들은 성전을 헐어버린 것입니다. 그리고 승리한 줄로 알았습니다. 그러나 하나님은 그를 죽은 자 가운데서 다시 살리심으로 사흘 만에 다시 세우셨던 것입니다. 이를 가리켜서 "건축자들이 버린 돌이 모퉁이의 머릿돌이 되었나니 이것은 주로 말미암아 된 것이요 우리 눈에 기이하도다"(시 118:22-23, 마 21:42)라고 말씀합니다.

⑦ 가장 대대적인 성전정화는 히스기야 왕과 요시야 왕 때입니다. 히스기야는 성전을 정화하고 성대하게 유월절을 지켰는데 북

쪽 이스라엘까지 보발꾼을 보내어 "여호와께 돌아와"(30:8) 함께 유월절을 지키자고 초청합니다. 이것이 북이스라엘에게 마지막으로 주어진 회개할 기회였는 데 그들은 "조롱하며 비웃"(30:10)다가 끝내는 앗수르에게 멸망 당하고, 영영 돌아오지 못하고 만 것입니다.

요시야 왕도 할아버지 므낫세가 무너뜨린 것을 대대적으로 개혁을 했는데 성전을 수리하다가 "율법 책을 발견"(34:15)하게 됩니다. 이는 그들이 하나님의 말씀을 어떻게 취급했는가를 단적으로 말해주고 있습니다. 왕이 율법의 말씀을 듣자 옷을 찢고 통곡을 하였다고 기록하고 있습니다. 이 점에서 주목할 점은 34:15절은 "내가 여호와의 전에서 율법 책을 발견하였노라"고 "율법 책"이라고 한 점을 34:30절에서는, "발견한 언약 책의 모든 말씀을 읽어 무리의 귀에 들려주고"라고 "언약 책"이라고 말씀하다는 점입니다. 그렇습니다. 성경은 문제에 대한 해답인 것입니다. 율법 책은 죄를 드러내고 정죄하나 언약 책은 죄를 덮어주고 대속하는 것입니다.

⑧ 22장과 24장에는 하나님의 선하심에 대한 인간의 패역이 나타나 있습니다. 하나님께서는 "왕의 씨를 진멸"하려는 음모 중에서도 한 살 난 요아스라는 왕의 씨를 보존하시어 "하나님의 전에 육년을 숨겨"(22:10,12) 두십니다.

㉠ 그러나 이런 은총을 입고 왕위에 오르게 된 요아스는 어떻게 보답했는가? "그의 조상들의 하나님 여호와의 전을 버리고 아세라 목상과 우상"을 숭배합니다. 그리고 이를 간하는 은인 대제사장의 아들 스가랴를 성전 뜰에서 돌로 쳐 죽이는 것(24:18,21)을 보게 됩니다.

인간이란 이처럼 사악하단 말인가?

ⓒ 역사서를 상고해 보면 이러한 사이클이 반복되고 있음을 보게 됩니다. 이런 경우 사도 바울의 두 가지 언급을 생각하게 되는데 첫째는 "사람은 다 거짓되되 오직 하나님은 참되시다 할지어다"(롬 3:4) 한 말씀이고, 둘째는 "그러나 죄가 더한 곳에 은혜가 더욱 넘쳤나니"(롬 5:20)라는 말씀입니다. 하나님의 구원계획을 무산시키기 위해서 죄가 총공세를 합니다. 그러나 하나님은 이 공세를 "은혜"가 더욱 넘치게 하심으로 격퇴하셨던 것입니다.

ⓒ 이렇게 행해주심으로 구속사는 중단됨이 없이 이어져 내려올 수가 있었던 것입니다. 이를 가리켜서 선지자 이사야는 "상한 갈대를 꺾지 아니하며 꺼져가는 등불을 끄지 아니하신다"(사 42:3)고 말씀합니다. 역대하의 역사(歷史)는 "상한 갈대, 꺼져가는 등불"의 역사입니다. 그러나 하나님은 꺾지도 끄지도 않으셨습니다. 만일 이렇게 행해주시지 않으셨다면 구원계획은 벌써 실패로 돌아가고, 우리는 소돔과 같고 고모라와 같이 되고(사 1:9) 말았을 것입니다.

⑨ "솔로몬이 기도를 마치매 불이 하늘에서부터 내려와서 그 번제물과 제물들을 사르고 여호와의 영광이 그 성전에 가득하니 여호와의 영광이 여호와의 전에 가득하므로 제사장들이 여호와의 전으로 능히 들어가지 못하였고"(7:1-2) 한 것은, "말씀이 육신이 되어 우리 가운데 거하시매 우리가 그의 영광을 보니 아버지의 독생자의 영광이요 은혜와 진리가 충만하더라"(요 1:14)에 대한 예표였던 것입니다.

이처럼 영광스럽던 성전이, 마지막 장에 이르러서는 "또 하나님의 전을 불사르며"(36:19)하고 불길에 휩싸이게 되고 맙니다. 복음서는 은혜와 진리가 충만하던 그리스도께서 마지막에 이르러서는 십자가에 못 박혀 죽으시게 됩니다. 이 점에서 분명해야 할 점은 솔로몬의 성전이 불에 타고 파괴당하게 된 것은 자신들의 죄 때문이었으나, 참 성전 되시는 그리스도께서 헐리게 된 것은 우리의 죄를 대신해서라는 점입니다.

⑩ 이 점에서 구약의 성전과 오늘의 예배당 건물을 동일시하는 혼동과 오류를 경계해야 합니다. 천주교회가 부패하고 타락하였을 때에 성당(聖堂)을 꾸미고 성상(聖像)을 세우기에 급급했던 중세의 암흑기를 잊지 말아야 할 것입니다. 하나님께서 요구하시는 것은 건물이 아니라 인간의 마음이라는 점을 명심한다는 것은 언제나 중요한 요점입니다.

  ㉠ 오순절에 강림한 성령은 다락방에 충만한 것이 아니라 120명 제자들에게 충만했습니다. 그리고 성전건축이라는 주제는 그리스도의 구속으로 말미암아 지금도 "그의 안에서 건물마다 서로 연결하여 주 안에서 성전이 되어 가고 너희도 성령 안에서 하나님의 거하실 처소가 되기 위하여 그리스도 예수 안에서 함께 지어져 가느니라"(엡 2:21-22) 한 진행형(進行形)입니다.

  ㉡ 이 성전은 주님께서 재림하시는 날에 "또 내게 말씀하시되 이루었도다 나는 알파와 오메가요 처음과 마지막이라"(계 21:6) 하고 완성(完成)될 것입니다.

⑪ 복음서가 그리스도의 죽으심으로 그치고 있는 것이 아니라 다시 사신 부활을 말씀함과 같이 역대하도 성전이 파괴당한 것으로 끝나고 있지 않습니다.

  ㉠ "바사의 고레스 왕 원년에 여호와께서 예레미야의 입으로 하신 말씀

을 이루시려고 여호와께서 바사의 고레스 왕의 마음을 감동시키시매 그가 온 나라에 공포도 하고 조서도 내려 이르되 바사 왕 고레스가 이같이 말하노니 하늘의 신 여호와께서 세상 만국을 내게 주셨고 나에게 명령하여 유다 예루살렘에 성전을 건축하라 하셨나니 너희 중에 그의 백성된 자는 다 올라갈지어다"(36:22,23)하는 회복으로 끝맺고 있습니다.

ⓒ 하나님은 제2의 성전을 건설하는 자들을 행해서 "이 성전의 나중 영광이 이전(以前) 영광보다 크리라 만군의 여호와의 말이니라"(학 2:9)고 격려하십니다. 이는 "말씀이 육신이 되어 우리 가운데 계시게" 될 임마누엘을 염두에 두고 하신 말씀입니다.

⑫ 역대기의 1차 독자들은 포로에서 귀환한 "남은 자"들입니다. 이들에게 역대하는,

㉠ 예루살렘이 멸망 당하고 성전이 불에 타고, 백성들이 포로로 사로잡혀가게 된 원인이 어디에 있는가를 일깨워주고 있습니다. 그것은 메시아언약을 배반하고 우상을 숭배했기 때문입니다.

ⓒ 그럼에도 불구하고 하나님은 다시 돌아오게 해주셨고 성전을 다시 건축하게 해주셨습니다. 즉 "죄가 더한 곳에 은혜가 더욱 넘치게" 하셨음을 말씀해주고 있습니다.

ⓒ 성전을 재건하여 제사제도를 회복하게 하심으로 하나님의 언약은 폐하여진 것이 아니라, 하나님은 지금도 자신들과 함께 계시고 약속하신 바를 기어코 성취하신다고 격려해주고 있습니다.

⑬ 그러면 역대기가 신약의 성도들에게 적용되는 바가 무엇인가?

㉠ 첫째는 예루살렘이 멸망하고 성전이 불에 타고 백성들이 포로가 되

었다는 것을 통해서, 인간의 자력으로는 구원에 이를 수 없다는 불가능성을 보여주고 있습니다.

ⓛ 그리하여 둘째는 유일하신 중보자인 그리스도를 만나야만 한다는 것과,

ⓒ 셋째는 메시아언약 즉 복음진리를 보수해야 한다는 점입니다.

ⓔ 결론은 "그들에게 일어난 이런 일은 본보기가 되고 또한 말세를 만난 우리를 깨우치기 위하여 기록하게"(고전 10:11) 하셨다는 것입니다. 본서를 통해서 하나님을 더욱 경외하며 합당한 삶을 살아가게 되시기를 기원합니다.

에스라

주제 : 스룹바벨이 주도한 성전건축과
에스라가 주도한 개혁운동

에스라서의 서두는 역대하의 끝부분(스 1:1-3, 대하 36:22-23)과 정확하게 일치하고 있습니다. 그것은 바사 왕 고레스의 조서로 되어있는데, "이스라엘의 하나님은 참 신이시라 너희 중에 그의 백성 된 자는 다 유다 예루살렘으로 올라가서 이스라엘의 하나님 여호와의 성전을 건축하라 그는 예루살렘에 계신 하나님이시라" (1:3)하는 내용입니다.

고레스는 그가 태어나기 약 200년 전에 이사야 선지자를 통해서, 예루살렘 성전을 재건하는 일에 고레스를 들어서 쓰실 것이 이름까지 성경에 예언(사 44:28-45:4)된 흔치 않은 인물 중 하나입니다. 그렇다고 성경은 고레스에게 초점을 맞추고 있지 않습니다.

에스라 1:1절은 "바사 왕 고레스 원년에 여호와께서 예레미야의 입을 통하여 하신 말씀을 이루게 하시려고"하고 시작되는데, "말씀을 응하게 하신 여호와" 하나님이 중심인 것입니다. 하나님께서는 예레미야 선지자를 통해서 "여호와께서 이와 같이 말씀하시니라 바벨론에서 칠십 년이 차면 내가 너희를 돌보고 나의 선한 말을 너희에게 성취하여 너희를 이곳으로 돌아오게 하리라"(렘 29:10, 25:11,12)고 말씀하셨습니다. 그 "말씀"을 이루게 하시려고 "바사 왕 고레스의 마음을 감동시키셨다"(1:1)고 에스라서는 시작되고 있는 것입니다.

① 에스라서는 크게 두 부분으로 나누어집니다.
㉠ 1-6장까지는 바벨론 포로에서 귀환하여 성전을 재건하는 기사인데, 총독 스룹바벨과 대제사장 여호수아의 주도(主導)하에 진행되고
㉡ 7-10장까지는 에스라가 주도한 개혁(改革)을 전개하는 내용입니다. "에스라"는 스룹바벨이 주도한 에스라서와 느헤미야서에 등장하는데 연대를 감안할 때 느헤미야와 동역한 것이 됩니다.

② 에스라서와 느헤미야서는 구속사의 맥락(脈絡)에 있어서 새로운 시대가 전개되는 시기입니다. 열왕기 상하를 통해서는 "죄"라는 원인(原因)으로 말미암아 "심판"이라는 결과(結果)를 가져와 바벨론에 포로가 됨을 보여줍니다. 그러나 에스라서와 느헤미야서를 통해서는 언약에 신실하신 하나님의 은혜로 말미암아 포로

에서 귀환하게 하시는 "회복기"를 맞이하고 있기 때문입니다. 다시 말하면 열왕기 상하가 "문제"(問題)라면 에스라·느헤미야서는 "해답"(解答)인 셈입니다.

③ 그러므로 그들이 돌아올 수 있었던 것은 그럴만한 자격이나 공로가 있어서가 아니라 여기에는 중요한 구속사적 의미가 내포되어 있습니다.

　㉠ 첫째는 하나님의 명예입니다. 하나님의 백성들이 이방에 포로로 방치되어 있다는 것은 하나님의 이름과 명예가 걸려있는 문제였던 것입니다. "내가 이렇게 행함(돌아오게 함)은 너희를 위함이 아니요 너희가 들어간 그 여러 나라에서 더럽힌 나의 거룩한 이름을 위함이라"(겔 36:22) 하십니다.

　㉡ 둘째는 계획하시고 언약하신 바를 이루시기 위해서입니다. 하나님께서 아브라함에게 세워주신 언약은 세 마디로 되어있는데
　　㉮ 땅을 주리라
　　㉯ 자손을 주리라
　　㉰ 네 자손으로 인하여 천하 만민이 복을 받으리라는 말씀입니다.
　　이 점에서 "땅을 주리라" 하신 땅은 그리스도가 탄생하실 땅을 예비하심입니다. 그러므로 언약 백성들은 그리스도가 탄생하실 약속의 땅 가나안으로 돌아와야 했던 것입니다.

　㉢ 셋째는 바벨론 포로에서의 귀환은 그리스도의 구속으로 말미암아 사탄의 포로에서 돌아오게 될 예표가 된다는 점입니다. 그러므로 선지서는 바벨론 포로귀환과 복음시대를 복합적(複合的)으로 예언하고 있는 것입니다. 그러므로 에스라서의 중심 주제(主題)는 예루살렘의 멸망과 70년의 포로 기간에도 불구하고 하나님의 구원계획은 폐하여지거나 중단됨이 없이 지속적으로 추진되어 나오고 있다는 점을 보

여주는 데 있습니다.

〈1장〉

고레스의 마음을 감동시키신 하나님은 또한 포로 된 자들의 마음을 감동시켜서 빼앗겼던 그릇들을 가지고 돌아오게 하십니다.

〈2장〉

귀환한 자들의 수를 기록하고 있는데 "온 회중의 합계가 42,360명이요 그 외에 노비가 7,337명이요 노래하는 남녀가 200명이요"(2:64-65)합니다.

〈3장〉

돌아온 자들이 최우선으로 한 일은 "제단을 그 터에 세우고 그 위에서 아침저녁으로 여호와께 번제를 드렸다"(3:2-3)고 말씀합니다. 여기 중요한 요점이 있는데 번제단을 다른 터가 아닌 "그 터"에 세웠다는 데 있습니다.

  ㉮ "그 터"란 하나님께서 아브라함에게 "내가 네게 일러 준 한 산 거기서 그를 번제로 드리라"(창 22:2) 하신 "그 터"요,
  ㉯ 다윗에게 "여부스 사람 오르난의 타작마당에서 여호와를 위하여 제단을 쌓으라, 거기서 여호와를 위하여 제단을 쌓고 번제와 화목제를 드렸다"(대상 21:18,26) 한 "그 터"입니다.
  ㉰ 또한 그 터는 솔로몬이 "예루살렘 모리아 산에 여호와의 전 건축하기를 시작하니 그곳은 전에 여호와께서 그의 아버지 다윗에게 나타나신 곳이요 여부스 사람 오르난의 타작마당에 다윗이 정한 곳이라"(대하 3:1) 한 "그 터"인 것입니다.
  ㉱ 이점을 좀 더 추적한다면 모세가 죽기 전에 유언한 "유월절 제

사를 네 하나님 여호와께서 네게 주신 각 성에서 드리지 말고
오직 네 하나님 여호와께서 자기의 이름을 두시려고 택하신 곳
에서 드리라"(신 16:5-6)한 "그 터"인 것입니다.
　㉕ "그 터"를 구속사라는 맥락으로 추적하면 "이 닦아 둔 것 외에
능히 다른 터를 닦아 둘 자가 없으니 이 터는 곧 예수 그리스도
라"(고전 3:11) 한 그 터로 귀결이 되는 것입니다. "그 터"는 어
제나 오늘이나 영원토록 변함이 없는 유일한 "터"인 것입니다.

〈4장〉

　3장에서 "그 터" 위에 세우기 시작된 성전건축은 4장에서 방해
에 부딪쳐 중단되게 됩니다. 그 원인은 앗수르의 혼합정책에 의
하여 혼혈(混血)족이 된 사마리아인들이 "우리도 너희와 함께 건
축하게 하라 우리도 너희 같이 너희 하나님을 찾노라"(4:2)고 제
의해 온 것을 "우리 하나님의 성전을 건축하는 데 너희는 우리와
상관이 없느니라"(4:3)고 거부했기 때문입니다. 이점에 대해 형제
의 판단은 무엇입니까? 형제라면 그들의 제의에 대해 어떻게 했
겠습니까?

〈5장〉

　5장에서는 선지자 학개와 스가랴의 격려에 힘입어 "하나님의
성전건축하기 시작하매"(5:2)하고 중단되었던 성전건축을 다시
재개합니다.

〈6장〉

　에스라서의 핵심 장은 6장입니다. 드디어 "다리오 왕 제육년

아달월 삼일에 성전 일을 끝내니라"(6:15)고 말씀합니다. "이스라엘 자손과 제사장들과 레위 사람들과 기타 사로잡혔던 자의 자손이 즐거이 하나님의 성전 봉헌식을 행하니"(6:16) 합니다.

　㉠ 주목할 점은 "이스라엘 지파의 수를 따라 숫염소 열두 마리로 이스라엘 전체를 위하여 속죄제를 드렸다"(6:17)는 대목입니다. 이 말씀은 500년 가까운 세월 동안 분단되었던 남북이 아픔의 상처를 딛고 하나로 재결합됨을 보여줍니다. 앗수르로 끌려간 북쪽 이스라엘은 영영 돌아오지 못하였지만 그들 중에 경건한 자들은 남쪽 유다에 귀순하여 열두 지파의 명맥은 끊어지지 않았던 것입니다.

　㉡ 에스라와 함께 2차로 돌아온 자들이 번제와 속죄제를 드렸을 때도 "이스라엘 전체를 위한 수송아지가 열두 마리요 또 숫양이 아흔여섯 마리요 어린 양이 일흔일곱 마리요 또 속죄제의 숫염소가 열두 마리니"(8:35) 합니다.

　㉢ 이점에 관하여 에스겔 선지자는 "그들이 한 나라를 이루어서 한 임금이 모두 다스리게 하리니 그들이 다시는 두 민족이 되지 아니하며 두 나라로 나누이지 아니할지라"(겔 37:22)고 예언했던 것입니다. 나아가 이 말씀은 유대인과 이방인이 예수 그리스도 안에서 하나가 될 영적인 통일을 전망하는 말씀입니다.

④ 포로귀환과 성전건축을 주도한 스룹바벨은 유다 19대 왕 여호야긴(여고냐, 대상 3:16-19)의 손자임을 역대상의 족보는 밝혀주고 있습니다. 스룹바벨의 이름은 그리스도의 족보에도 올라있는데(마 1:12), 이것은 무엇을 말해주고 있느냐 하면 포로기간 중에도 다윗의 "왕위"는 끊어짐이 없이 이어져 내려왔음을 말씀해주고 있습니다.

⑤ 그런가 하면 개혁운동은 1차 귀환으로부터 약 80년 후에 제2차로 귀국한 에스라에 의해 주도되었습니다. 그러니까 6장과 7장 사이에는 약 80년의 공백 기간이 있는 것입니다.

㉠ 에스라는 "대제사장 아론의 16대손"(7:5)으로 "이스라엘 하나님 여호와께서 주신바 모세의 율법에 익숙한 학자"(7:6)라고 말씀합니다.

㉮ "에스라가 여호와의 율법을 연구하여

㉯ 준행하며

㉰ 율례와 규례를 이스라엘에게 가르치기로 결심"(7:10)하고 올라왔다고 말씀하는데 "연구 · 준행 · 가르침"이라는 순서가 중요합니다.

㉡ 에스라가 주도한 개혁운동의 초점은 성별(聖別)에 있었습니다. 왜냐하면 포로에서 귀환한 후에도 "그 지방 사람들과 서로 섞이게 하는데 방백들과 고관들이 이 죄에 더욱 으뜸이 되었다 하는지라 내가 이 일을 듣고 속옷과 겉옷을 찢고 머리털과 수염을 뜯으며 기가 막혀 앉으니"(9:2-3)하고 혼합(混合)되고 있었기 때문입니다.

㉢ 에스라는 자복하기를 "나의 하나님이여 내가 부끄럽고 낯이 뜨거워서 감히 나의 하나님을 향하여 얼굴을 들지 못하오니 이는 우리 죄악이 많아 정수리에 넘치고 우리 허물이 커서 하늘에 미침이니이다"(9:6)합니다. 이를 듣는 형제의 마음은 어떠합니까? 구제불능이라는 마음이 들지 않습니까? 그렇습니다. 홍수심판을 10번, 100번을 내려도, 불 심판(바벨론 포로)을 10번, 100번을 내려도 인간의 자력으로는 구원에 이를 수 없다는 점을 철두철미 보여주고 있는 것이 역사서의 기록목적이기도 합니다.

㉣ 그래서 에스라는 "이스라엘의 하나님 여호와여 주는 의로우시니 우리가 남아 피한 것이 오늘날과 같사옵거늘 도리어 주께 범죄하였사오니 이로 말미암아 주 앞에 한 사람도 감히 서지 못하겠나이다"(9:15) 라고 진술합니다.

하나님은 이 자력구원의 불가능성을 빨리 깨닫고 인정하기를 원하십니다. 오해의 소지가 있을 것이 예상됨으로 한마디 부언합니다만 성별의 삶도 메시아언약을 보수할 때만이 가능하여진다는 점을 역사서가 보여주고 있다는 점입니다. 은혜를 놓치게 되면 윤리에도 실패하게 된다는 말씀입니다.

⑥ 이런 맥락에서 포로귀환, 즉 회복기의 역사에서 주목해야 할 점은 "남은 자"라는 주제입니다. 이점을 이사야 선지자는 "이스라엘이여 네 백성이 바다의 모래 같을지라도 남은 자만 돌아오리니"(사 10:22)라고 예언한 바입니다. "남은 자"라는 주제는 포로귀환에 국한된 것이 아닙니다. 홍수심판에서 보는 바대로 인간의 소행으로는 멸절될 수밖에 없는 것을 하나님께서 주권적으로 "남은 자"를 있게 하신 것이 구속의 역사입니다.

　㉠ 하나님의 구원계획, 즉 메시아언약은 언제나 소수의 "남은 자"에 의해 계승되었던 것입니다. 에스라도 기도하기를 "우리의 악한 행실과 큰 죄로 말미암아 이 모든 일을 당하였사오나 우리 하나님이 우리 죄악보다 형벌을 가볍게 하시고 이만큼 백성을 남겨주셨사오니"(9:13)라고 진술합니다.

　㉡ 성전을 중건한 후 단행된 에스라의 개혁운동의 초점이 이방 족속과 서로 섞이게 된 통혼 문제가 중심과제가 된 것도(9:1-2) "남은 자"에 대한 성별과 정화와 결부되기 때문입니다. 그들은 메시아가 태어나야 할 혈통을 보존해야만 했던 것입니다.

⑦ 바벨론 포로에서 귀환하게 되는 구속사적 의미는 애굽 바로의 종이 되었다가 해방된 것과는 다릅니다. 출애굽 사건은 사망에서 생명으로 옮겨진 구원과 관계가 있습니다. 그래서 그때는

세례를 의미하는 홍해 도하의 「물」이 강조되어 있습니다.

 ㉠ 그러나 바벨론 포수로부터의 귀환은 사탄의 포로에서 돌아오게 될
  예시요, 징벌과 관계가 있기 때문에 「불」이 강조되어 있습니다(렘
  1:13-14). 그래서 "이는 불에서 꺼낸 그슬린 나무가 아니냐"(슥
  3:2)고 말씀하십니다. 궁극적으로 하나님의 진노를 "불처럼 쏟으셨
  도다"(애 2:4)고 자기 아들에게 쏟으셨던 것입니다.

 ㉡ 하나님께서 자기 백성을 불가마 속에 집어넣어서 연단하신 목적이
  어디에 있었는가? 이에 대해서 이사야서는 바벨론으로 끌려갈 것을
  말씀하시면서 "밤나무와 상수리나무가 베임을 당하여도 그 그루터기
  는 남아 있는 것같이 거룩한 씨가 이 땅의 그루터기니라"(사 6:13)
  하고, "거룩한 씨"를 남겨 두시기 위해서임을 말씀하고 있습니다.

⑧ 에스라서에는 "여호와의 손"이 자주 등장합니다(7:9,28,
8:18,22,31). 이것은 포로에서 귀환할 수 있었던 것이나 성전 중
건 및 개혁운동 등이 여호와의 선한 손이 이루셨음을 뜻합니다.
 이사야 45:1절에 "여호와께서 그의 기름 부음을 받은 고레스에
게 이같이 말씀하시되 내가 그의 오른손을 붙들고 그 앞에 열국
을 항복하게 하며"라고 말씀하는데 여호와의 손이 고레스와 스룹
바벨과 에스라 등을 붙잡으셔서 도구로 사용하셨다는 것입니다.

⑨ 에스라서를 통해서 현대교회에 말씀하시려는 불변의 진리는
무엇인가? 에스라서의 두 축을 이루는 성전재건과 백성을 거룩하
게 하는 개혁운동이,

 ㉠ "너희가 하나님의 성전인 것을 알지 못하느냐"(고전 3:16) 하신 교
  회가 하나님의 "성전"이라는 각성과

 ㉡ "하나님의 성전은 거룩하니 너희도 그러하니라"(고전 3:17) 하신

"성별의 삶"으로 우리에게 적용되고 있음을 명심해야 하겠습니다.

ⓒ 또한 "남은 자"라는 주제가 우리에게 중요하게 다가오는 것은 신약 성경에서도 "무릇 표면적 유대인이 유대인이 아니요(롬 2:28), 이스라엘에게서 난 그들이 다 이스라엘이 아니요(롬 9:6), 그런즉 이와 같이 지금도 은혜로 택하심을 따라 남은 자가 있느니라"(롬 11:5)고 말씀하고 있기 때문입니다. 그렇다면 표면적 그리스도인이 그리스도인이 아니요, "남은 자"가 있다는 것으로 적용되는 것이 아닌가?

느헤미야

주제 : 느헤미야의 성벽 복원과 에스라의 정화운동

바벨론 포로에서의 귀환은 3차에 걸쳐서 이루어졌습니다.

㉠ 제1차는 스룹바벨의 주도하에 이루어졌으며 이들에 의해서 제2의 성
   전은 재건되었습니다.

㉡ 제2차는 약 80년 후에 에스라의 주도하에 귀환하여 개혁운동을 전
   개하였고,

㉢ 제3차는 그로부터 13년 후에 느헤미야의 인도로 이루어져서 성벽을
   복원하는 역사를 합니다. 학자 에스라는 에스라서와 느헤미야서에 동
   시에 등장하는데, 연대를 감안할 때 느헤미야와 동역한 것을 알 수
   있습니다.

① 느헤미야서는 크게 두 부분으로 나누어집니다.

㉠ 1-7장까지는 느헤미야가 주도한 성벽의 복원 역사이고

㉡ 8-13장까지는 에스라가 주도한 언약 갱신과 부흥운동입니다. 고대 세계에서 성벽(城壁)은 그 성읍의 존립을 좌우하는 기능으로 대외적으로 외침(外侵)을 막고, 대내적으로는 하나의 공동체로서의 결속(結束)을 촉진시켜 주었던 것입니다.

느헤미야는 독려하기를 "우리가 당한 곤경은 너희도 보고 있는 바라 예루살렘이 황폐하고 성문이 불탔으니 자, 예루살렘 성을 건축하여 다시 수치를 당하지 말자"(2:17)고 독려합니다. 성경 66권 중에서 느헤미야서 만큼 역동적(力動的)이고 긴장감이 넘치는 그런 책은 달리 없습니다. 느헤미야서는 우리에게 용기를 주고 도전하게 만듭니다.

② 그러므로 느헤미야는 성벽을 중건하면서 전적으로 하나님만을 의뢰합니다. 크고 작은 일이 있을 때마다 하나님께 기도로 의뢰하는 것을 봅니다.

㉠ 하나님 앞에 금식하며 기도하며(1:4)

㉡ 곧 하늘의 하나님께 묵도하고(2:4)

㉢ 우리 하나님이여 들으시옵소서 우리가 업신여김을 당하나이다(4:4)

㉣ 우리가 우리 하나님께 기도하며 그들로 말미암아 파수꾼을 두어 주야로 방비하는데(4:9)

㉤ 내 하나님이여 내가 이 백성을 위하여 행한 모든 일을 기억하사 내게 은혜를 베푸시옵소서(5:19)

㉥ 이제 내 손을 힘 있게 하옵소서 하였노라(6:9)

㉦ 내 하나님이여 도비야와 산발랏과 여선지 노아댜와 그 남은 선지자들 곧 나를 두렵게 하고자 한 자들의 소행을 기억하옵소서 하였노라(6:14)는 기도의 사람이요, 호흡하듯이 기도를 생활화한 사람이었습

니다.

③ 그렇다고 느헤미야는 기도만 하고 있었던 것은 아닙니다. "그 때로부터 내 수하 사람들의 절반은 일하고 절반은 갑옷을 입고 창과 방패와 활을 가졌고 민장은 유다 온 족속의 뒤에 있었으며 성을 건축하는 자와 짐을 나르는 자는 다 각각 한 손으로 일을 하며 한 손에는 병기를 잡았는데 건축하는 자는 각각 허리에 칼을 차고 건축하며 나팔 부는 자는 내 곁에 섰었느니라"(4:16-18)고 역사(役事)를 했습니다.

심지어 잠을 잘 때도 "우리가 다 우리의 옷을 벗지 아니하였으며 물을 길으러 갈 때에도 각각 병기를 잡았느니라"(4:23) 합니다. 얼마나 역동적이고 긴장감이 넘치고 있는가? 이처럼 느헤미야는 상상을 초월하는 대내외적인 방해와 반대를 무릅쓰고 악전고투 끝에 52일이라는 최단(最短)시일 내에 성벽 복원을 완성합니다.

④ 이처럼 만난을 극복하고 최단 시일에 완공할 수 있었던 것은 에스라서에서 역사하시던 여호와의 「선한 손」이 역사하셨기 때문이라는 점을 놓치지 말아야 합니다. 「하나님의 선한 손」이 나를 도우셨다(2:8,18)라고 느헤미야는 증언합니다.

"우리 하나님이 우리를 위하여 싸우시리라"(4:20) 합니다. 방해하던 대적들까지도 "이를 듣고 다 두려워하여 크게 낙담하였으니 그들이 우리 하나님께서 이 역사를 이루신 것을 앎이니라"(느 6:16)고 인정합니다.

⑤ 그렇다면 성벽을 쌓는 일이 오늘 우리에게 어떤 의미가 있는 것일까요? 이 대목을 상고하면서 신약성경 에베소서를 연상한다는 것은 자연스러운 일입니다. 에베소서의 주제를 "교회론"이라고 말하는데,

> ㉠ 1장에서는 교회 건설에 필요한 재목들을 준비하는데 하나님은 택하시고, 택하신 자들을 그리스도께서 값을 주고 구속하시고, 성령은 소유의 인을 치심으로 준비합니다.
>
> ㉡ 2장에서 그 재목들은 "서로 연결하여 하나님이 거하실 처소"로 지어져(2:21) 갑니다.
>
> ㉢ 3장에서는 봉헌식에 해당되는 기도를 드리는데 "하나님의 모든 충만하신 것으로 충만하게 하시기를 구하노라" 합니다. 이렇듯 하나님이 거하실 성전건축(교회)을 마친 후에,
>
> ㉣ 마지막 장에서는 "끝으로… 마귀의 간계를 능히 대적하기 위하여 하나님의 전신갑주를 입으라"(엡 6:10-11)고 명하는 구조(構造)로 되어있는데 이는 마치 마지막으로 성벽(城壁)을 쌓는 일에 해당된다고 하겠습니다.

믿음의 방패와 성령의 검을 가지라고 명합니다. 느헤미야서 4장에 보면 "그 때로부터 내 수하 사람들의 절반은 일하고 절반은 갑옷을 입고 창과 방패와 활을 가졌고… 다 각각 한 손으로 일을 하며 한 손에는 병기를 잡았는 데다 각각 한 손으로 일을 하며 한 손에는 병기를 잡았다"(4:16-17)고 말씀합니다. 만일 교회에 성벽 역할을 하는 이러한 영적 경계가 없다면 사탄의 공격에 어떻게 되겠는가를 생각해보시기 바랍니다.

⑥ 에스라서에서 성전(聖殿)이 중건되고 느헤미야서에서 성벽

(城壁)이 복원되는 것으로 구약의 역사가 끝맺고 있음은 시사해 주는 바가 큽니다.

　㉠ 구약의 성도들은 대외적으로는 외침을 막고 대내적으로는 선민으로서의 성별(聖別)을 지키면서 오실 메시아를 대망해야 했고, 신약의 성도들은 외적으로는 마귀의 궤계를 대적하면서 내적으로는 서로 사랑하면서 다시 오실 주님을 기다리고 있기 때문입니다.

　㉡ 이 점에서 유념해야 할 점은 "성벽"이 외침을 막는 방파제와 같다면 개혁은 교회의 내적인 누룩을 제거하는 성별이라는 점입니다. 만일 성벽을 높이 쌓은 내부에서 적은 누룩이 온 덩어리에 퍼지게 된다면 그것은 외침보다도 더욱 치명적이라 할 것입니다. 그러므로 성벽은 내적으로 거룩과 성결이 유지되는 한에서만 유용한 것입니다.

　⑦ 이런 맥락에서 성벽이 완성된 후에 8장에서부터는 제사장 에스라가 주도한 회개운동과 언약 갱신이 전개되는데 이는 육적(肉的)인 재건에서 영적인 재건(再建)으로의 전환인 것입니다. 그들은 하나님의 말씀으로 돌아왔습니다. "새벽부터 정오까지" 율법 책에 귀를 기울였습니다(8:3). 백성에게 율법을 깨닫게 하고(8:7), "해석하여"(8:8)주었습니다. "이 날에 낮 사분의 일은 그 제자리에 서서 그들의 하나님 여호와의 율법 책을 낭독하고 낮 사분의 일은 죄를 자복하며 그들의 하나님 여호와께 경배"(9:3)하였다고 말씀합니다.

　㉠ 9장에는 에스라가 대표로 드렸을 기도가 나오는데 조상 아브라함으로부터 시작하여 "우리가 오늘날 종이 되었는데"(9:36)하고 바벨론에 포로가 되기까지의 구약에 나타난 하나님의 구속의 역사를 진술하면서, 하나님의 신실하심에 대해 인간은 얼마나 성실하지 못했는가를 회개하는 기도를 드리고 있습니다.

ⓛ "우리가 이 모든 일로 말미암아 이제 견고한 언약을 세워 기록하고
우리의 방백들과 레위 사람들과 제사장들이 다 인봉하나이다"(9:38)
고 그의 기도는 결단(決斷)과 헌신으로 끝나고 있습니다. "견고한
언약"을 세웠다고 말씀합니다. 영적 성벽을 견고히 쌓은 것입니다.
그리고 인친 사람들의 명단을 열거하고 있는데 이것이 언약 갱신입
니다.

⑧ 그러나 느헤미야서의 마지막 장은 그들이 쌓은 성벽이 다시
허물어지고 있음을 보여주고 있습니다. 느헤미야가 바사로 돌아
갔다가 10여 년 만에 재차 귀환해 보니 그들은 굳게 세운 언약을
지키고 있지 않았습니다. 하나님께서 말라기 선지자를 세우셔서
경고하신 것이 이때입니다.
　ⓐ 그러므로 느헤미야서의 상황과 말라기서의 견책이 부합하고 있는데
그들이 파기한 언약(13:29, 말 2:8)은,
　　㉮ 안식일을 지키지 아니하였고(13:15-22)
　　㉯ 십일조를 드리지 아니하였고(13:10, 말 3:8)
　　㉰ 이방 여인과 통혼하였고(13:23, 말 2:11)
　　㉱ 제사장 직분을 더럽힘으로(13:29, 말 1:6)
　　예배를 경멸히 여기고, 하나님을 멸시하는 죄 등이었습니다. 그들을
거룩하게 구별하여 주던 성벽은 다시 무너지고 말았던 것입니다. 이
를 통해서도 자력 구원의 불가능성을 보여주고 있습니다.
　ⓑ 역사서를 상고해 보면 "해피 앤딩"으로 끝나는 것을 볼 수 없습니다.
통일왕국이 분열 왕국이 되었다가 멸망하는 왕국이 되고 맙니다. 포
로에서 귀환한 후에도 또다시 타락하는 것을 봅니다. 구약성경의 마
지막 책인 말라기서는 어떠한가? 얼마나 부패했으면 하나님께서 "너
희 중에 성전 문을 닫을 자가 있었으면 좋겠도다"(말 1:10)고 말씀

하시겠는가?

㉮ 인간의 자력으로는 구원에 이를 수 없다는 전적타락·전적부패한 인간의 무능을 보여주고 있습니다.

㉯ 율법은 구원만이 아니라 성화도 주지 못했다는 점을 보여주고 있습니다. 성별의 삶도 "사랑의 줄" 곧 은혜로만이 가능하여진다는 점을 명심하십시다.

⑨ 느헤미야서는 "내 하나님이여 나를 기억하사 복을 주옵소서"(13:31)라는 언급으로 마치고 있는데 무슨 뜻인가? 자신이 쌓은 성벽과 개혁의 수고가 헛된 대로 돌아가지 않게 해달라는 탄원입니다.

㉠ 이에 대한 답변으로 성경은 "이 땅을 위하여 성을 쌓으며 성 무너진 데를 막아서서 나로 하여금 멸하지 못하게 할 사람을 내가 그 가운데에서 찾다가 찾지 못한고로"(겔 22:30)라고 말씀합니다. 느헤미야뿐만이 아니라 인간 누구도 성 무너진 데를 막아서기에는 역부족이었던 것입니다.

㉡ 그러므로 "자기 팔로 스스로 구원을 베푸시며"(사 59:16) 한 하나님 자신이 친히 나서신 것이 "임마누엘" 사건입니다. 이점을 말라기서에서는 "내 이름을 경외하는 너희에게는 공의로운 해가 떠올라서 치료하는 광선을 비추리니"(말 4:2)라고 예언하고 있는데 이것이 문제에 대한 해답(解答)인 것입니다. 느헤미야서도 독자들을 그리스도에게로 인도하는 초등교사 역할을 합니다.

㉢ "그 날에 유다 땅에서 이 노래를 부르리라 우리에게 견고한 성읍이 있음이여 여호와께서 구원을 성벽과 외벽으로 삼으시리로다"(사 26:1), 예수 그리스도만이 성이 무너진 데를 막아설 중보자시오, "구원의 성벽과 외벽"이십니다.

형제여! 이 종말론적인 시대에 유일한 소망으로 남아 있고 최후의 보루인 교회의 성벽이 붕괴되고 있지는 아니합니까? 당신의 가정은 안전합니까? 당신의 마음을 지켜 줄 성벽은 어떻습니까?

에스더

**주제 : 슬픔이 변하여 기쁨이 되고
애통이 변하여 길한 날이 되었으니(9:22)**

　　에스더서의 사건은 스룹바벨이 주도한 제1차 포로귀환과 에스
라가 주도한 제2차 귀환 사이(에스라 6장과 7장 사이)에 바사국
수산에서 있었던 일입니다.

　　당시 바사 왕은 아하수에로였는데 에스라 4:6절에 보면 "아하
수에로가 즉위할 때에" 이스라엘의 대적들이 성전재건을 방해하
기 위해서 고소하는 글을 올렸다고 기록하고 있습니다.

　　그러니까 이 무렵의 상황은 바사에서는 하만에 의하여 유다 인
들을 진멸하려는 음모가 진행되고 있었고, 예루살렘에서는 성전
재건을 저지하려는 대적들의 방해가 있었다는 것이 됩니다. 이는

무엇을 말해주고 있느냐 하면 대내외적(對內外的)으로 하나님의 구원계획을 무산시키려는 사탄의 간계임을 말해주고 있습니다.

① 에스더서는 크게 두 부분으로 나누어집니다.
㉠ 1-4장은 하나님의 백성들을 진멸하려는 음모이고
㉡ 5-10장까지는 음모는 무산이 되고 역전이 되어 하나님의 백성들이 승리하고 영광을 얻는 것으로 되어있습니다.

② 두 부분은 대조를 이루고 있는데
㉠ 앞부분에서 하만은 아하수에로 다음 자리에 오릅니다. 그리고 이 지위를 이용하여 눈에 가시같은 모르드개와 그의 동족 유다 인을 진멸할 음모를 꾸밉니다. 왕의 조서를 각 도에 보내어 12월 13일 하루 동안에 "모든 유다인을 젊은이 늙은이 어린이 여인들을 막론하고 죽이고 도륙하고 진멸하고 또 그 재산을 탈취하라"(3:13)고 명합니다. 유다인의 운명은 풍전등화와도 같고 특별히 모르드개를 달기 위해서 하만의 집에는 50규빗이나 되는 높은 나무가 세워졌습니다. 이 상황은 어느 모로 보아도 절망적인 상황이었습니다.
㉡ 그런데 뒷부분에서 사태는 완전히 역전(逆轉)이 되어 모르드개가 아하수에로 다음 자리에 오르게 되고 위기에 몰렸던 "유다인에게는 영광과 즐거움과 기쁨과 존귀함이 있는지라"(8:16)고 말씀합니다.
유다 인을 죽이려던 대적자들이 죽임을 당하게 되고, 모르드개를 달려던 나무에 도리어 하만이 달리게 됩니다. "이 날에 유다 인들이 대적에게서 벗어나서 평안함을 얻어 슬픔이 변하여 기쁨이 되고 애통이 변하여 길한 날이 되었다"(9:22)고 말씀합니다.

③ 이 점에서 주목하게 되는 것은 절망적인 상황에서 모르드개

는 에스더에게 "이 때에 네가 만일 잠잠하여 말이 없으면 유다인은 멸망하리라"고 절망(絶望)하고 있지 않다는 점입니다. 만일 그렇게 말을 했다면 그는 하나님을 의뢰한 것이 아니라 에스더라는 "인간"을 의지한 것이 되고 맙니다. 모르드게의 믿음은 "다른 데로 말미암아 놓임과 구원을 얻으려니와"(4:14)라고 확신을 나타냅니다. 이것이 신본주의 신앙입니다.

ㄱ 그런데 에스더서에는 "하나님"이란 말이 없습니다. 이에 대해 "하나님의 이름이 없으면 하나님의 선한 손이 있다"라고 말한 매튜 헨리의 통찰력은 옳았습니다. 하나님께서 자기 백성들을 바벨론의 포수로부터 돌이키실 때에 하나님의 선한 손은 부지런히 움직이고 계셨음을 에스라서와 느헤미야서에서 이미 살펴본 바가 있습니다.

그 손은 같은 시대에 일어났던 에스더서에서도 변함없이 모든 사건의 배후에서 역사하고 계셨습니다. 하나님의 선한 손의 섭리하시는 방법들을 주목해 보십시오.

ㄴ 요나서에서 "여호와께서 이미 큰 물고기를 예비"(욘 1:17)하신 하나님은 전쟁고아 에스더를 왕후로 이미 예비해 놓으셨습니다. 모르드개가 "네가 왕후의 자리를 얻은 것이 이때를 위함이 아닌지 누가 알겠느냐"(4:14) 한 말은 결코 무심한 말이 아니었던 것입니다.

ㄷ 또한 에스더가 베푼 잔치자리에서 "그대의 소청이 무엇이뇨 곧 허락하겠노라"(5:6)는 왕의 말에 심중에 있는 소청을 하루 뒤로 미룬 것은 결코 믿음이 없어 그런 것은 아니었습니다. 왜냐하면 하나님께서는 그 밤에 왕으로 잠이 오지 않게 하시고 역대 일기를 읽게 하시는 중에 내시들이 왕을 모살하려는 음모를 모르드개의 고발로 사전에 면할 수가 있었던 기사를 읽게 만드십니다. 그런데도 그에게 "아무 것도 베풀지 아니하였나이다"(6:3) 한 것도 "이 때를 위함"이라 할 것입니다.

ⓔ 그렇습니다. 이튿날 모르드개는 하만이 수종을 드는 존귀를 얻게 됩니다. 이 일련의 사건들은 잔치 둘째 날에 "왕이 이르되 하만을 그 나무에 달라"(7:9)한 사태를 완전히 뒤집기 위한 예비적인 섭리라 할 것입니다.

④ 우리는 에스더서의 사건을 구속사의 지평에서 더 멀리 더 넓게 바라보아야 합니다. 왜냐하면 하나님의 백성 즉 "여자의 후손"을 진멸하려는 음모는 창세기 3장 이후로 계속되고 있었기 때문입니다. 그러므로 하나님의 백성을 진멸하려는 하만은 사탄의 대리자(代理者)로, 이를 대항하여 싸우는 모르드개는 하나님의 대리자(代理者)로 등장하고 있는 것입니다.

ⓐ 그러하기 때문에 성경은 하만을 "유다인의 대적(對敵) 하만"(3:10, 8:1, 9:24)이라고 부르고 있고, 모르드개는 개인 모르드개가 아닌 "유다인 모르드개"라고 부르고 있다는 점을 주목해야 합니다.

ⓑ 성경은 하만의 신분을 "아각 사람 하만"(3:1,10, 8:3,5, 9:24)이라고 다섯 번이나 소개하고 있는데도 관심을 기울일 필요가 있습니다. 아각은 다른 사람이 아니라 하나님께서 진멸하라고 명하셨음에도 불구하고 사울 왕이 임의로 살려준 아말렉의 왕(삼상 15:9)이었던 것입니다. 출애굽기 17:16절에 "여호와께서 맹세하시기를 여호와가 아말렉으로 더불어 대대로 싸우리라" 하십니다. 왜냐하면 출애굽의 여정에서 하나님의 백성들의 진군을 저지하기 위해서 대적했기 때문입니다. 이 때 "모세가 손을 들면 이스라엘이 이기고 손을 내리면 아말렉이 이겼다"(출 17:11)고 성경은 기록하고 있습니다.

ⓒ 하만과 모르드개의 대결은 바로 이 싸움의 연장선상(延長線上)에 있다 하겠습니다. 모르드개는 사울 왕과 같은 베냐민 지파 사람이라고 2:5절에서 밝히고 있음도 우연의 일치만은 아닐 것입니다. 사울 왕

은 하나님의 명령을 거역하였으나 모르드개에 의해 진멸됩니다.

ⓔ 만일 모르드게에 의해서 음모가 반전되지 않고 하만에 의해서 바사
에 남아 있던 유다 인들이 진멸을 당했다면 에스라 느헤미야를 통한
2차, 3차, 귀환도 불가능했을 것이요, 바사의 지배하에 있던 예루살
렘의 유다 인들도 무사하지는 못했을 것입니다. 그렇게 되었다면 하
나님의 구원계획은 큰 위기에 직면하였을 것입니다.

⑤ 모르드개가 하만에게 "꿇지도 아니하고 절하지도 아니"(3:2,
5, 5:9)한 이유가 무엇인가?

ㄱ 이는 선민 이스라엘이 꿇어서는 아니 될 때 무릎을 꿇었고, 절해서
는 아니 될 곳(우상)에 절을 했다가 멸망 당하고 포로가 되었다는 것
과 결부해서 생각해야 합니다.

ㄴ 이점이 "날마다 권하되 모르드게가 듣지 아니하고 자기는 유다인임
을 알렸더니"(3:4) 한 말에 분명히 드러납니다. 당시 사람들은 하만
을 우상시했기 때문입니다. 동일한 시대적 배경에서 다니엘과 그의
세 친구도 무릎을 꿇지 아니하고 절하지 아니하였다가 불가마에 던
짐을 받았으나 하나님의 선한 손에 의하여 구원됨을 성경은 말씀합
니다.

⑥ 하나님께서 이처럼 유다인을 보호하여 주신 것은 "이는 구
원이 유다인에게서 남이라"(요 4:22) 하신 대로 메시아를 보내시
어 천하 만민을 구원하시려는 하나님의 구원계획을 이루시기 위
한 주권적인 행사라는 점을 놓치지 말아야 합니다.

ㄱ 이런 맥락에서 에스더서에는 하나님의 구원계획과 결부된 중요한 요
점이 있다는 점입니다. 그것은 에스더가 하만이 왕의 명의로 하달한
조서, 즉 유다 인을 진멸하라는 조서를 취소해달라고 소청을 했을

때 아하수에로 왕이 한 말입니다. "왕의 이름을 쓰고 왕의 반지로 인친 조서는 누구든지 철회할 수 없음이니라"(8:8)고 말합니다.

ⓛ 하물며 하나님께서 "네가 먹는 날에는 반드시 죽으리라"(창 2:17) 하신 금령(禁令)을 철회할 수 있단 말인가? 이점을 신약성경은 우리 대신 자기 아들을 내어주심으로 반드시 죽으리라 하신 "율법의 요구(要求)가 이루어지게 하려 하심이니라"(롬 8:4)고 증언합니다. 또한 성경은 아브라함과 다윗에게 세워주신 "언약과 맹세"를 가리켜 "이는 하나님이 거짓말을 하실 수 없는 이 두 가지 변하지 못할 사실"(히 6:18)이라고 말씀합니다.

⑦ 에스더서는 마지막에 이르러 "이달 이날에 유다인들이 대적에게서 벗어나서 평안함을 얻어 슬픔이 변하여 기쁨이 되고 애통이 변하여 길한 날이 되었다"(9:22)고 진술합니다.

㉠ 메시아 예언으로 유명한 이사야 선지자는 "무릇 시온에서 슬퍼하는 자에게 화관을 주어 그 재를 대신하며 기쁨의 기름으로 그 슬픔을 대신하며 찬송의 옷으로 그 근심을 대신하시고"(사 61:3)라고 예언합니다.

㉡ 스가랴 선지자도 "넷째 달의 금식과 다섯째 달의 금식과 일곱째 달의 금식과 열째 달의 금식이 변하여 유다 족속에게 기쁨과 즐거움과 희락의 절기들이 되리니 오직 너희는 진리와 화평을 사랑할 지니라"(슥 8:19) 합니다. 이러한 궁극적인 기쁨과 즐거움은 예수 그리스도의 재림의 날에 주어지게 될 것입니다. 사도 바울은 "너희로 환난을 받게 하는 자들에게는 환난으로 갚으시고 환난을 받는 너희에게는 우리와 함께 안식으로 갚으시는 것이 하나님의 공의시니"(살후 1:6-7)라고 말씀합니다. 이것이 에스더서가 우리에게 하시는 격려입니다. 이런 맥락에서 에스더서는 "구약의 계시록"이라 할 것입니다.

⑧ 에스더서를 마치기 전에 명심하고 경성해야 할 점을 언급해야 하겠습니다. 그것은 아하수에로 왕이 발한 두 조서의 날짜가 정확히 동일한 한 날이라는 점입니다.

　㉠ 유다인을 진멸하라는 조서=12월 13일 하루 동안에 모든 유다인을 진멸하라(3:13)

　㉡ 유다인을 살리라는 조서=12월 13일 하루 동안에 하게 하였다(8:12)고 되어있습니다.

　㉢ 에스더서는 "이 일은 아하수에로 왕 때에 있었던 일이니 아하수에로는 인도로부터 구스까지 백이십칠 지방을 다스리는 왕이라 "(1:1)고 시작됩니다. 어떤 상황인가요? 유다인을 진멸하라는 조서는 이미 모든 지방에 반포되었고, D-day 12월 13일은 다가오는데 인도로부터 구스까지 127 지방이나 되는 광대한 지역에 만일 "생명을 보호하라"(복음, 8:11)는 조서가 늦게 전해지게 된다면 어떻게 되겠는지를 생각하게 합니다.

　㉣ "왕의 어명이 매우 급하매 역졸이 왕의 일에 쓰는 준마를 타고 빨리 나가고 그 조서가 도성 수산에도 반포되니라"(8:14) 합니다. 이 상황, 이 말씀은 옛날이야기가 아니라 에스더서기 오늘의 증인(역졸)들에게 던지는 도전인 것입니다. 그리고 우리로 하여금 "하늘에 있는 군대들이 희고 깨끗한 세마포 옷을 입고 백마를 타고 그를 따르더라" 한 계시록 19:14절로 인도해주는 것이 에스더서입니다.

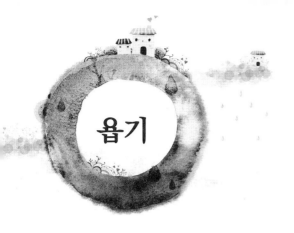

욥기

주제 : 번제로 시작하여 번제로 마치는 욥기

　욥기는 전통적으로 "잠언·전도서·아가서"와 함께 지혜 문서로 분류되어 왔습니다. 그리하여 욥기를 대할 때에 문학가는 희곡 중 최대의 걸작이라 말하고, 철학자(哲學者)는 "어찌하여 악인이 흥왕하고 의로운 사람이 고난 당해야 하는가"하는 신정론(神正論)적인 접근을 시도합니다. 그러나 복음주의자들은 욥기를 통해서도 그리스도를 만나고 복음을 증언해야 마땅한 것입니다. 왜냐하면 욥기는 성령의 감동으로 기록된 하나님의 말씀 곧 성경입니다. 그리고 성경의 기록목적(記錄目的)은 "그리스도를 증언"(요 5:39) 하는 데 있기 때문입니다.

① 그러므로 욥기에 있어서 사활적(死活的)으로 중요한 요점은 욥기가 "번제"(1:5)로 시작하여, "번제"(42:8)로 마치고 있다는 점입니다. 그리고 성경이 말씀하는 번제 즉 제사(祭祀)제도는 그리스도께서 자신을 대속제물로 드려주실 것에 대한 그림자라는 점입니다. 이를 떠나서 드리는 "제사"란 돼지머리를 놓고 우상을 숭배하는 것이나 다를 바가 없다(사 66:3)고 책망합니다.

　㉠ 그러므로 1장의 "번제"는 "하나님을 경외"하는 욥의 신앙이 대속(代贖)을 믿는 "믿음"임을 말해주고 있고

　㉡ 마지막 장에 이르러 하나님께서 "너희를 위하여 번제를 드리라, 내가 그를 기쁘게 받으리니 너희가 우매한 만큼 너희에게 갚지 아니하리라 "(42:8)하신 번제는, 우리의 죄와 허물이 대속에 의해서만이 해결함을 받을 수 있다는 "구속교리"를 계시해 주는 중요한 말씀인 것입니다.

② 그러므로 욥기서 뿐만이 아니라 구약성경을 바르게 이해하는 데는 제사제도에 대한 바른 인식이 선행(先行)되어야 합니다. 하나님은 "내가 네 집에서 수소나 네 우리에서 숫염소를 가져가지 아니하리니 이는 산림의 짐승들과 뭇 산의 가축이 다 내 것이며 산의 모든 새들도 내가 아는 것이며 들의 짐승도 내 것임이로다 내가 가령 주려도 네게 이르지 아니할 것은 세계와 거기에 충만한 것이 내 것임이로다 내가 수소의 고기를 먹으며 염소의 피를 마시겠느냐"(시 50:9-13)고 말씀하십니다. 창조주(創造主) 하나님께서 우상에게 하듯 짐승으로 제사 드리는 것을 기뻐하신단 말인가?

　㉠ 이점이 "인자가 온 것은, 자기 목숨을 많은 사람의 대속물로 주려

함이니라"(마 20:28) 하신 주님 말씀에 분명히 나타납니다. 그런데 욥기를 다룰 때 "번제로 시작하여 번제로 마치고 있다"는 이점에 무감각하고 간과해 버리는 것을 본다는 것은 심히 안타깝고 답답한 일입니다. 그 원인은 그만큼 복음을 상실해가고 있다는 증거입니다. 그러므로 좀 더 설명 드려야 하겠습니다.

ⓒ 성경에 처음 등장하는 번제는 아벨이 양의 첫 새끼로 드린 제사입니다. "여호와께서 아벨과 그의 제물은 받으셨다"(창 4:4)고 말씀합니다. 이 그림자를 밝히 드러난 신약성경에서는 "믿음으로 아벨은 가인보다 더 나은 제사를 하나님께 드림으로 의로운 자라 하시는 증거를 얻었으니"(히 11:4)라고 해설해주고 있습니다. 핵심은 아벨이 제사를 통해서 "의롭다함"을 얻었다는 데 있습니다. 그래서 의로우신 하나님께서 받아주실 수 있으셨던 것입니다.

ⓒ 이는 눈이 번쩍 떠지고 놀라움을 금할 수 없는 말씀입니다. 왜냐하면 죄로 말미암아 하나님 존전에서 추방을 당한 아담의 후예들의 가장 절박한 소원이 "의롭다함"을 얻는 일이요, 의롭다함을 얻어야만 의로우신 하나님께로 돌아갈 수 있기 때문입니다.

ⓔ 그리고 신구약을 막론하고 "의롭다함"을 얻는 방도는 그리스도의 구속을 통해서뿐이라는 점입니다. 만일 아벨이 다른 방도로 의롭다함을 얻었다고 주장한다면 그는 "그리스도께서 헛되이 죽으신 것"(갈 2:21)으로 만드는 것입니다. 그런데 욥기가 번제로 시작하여 번제로 마치고 있다는 것은 무엇을 말해주고 있는가? 욥도 자기 의(義)가 아니라 번제를 통해서 의롭다함을 얻음으로 하나님과 교제를 유지하고 있었다는 것이 됩니다.

③ 욥기는 크게 세 부분으로 나눌 수 있습니다.
ⓐ 첫째 부분(1-2장)은 욥이 2차에 걸친 시험을 당하는 내용이고
ⓑ 둘째 부분(3-37장)은 세 친구와 논쟁하는 내용이고

ⓒ 셋째 부분(38-42장)은 침묵하고 계시던 하나님께서 개입하시는 대목입니다.

첫째 부분(1-2장)

④ 첫째 부분에서 먼저 물어야 할 점은 어찌하여 욥에게 시련이 닥치게 되었는가 하는 점입니다. 이는 하나님께서 사탄에게 "네가 내 종 욥을 주의하여 보았느냐 그와 같이 온전하고 정직하여 하나님을 경외하며 악에서 떠난 자는 세상에 없느니라"(1:8)고 자랑하셨기 때문입니다.

　　㉠ 그렇다면 하나님께서 사탄에게 욥을 자랑하신 의도가 무엇인가 묻게 되는데 이는 인류의 시조가 에덴 낙원에서 하나님의 이름과 명예를 더럽힌 사건과 연관이 있는 것입니다. 욥은 창세기 시대의 사람입니다. 자녀들을 위하여 욥 자신이 번제를 드렸다는 이 한 가지만으로도 입증됩니다. 하나님은 아담 하와가 더럽힌 하나님의 명예를 누군가가 회복시켜주기를 기대하시는 것입니다. 이처럼 하나님의 구원계획에는 하나님의 이름과 명예가 걸려있다는 점을 명심한다는 점은 중요한 요점이 됩니다.

　　㉡ 욥은 첫 번 시험에서 "주신 이도 여호와시요 거두신 이도 여호와시오니 여호와의 이름이 찬송을 받으실지니이다"(1:21)하고 여호와의 이름에 찬양을 돌립니다. 2차 시험에서도 "이 모든 일에 욥이 입술로 범죄하지 아니하니라" 합니다. 사탄은 완패(完敗)를 당하고 물러가게 된 것입니다. 만일 욥이 사탄의 장담처럼 하나님을 욕했다면(1:11) 어찌 되었겠는가? 이런 일이 에덴에서 일어났던 것입니다. 이런 맥락에서 욥은 하나님의 이름과 명예를 위해서 고난을 받은 것이 됩니다.

⑤ 그런데 3장에 접어들게 되면 인간의 연약성이 드러납니다. 왜냐하면 "그 후에 욥이 입을 열어 자기의 생일을 저주하니라"(3:1)고 말씀하기 때문입니다. 그리고 "…하였었더라면, 하였었더라면, 어찌하여, 어찌하여"(3:3-12)하고 탄식합니다. 생일을 저주한다는 것은 생명의 근원이 되시는 하나님을 원망하는 것이 됩니다. 욥도 하나님의 이름과 영광을 온전히 회복시키지를 못하였던 것입니다. 고로 성경은 의인은 없나니 하나도 없도다 합니다.

이런 맥락에서 "성령이 곧 예수를 광야로 몰아 내신지라"(막 1:12)한 표현은 의미심장한 바가 있습니다. 첫 번 대표자는 에덴 낙원에서 첫 시험에 실패하였으나, 새로운 대표자로 오신 그리스도께서는 광야에서 40일을 굶주린 가운데서 세 가지 시험을 이기심으로 첫 시조가 넘어진 것을 온전히 회복시키셨기 때문입니다.

두 번째 부분(3-37장)

⑥ 둘째 부분은 욥과 세 친구 간의 논쟁하는 내용입니다. 먼저 욥기의 구조(構造)는 "번제"(대속 제물)로 시작하여 "번제"로 마치고 있는 중간(中間)에 친구들과의 논쟁이 끼어있는 구조(構造)임을 유념해야 합니다.

㉠ 그리고 "번제"와 "번제" 중간에 논쟁이 끼어있다는 것은 신구약 성경 전체(全體)의 구조와 동일하다는 점입니다. 왜냐하면 하나님은 먼저 "원복음"(대속제물)을 주신 후에 신약성경에서 원복음의 실체(實體)이신 그리스도께서 나타나십니다. 이처럼 원복음과 나타난 복음 사이에 율법이 끼어있는 것이 신구약 성경의 구조(構造)인 것입

니다.

ⓛ 그렇다면 욥과 세 친구 간에 논쟁하는 쟁점(爭點)이 무엇입니까? 표면적으로는 욥이 시험을 당하게 된 원인이 어디에 있는가 하는 것으로 여겨지지만 그렇게 보는 것은 욥기를 수박 겉핥기식으로 보는 것이 됩니다. 욥기의 궁극적인 쟁점은 구원의 방도가 무엇인가 하는 문제입니다. 다시 말씀드리면 인간의 행위로 하나님 앞에 의롭다함을 얻을 수 있는가? 아니면 대속을 통해서인가 하는 문제가 쟁점이라는 말씀입니다. 이런 맥락에서 욥기의 논쟁은 우리의 선입관을 깨고,

ⓒ "인생이 어찌 하나님 앞에 의로우랴"(9:2)는 문제가 중요한 이슈로 등장합니다. "그런즉 하나님 앞에서 사람이 어찌 의롭다 하며 여자에게서 난 자가 어찌 깨끗하다 하랴 보라 그의 눈에는 달이라도 빛을 발하지 못하고 별도 빛나지 못하거든 하물며 구더기 같은 사람, 벌레 같은 인생이랴"(25:4-6) 합니다.

ⓔ 욥기의 주제를 "의로운 자가 어찌하여 고난을 당하느냐" 하는 신정론(神正論)으로 여기고 있으나 성경은 "의인은 없나니 하나도 없다"라고 단언합니다. 그렇다면 신정론은 애당초 성립되지 않는 이론(理論)이 되고 맙니다. 세 친구들의 주장은 욥이 죄를 범했기 때문이라는 행위 구원론을 말하고 있는 반면, 욥은 "나의 대속자가 살아 계시다"(19:25)는 대속을 믿고 있다는 점입니다. 그러니까 세 친구들은 주님 당시의 제사장·서기관·바리새인들과 같은 반면, 욥은 비난과 조롱을 받으면서도 주님을 따르는 제자들과 같았다는 말씀입니다. 그래서 하나님은 "너희가 나를 가리켜 말한 것이 내 종 욥의 말 같이 옳지 못함이니라"(42:7)고 책망하셨던 것입니다.

⑦ 이런 인식은 욥기를 이해하고 해석하는데 중요한 관건이 되는데 첫째로 욥기의 초점이 어디로 모아지고 있는가? 둘째로 욥기에서 제기된 문제(問題)와 해답(解答)이 무엇인가? 셋째로 시종

지켜보시던 하나님은 누가 왜 잘못했다고 말씀하시는지? 넷째로 그들이 범한 잘못에 대한 해결책으로 어떻게 하라고 명하시는지를 주목해 보시기 바랍니다.

세 번째 부분(38-42장)

⑧ 여기가 욥기의 중심 부분인데 하나님은 앞부분에서 제기된 문제(問題)에 대한 해답(解答)을 말씀하시는 중요한 대목입니다. 욥과 세 친구의 논쟁을 묵묵히 듣고 계시던 하나님은 "내가 너와 네 두 친구에게 노하나니 이는 너희가 나를 가리켜 말한 것이 내 종 욥의 말 같이 옳지 못함이니라"(42:7)고 욥의 손을 들어주십니다.

　㉠ 어떤 점에서 정당하지 못하다 하시는가? 한마디로 율법의 행위로 의롭다함을 얻는 양 욥을 정죄했기 때문입니다. 4-31장까지 전개되는 논쟁부분을 상고해 보면 욥은 불평도 하고 반항도 하지만 세 친구의 말은 한마디도 버릴 말이 없어 보입니다. 그런데 어찌하여 하나님은 "정당하지 못하다" 하시면서 심지어 노(怒)하시기까지 하신단 말인가?

　㉡ 세 친구들의 논증은 인과응보(因果應報) 사상에 입각한 율법적인 진술이었기 때문입니다. "하나님이 어찌 정의를 굽게 하시겠으며 전능하신 이가 어찌 공의를 굽게 하시겠는가 네 자녀들이 주께 죄를 지었으므로 주께서 그들을 그 죄에 버려두셨나니"(8:3-4)하고, 마치 자신들은 율법의 행위로 흠이 없는 자들인 양 욥을 정죄(定罪)했던 것입니다.

　㉢ 그래서 욥은 "너희는 거짓말을 지어내는 자요 다 쓸모없는 의원이니라 너희가 참으로 잠잠하면 그것이 너희의 지혜일 것이니라

(13:4-5), 이런 말은 내가 많이 들었나니 너희는 다 재난을 주는 위로자들이로구나"(16:2)라고 말합니다.

⑨ 욥기 자체에 나타난 언행을 보면 세 친구는 반듯한 반면에 욥은 불평하고 반항하는데 무엇이 다른가? "그 잔치 날이 지나면 욥이 그들을 불러다가 성결하게 하되 아침에 일어나서 그들의 명수대로 번제를 드렸으니" 한 점이 다른 것입니다. 왜 번제를 드렸는가? "이는 욥이 말하기를 혹시 내 아들들이 죄를 범하여 마음으로 하나님을 욕되게 하였을까 함이라"(1:5), 혹시 죄를 범했을지라도 대속을 믿었기 때문이라는 것입니다.

하나님은 세 친구가 범한 잘못에 대한 해답(解答)으로 무엇을 말씀하시는가? "내 종 욥에게 가서 너희를 위하여 번제를 드리라" 하십니다. "내가 그를 기쁘게 받으리니 너희가 우매한 만큼 너희에게 갚지 아니하리라"(42:8) 하십니다. 그러면 하나님은 그들의 우매를 누구에게 대신 갚으시겠다는 것입니까? "번제"로 드려지는 제물 곧 자기 아들에게 대신 갚으셨다는 것이 욥기의 결론인 것입니다. 문제(問題)에 대한 해답은 번제 곧 그리스도의 대속에 있다는 말씀입니다.

⑩ 이런 고백적인 신앙은 욥의 변증에도 일관되게 나타납니다.
㉠ "지금 나의 증인이 하늘에 계시고 나의 중보자가 높은 데 계시니라 나의 친구는 나를 조롱하고 내 눈은 하나님을 향하여 눈물을 흘리니"(16:19-20)
㉡ "청하건대 나에게 담보물을 주소서 나의 손을 잡아 줄 자가 누구리이까"(17:3)하고 애타게 중보자를 찾고 있습니다.

ⓒ 그리고 결정인 고백이 "내가 알기에는 나의 대속자가 살아 계시니 마침내 그가 땅 위에 서실 것이라 내 가죽이 벗김을 당한 뒤에도 내가 육체 밖에서 하나님을 보리라"(19:25-26)는데 나타납니다.

⑪ 인류 역사상 도저히 이해할 수 없고 상상할 수도 없는 무고한 고난을 당한 분이 누군지 형제는 알고 있습니까? 그분은 하나님의 아들 예수 그리스도이십니다. 하나님의 아들이 어찌하여 말구유에 탄생하셔서 멸시와 천대를 당하시다가 마침내 십자가에 못 박혀 죽으셔야만 했는가? 우리가 아무리 고난 당한다 하여도 이처럼 무고하고 참혹한 고난을 당한 자가 있단 말인가?

어찌하여 인간이 당하는 고난만을 생각하고, 하나님의 아들 그리스도께서 인간의 몸을 입으시고 이 땅에 오셔서 멸시와 천대를 받으시고 마침내 십자가에 못 박히시고 창에 허리를 상해야 했는가는 생각하지 않는단 말인가? 모든 고난의 근본 원인(原因)은 "죄" 때문이요, 해답(解答)은 오직 "번제" 곧 그리스도의 대속적인 죽음을 통해서 뿐인 것입니다.

⑫ 신약성경에서 욥과 같은 환난 당한 사람을 들라면 그중 한 사람이 사도 바울일 것입니다. "내가 수고를 넘치도록 하고 옥에 갇히기도 더 많이 하고 매도 수없이 맞고 여러 번 죽을 뻔하였으니 유대인들에게 사십에서 하나 감한 매를 다섯 번 맞았으며 세 번 태장으로 맞고 한 번 돌로 맞고 세 번 파선하고 일 주야를 깊음은 바다에서 지냈으며 여러 번 여행하면서 강의 위험과 강도의 위험과 동족의 위험과 이방인의 위험과 시내의 위험과 광야의 위

험과 바다의 위험과 거짓 형제 중의 위험을 당하고 또 수고하며 애쓰고 여러 번 자지 못하고 주리며 목마르고 여러 번 굶고 춥고 헐벗었노라"(고후 11:23-27) 합니다.

　　㉠ 그런데 바울에게는 욥과 같은 탄식이 없습니다. 신약성경에는 "…
하였었더라면, 하였었더라면, 어찌하여, 어찌하여"(욥 3:3,11)라는
회의도 고뇌도 갈등도 없습니다. "내가 확신하노니 사망이나 생명이
나 천사들이나 권세자들이나 현재 일이나 장래 일이나 능력이나 높
음이나 깊음이나 다른 어떤 피조물이라도 우리를 우리 주 그리스도
예수 안에 있는 하나님의 사랑에서 끊을 수 없으리라"(롬 8:38-39)
한 확신(確信)만이 있습니다.

　　㉡ 왜 그런가? 욥은 하나님의 아들이 성육신하여 고난 당하시기 이전
시대의 사람이고, 우리는 십자가 복음이 주어진 이후 시대를 살아가
고 있기 때문입니다. 다시 말하면 바울은 자신이 당하는 고난(苦難)
의 이유와 그 답(答)을 가지고 있었다는 말씀입니다.

⑬ 궁극적으로 "사망·애통·곡하는 것·저주·질병"은 "한 사
람으로 말미암아 죄(罪)가 세상에 들어오고 죄로 말미암아 사망
이 들어왔나니"(롬 5:12) 한 죄의 결과입니다. 그리고 "죄"를 해
결하는 방도란 인간의 자력으로는 불가능하고 "번제"로 상징된
대속을 통해서만이 가능하여진다는 것이 욥기의 증언입니다. 이
런 맥락에서 욥기는 시험당하는 자들에게 위로와 격려가 되면서
동시에 확고한 소망(所望)과 해답(解答)을 말씀해주고 있는 것입
니다.

　욥은 천상(天上)에서 벌어지고 있는 일을 모르고 있었습니다.

이러한 대결은 아직 끝난 것이 아닙니다. 지금도 "나" 자신을 중심으로 하나님의 이름에 영광을 돌리느냐? 아니면 모독을 돌리느냐 하는 영적 대결은 계속되고 있다는 점을 명심해야 합니다. 이것이 욥기가 우리에게 주는 도전입니다.

**주제 : 시편에 나를 가리켜 기록된 모든 것이
이루어져야 하리라(눅 24:44)**

    시편은 150편의 다양한 시가 다섯 권(제1권 1-41편, 제2권 42-72편, 제3권 73-89편, 제4권 90-106편, 제5권 107-150편)으로 편집되어 있습니다. 그 중 "다윗의 시"라는 표제가 붙어 있는 것이 73편이나 됩니다. 표제가 없는 시 중에서도 신약성경은 다윗의 시로 인정하고 있는 것들도 있습니다.

    이처럼 시편의 중심적인 저자는 다윗입니다. 이점이 왜 중요하냐 하면 구속사에 있어서 "아브라함과 다윗"은 하나님이 세워주신 언약의 당사자들입니다. 그런데 우리는 아브라함에 의하여 기록된 글을 갖지 못한 채 다윗 당사자의 글만을 가지고 있는데 그것이 시편(詩篇)이기 때문입니다.

오순절 성령강림 후에 행한 베드로의 설교에서 다윗을 가리켜 "그는 선지자(先知者)라 하나님이 이미 맹세하사 그 자손 중에서 한 사람을 그 위에 앉게 하리라 하심을 알고 미리 본 고로 그리스도의 부활을 말했다"(행 2:30-31)고 증언합니다. 그렇다면 다윗이 선지자의 영에 의해서 시편을 기록하였다면 기록(記錄)목적이 무엇인가 하는 점은 분명해진다고 하겠습니다.

① 이점은 성령강림 후에 행한 첫 설교에서 구약성경의 많은 말씀 중

㉠ 다윗이 기록한 16편을 그리스도의 부활(復活)을 입증하는 증거 구절로 인용하고

㉡ 110편을 부활 승천하셔서 하나님 우편에 앉아 계시는 근거(根據)로 제시하고 있다는 점에 의해서도 드러납니다. 이처럼 시편은 그리스도를 증언하는 데 중요하게 사용되었던 것입니다.

부활하신 주님께서도 친히 "모세의 율법과 선지자의 글과 시편(詩篇)에 나를 가리켜 기록된 모든 것이 이루어져야 하리라 한 말이 이것이라"(눅 24:44)하고, 시편도 그리스도를 증언하는 것이 중심주제임을 말씀하셨습니다.

② 시편만이 아니라 주님께서 "이 성경이 곧 내게 대하여 증언하는 것이라"(요 5:39)고 말씀하신 대로 모든 성경의 중심주제(中心主題)가 그리스도를 증언하는 것이라는 점에 확고해야 합니다. 이 점에서 유념해야 할 점은 "모세오경·선지서·시편" 등에 그리스도를 증언하는 말씀이 쌀밥에 콩이 섞여 있듯이 드문드문 섞

여 있는 양 인식해서는 안 된다는 점입니다.

ⓐ 성경을 거목(巨木)에 비한다면 굵은 줄기만이 그리스도를 증언하고 있는 것은 아닙니다. 무성한 나무의 맨 끝의 가지까지라도 "나는 포도나무요 너희는 가지라"(요 15:5) 하신 원 줄기, 즉 중심주제에 붙어 있기 때문에 성경 말씀이 된다는 점을 명심해야 합니다.

ⓑ 가는 가지에 달려있는 열매가 원줄기로부터 진액을 받아 맺어지듯이 성경의 모든 말씀은 직접적(直接的)이든 간접적(間接的)이든 암시적(暗示的)이든 반영(反映)을 하고 있든지 그리스도를 증언하는 것과 관련이 있기 때문에 성경이 될 수 있는 것입니다.

③ 다윗은 언약 당사자뿐만이 아니라 그리스도를 예표하는 인물이기도 합니다. 선지서들은 공통적으로 "내 종 다윗이 그들의 왕이 되리니 그들 모두에게 한 목자가 있을 것이라"(겔 37:24)고, 다윗을 그리스도의 예표의 인물로 증언하고 있습니다. 그러므로 시편을 대할 때에 세 가지 방면으로 바라보아야 합니다.

ⓐ 첫째는 시를 기록한 장본인의 입장입니다. 다윗의 시를 상고할 때는 다윗이 어떤 역사적인 배경과 상황에서 이 시를 기록하였는가를 관찰하여야 합니다.

ⓑ 둘째는 다윗의 경험을 통해서 예수 그리스도께서 당하실 일들을 증언하고 있다는 점을 볼 수 있어야 합니다. 만일 이를 간과해 버린다면 시편을 기록하게 하신 성령님의 의도를 망각하는 것이 되고, 시편을 통해서 계시하시고자 하는 영광스러움을 놓치게 될 것입니다.

ⓒ 셋째는 시편 기자의 경험이 예수 그리스도에게서 성취된 일들을 통해서 경건하게 살고자 하는 성도들에게 적용(適用)되는 점입니다. 시편만큼 성도들에게 위로와 격려를 준 말씀도 달리 없을 것입니다. 왜냐하면 시편에 수록되어 있는 다양한 경험들이 성도들의 생활현장

에서 재현되고 있기 때문입니다.

다윗이 당한 수난의 의미

④ 다윗과 관련된 시편들을 보면 크게 세 부류로 나눌 수 있는데, 첫째는 사울로부터 무고히 고난을 당하면서 기록한 것이고, 둘째는 압살롬의 반역 당시에 기록한 내용이고, 셋째는 블레셋과 같은 대적과의 전쟁 중에 지은 시입니다. 이를 예표로 하여 그리스도께서 당하시게 될 고난을 증언하고 있는 것입니다.

- ㉠ 첫째로 다윗이 사울에게 당한 박해의 중심 모티브는 "무고(無故)히 당하는 박해"라는 점입니다. 사울은 다윗을 죽이려고 악랄하게 추격을 하나 다윗은 사울을 죽일 수 있는 결정적인 기회가 주어졌음에도 "여호와께서 금하시는 것이라"(삼상 24:6) 하면서 해하지를 않습니다.

- ㉡ 그리고 이렇게 말합니다. "다윗이 왕을 해하려 한다고 하는 사람들의 말을 왕은 어찌하여 들으시나이까 오늘 여호와께서 굴에서 왕을 내 손에 넘기신 것을 왕이 아셨을 것이니이다, 내 손에 있는 왕의 옷자락을 보소서 내가 왕을 죽이지 아니하고 겉옷 자락만 베었은즉 내 손에 악이나 죄과가 없는 줄을 아실지니이다"(삼상 24:9-11)

- ㉢ 다윗은 시편에서 "그들이 까닭없이 나를 잡으려고 그들의 그물을 웅덩이에 숨기며 까닭없이 내 생명을 해하려고 함정을 팠사오니"(35:7)

- ㉣ "부당하게 나의 원수된 자가 나로 말미암아 기뻐하지 못하게 하시며 까닭 없이 나를 미워하는 자들이 서로 눈짓하지 못하게 하소서"(35:19)

- ㉤ "까닭 없이 나를 미워하는 자가 나의 머리털보다 많고 부당하게 나

의 원수가 되어 나를 끊으려 하는 자가 강하였으니 내가 빼앗지 아니한 것도 물어 주게 되었나이다"(69:4)라고 진술합니다.

ⓑ 역사상 가장 까닭없이, 가장 비참한 고난 당하신 분이 누구인지 아십니까? 주님은 말씀하십니다. "그러나 이는 그들의 율법에 기록된 바 그들이 이유 없이 나를 미워하였다 한 말을 응하게 하려 함이라" (요 15:25)

⑤ 둘째로 아들 압살롬에게 당한 박해의 모티브는 "배신"(背信)입니다. 압살롬이 반란을 일으켰을 때 다윗에게 가장 큰 충격을 준 배신은 "압살롬과 함께 모반한 자들 가운데 아히도벨이 있나이다"(삼하 15:31) 한 아히도벨의 배신입니다. 그는 모략(謀略)에 능한 자인데 다윗의 신복이었던 자입니다. 다윗은 이렇게 진술합니다.

ⓐ "내가 신뢰하여 내 떡을 나눠 먹던 나의 가까운 친구도 나를 대적하여 그의 발꿈치를 들었나이다"(41:9)

ⓑ "나를 책망하는 자는 원수가 아니라 원수일진대 내가 참았으리라 나를 대하여 자기를 높이는 자는 나를 미워하는 자가 아니라 미워하는 자일진대 내가 그를 피하여 숨었으리라 그는 곧 너로다 나의 동료, 나의 친구요 나의 가까운 친우로다"(55:12-13) 합니다.

ⓒ 이 시편이 주님에게는 가룟 유다의 배신으로 응하여졌던 것입니다. 주님은 "내 떡을 먹는 자가 내게 발꿈치를 들었다 한 성경을 응하게 하려는 것이니라"(요 13:18) 하십니다.

⑥ 셋째로 다윗은 이스라엘을 대표한 "한 사람"이 되어 골리앗을 정복한 일입니다. 시편 20:5절은 "우리가 너의 승리로 말미암아 개가를 부르며 우리 하나님의 이름으로 우리의 깃발을 세우리

니”합니다. 이는 “세상에서는 너희가 환난을 당하나 담대하라 내가 세상을 이기었노라”(요 16:33) 하신 예표인데 우리는 우리의 대표자가 승리해 놓으신 싸움을 하고 있는 것입니다.

다윗의 수난은 하나님의 택하심과 기름 부음을 받아 성령의 충만하게 됨으로 시작됩니다. 다윗은 성령의 충만하게 됨을 받아 골리앗을 물리치게 되고 환영하는 백성들은 “사울은 천천이요. 다윗은 만만이로다”(삼상 18:7)고 다윗을 더 높임으로 사울의 증오를 사게 됩니다. “여호와께서 사울을 떠나 다윗과 함께 계시므로 사울이 그를 두려워한지라”(삼상 18:12), “사울이 다윗을 더욱더욱 두려워하여 평생에 다윗의 대적이 되니라”(삼상 18:29)고 성경은 말씀합니다.

만일 하나님이 다윗을 택하시지 않으셨다면 그리하여 기름 부으심이 없었다면, 그는 수난 없이 양을 치는 목자로 평생을 편안히 마쳤을 것입니다. 그러므로 다윗이 받은 박해는 사사로운 것이 아니라 “그리스도를 위하여 받는 박해”(참고, 히 11:26)였으며, 다윗을 대적한 것은 곧 하나님을 대적한 것이 되는 것입니다.

다윗은 예수 그리스도의 예표의 인물

⑦ 하나님은 다윗이라 지칭하시지 않고, “이새의 아들 중에서 한 왕을 보았느니라”(삼상 16:1)고 말씀하십니다. 이 표현에도 의미하는 바가 깊은데 왜냐하면 이사야 선지자는 “이새의 줄기에서 한 싹이 나며 그 뿌리에서 한 가지가 나서 결실할 것이요”(사

11:1)라고 메시아 예언을 하고 있기 때문입니다. 그러므로 하나님께서 다윗을 택하신 목적은 "그 조상 다윗의 왕위를 그에게 주시리니"(눅 1:32) 한 메시아왕국의 예표로 세우신 것입니다.

  ㉠ 이점을 에스겔 선지자도 "내 종 다윗이 그들의 왕이 되리니"(겔 37:24)라고 예언하고, 호세아 선지자도 "그 후에 이스라엘 자손이 돌아와서 그들의 하나님 여호와와 그들의 왕 다윗을 찾고"(호 3:5)라고 예언하고 있습니다. 다윗은 이미 죽은 지 수백 년이나 되었음에도 "내 종 다윗이 그들의 왕이 되리라" 하심은 그리스도에 대한 명백한 예언이었던 것입니다.

  ㉡ 그러므로 다윗이 박해를 받은 것은 그리스도께서 받으실 박해에 대한 그림자였던 것입니다. 교훈적인 관점은 다윗의 처지와 형편을 설명한 후에, 우리도 다윗을 본받자고 곧바로 적용(適用)시킵니다. 그렇게 한다면 그림자는 보고 실체(實體)는 못 보는 것이 됩니다. 그러므로 시편을 통해서 만나야 할 분은 다윗이 아니라 그리스도인 것입니다.

다윗의 귀를 통하여 깨닫게 하심

⑧ 다윗은 "기가 막힐 웅덩이와 수렁에서 끌어 올리심"을 받은 후에 예물과 감사제를 드리려 했습니다. 그런데 "주께서 내 귀를 통하여 내게 들려주시기를 제사와 예물을 기뻐하지 아니하시며 번제와 속죄제를 요구하지 아니하신다"(40:6) 하시는 것이 아닌가?

  ㉠ 그래서 다윗은 하나님이 나 자신(自身)을 요구하신다는 것을 깨닫고는 "그 때에 내가 말하기를 내가 왔나이다 나를 가리켜 기록한 것이 두루마리 책에 있나이다"(7) 하고 자신을 드리기에 이릅니다.

다윗 당시에 이런 깨달음을 얻었다는 것은 가히 혁명적인 일이라 할 것입니다. 그의 아들 솔로몬을 보십시오. 일천 번제를 드리고, 성전 낙성식 때에 드린 제물이 소가 2만 마리, 양이 12만 마리라고 전하고 있습니다. 그런데 이런 "예물과 번제"를 요구하지도 아니하시고 기뻐하시지도 아니하신다니!

ⓛ 그런데 이 점에서 주목하게 되는 점은 "나를 가리켜 기록(記錄)한 것이 두루마리(성경) 책에 있다"는 대목입니다. 성경은 다윗에 대한 기록이 아니라 "이 성경이 곧 내게 대하여 증언하는 것이니라"(요 5:39) 한 그리스도에 대한 기록(記錄)이라는 점입니다.

ⓒ 그러므로 신약성경은 이를 인용하여 "그러므로 주께서 세상에 임하실 때에 이르시되 하나님이 제사와 예물을 원하지 아니하시고 오직 나를 위하여 한 몸을 예비하셨도다 번제함과 속죄제는 기뻐하지 아니하시나니 이에 내가 말하기를 하나님이여 보시옵소서 두루마리 책에 나를 가리켜 기록한 것과 같이 하나님의 뜻을 행하러 왔나이다"(히 10:5-7)하고 그리스도에게서 성취되었음을 증언하고 있는 것입니다.

시편의 문학형식

⑨ 하나님은 모세에게 이스라엘 백성들이 가나안에 들어가서 언약을 버리고 다른 신을 쫓을 것을 말씀하시면서 "그러므로 이제 너희는 이 노래를 써서 이스라엘 자손들에게 가르쳐 그들의 입으로 부르게 하여 이 노래로 나를 위하여 이스라엘 자손들에게 증거(證據)가 되게 하라"(신 31:19)고 명하셨습니다.

ⓖ 시편의 문학 형식이 "시와 노래"로 되어있는 점도 이런 맥락에서 이해되어야 합니다. 제3권은 주로 "아삽의 시"로 되어있는데, 그는 찬

양대 지휘자입니다. 성경은 찬양대 지휘자들을 "선견(先見)자"(대상 25:5)라고 말씀합니다.

ⓒ 다윗은 선지자요, 아삽은 선견자로서 하나님께서 자신들을 애굽에서 인도하여내신 구원행사를 노래로 읊으면서, 이러한 하나님께 인간은 어떻게 패역했는가(참고, 78편) 하는 점을 노래로 증언하고 있는 것입니다. 다시 말씀드립니다만 시편은 문학형식이 "시"로 되어있으나 내용은 선지서와 동일한 그리스도를 증언하는 것이 중심주제라는 말씀입니다.

시편에 나타난 의인과 악인

⑩ 시편을 푸는 열쇠는 전체의 서론 격인 1편에 있다 하겠습니다. 1편은 두 부류의 사람을 대조(對照)해서 보여주고 있는데, 1-3절은 "복 있는 사람"에 대한 진술이고, 4-5절은 "악인은 그렇지 않음이여" 하고 악인에 대한 진술입니다. 그리고 결론은,

㉠ "무릇 의인들의 길은 여호와께서 인정하시나

ⓒ 악인들의 길은 망하리로다"(6)고 "두 길, 두 종말"이 있다고 말씀합니다.

모든 사람들은 이 두 부류 중 어느 한 진영에 속해 있으며 두 길 중 어느 한 길을 가고 있는 것입니다. 이처럼 시편에는 의인(義人)과 악인(惡人)이 빈번하게 등장합니다. 그러면 의인과 악인은 각각 누구를 가리키는 말인가? 먼저 윤리적(倫理的)인 척도에서 의인과 악인이라는 말이 아님을 명심할 필요가 있습니다. 물론 의인은 선하고 악인은 악할 수도 있으나 엄밀한 의미에서 "의인은 없나니 하나도 없도다"고 성경은 선언하고 있습니다.

ⓒ 그러므로 시편이 말씀하는 의인과 악인이란 창세기 3:15절에서 선언

하신 "여자의 후손과 뱀의 후손"을 가리키는 것입니다. 즉, 하나님을 경외하는 자와 불신자를 가리키는 표현입니다. 물론 불신자 중에도 선한 사람이 있음을 인정합니다. 그러나 그의 아비가(요 8:44) 악한 사탄이기 때문에 그도 피할 수 없이 악한 자로 분류되고 맙니다. 같은 원리로 신자 중에도 신실하지 못한 자가 있으나 그의 머리가 의로우신 그리스도이시기 때문에 의인의 그룹에 서게 되는 것입니다.

시편에 등장하는 대적자 원수

⑪ 시편에는 놀라울 만치 대적(對敵)자 또는 원수라는 말이 많이 등장합니다. 그리고 저주하는 시를 대하면서 의아하게 됩니다. 대적자 원수가 1차적으로는 다윗을 미워하고 죽이려던 누구일 수 있습니다. 그러나 시편이 말씀하고 있는 원수는 궁극적으로 사탄인 것입니다.

> 어찌하여 이방 나라들이 분노하며
> 민족들이 헛된 일을 꾸미는가
> 세상의 군왕들이 나서며 관원들이 서로 꾀하여
> 여호와와 그의 기름부음 받은 자를 대적(對敵)하며
> 우리가 그들의 맨 것을 끊고
> 그의 결박을 벗어 버리자 하는도다(시 2:1-3)

주님을 판자는 가룟 유다였으나 그에게 팔 마음을 넣어준 자는 사탄이었던 것입니다. 사울 왕은 왕위에 있을 동안 다윗을 죽이려는데 많은 날을 허비했는데, 그 배후에는 악신이 그에게 들렸기 때문입니다. 그러므로 시편에 나오는 무자비한 저주는 사탄에 대한 적개심으로 이해해야 합니다. 마지막 심판 때에는 사탄과 그의 추종자들이 함께 불과 유황불에 던짐을 받게 될 것입니다.

시편의 중심주제

⑫ 시편을 통해서 말씀하려는 중심주제는 "이스라엘의 구원이 시온에서 나오기를 원하도다(14:7), 시온에서 이스라엘을 구원(救援)하여 줄 자 누구인가"(53:6)하는 그리스도와 구원이 중심주제입니다.

ㄱ 그러므로 시편은 그리스도의 전 생애, 즉 사역을 다 진술하고 있는데 "내가 나의 왕을 내 거룩한 산 시온에 세웠다 하시리로다 내가 여호와의 명령을 전하노라 여호와께서 내게 이르시되 너는 내 아들이라 오늘 내가 너를 낳았도다"(2:6-7)하는 탄생(誕生)이 있고

ㄴ "개들이 나를 에워쌌으며 악한 무리가 나를 둘러 내 수족을 찔렀나이다"(22:16) 한 수난(受難)이 있고

ㄷ "이는 주께서 내 영혼을 스올에 버리지 아니하시며 주의 거룩한 자를 멸망시키지 않으실 것임이니이다"(16:10)한 부활(復活)이 있고

ㄹ "여호와께서 내 주에게 말씀하시기를 내가 네 원수들로 네 발판이 되게 하기까지 너는 내 오른쪽에 앉아있으라 하셨도다"(110:1) 한 부활 승천(昇天)이 있고

ㅁ "우리 하나님이 오사 잠잠하지 아니하시리니 그 앞에는 삼키는 불이 있고 그 사방에는 광풍이 불리로다"(50:3)하고 심판주로 재림(再臨)하실 것과

ㅂ "여호와께서 다스리시나니 땅은 즐거워하며 허다한 섬은 기뻐할지어다"(97:1)하는 메시아 왕국(王國)이 계시되어 있는 것입니다.

시편 1편이 전체의 서론이라면, 마지막 150편은 전체의 송영이라 할 수 있습니다. 시편은 "복 있는 사람은"(1:1)하고 "사람"으로 시작하여, "호흡이 있는 자마다 여호와를 찬양할지어다 할렐루야" (150:6)하고 "여호와를 찬양"하는 것으로 끝맺고 있습니다. 이처럼 시편은 영광스러움으로 가득한 책입니다. 시편은 "밭에 감추인 보화"라 하신 보물창고와 같습니다.

주제 : 여호와를 경외하는 것이 지식의 근본이다(1:7)

"잠언"하면 어떤 선입관을 갖게 되는가? 격언(格言)집이나 명언(名言)집이라는 관념입니다. 그런데 "잠언"에 구원과 결부되는 "여호와"라는 호칭이 무려 87번이나 등장한다면 형제는 놀라지 않으시겠습니까? "여호와"라는 호칭은 "하나님"이라는 호칭과는 달리 "언약, 구속" 등과 결부된 칭호로 이는 잠언서의 성격을 나타내주고 있습니다.

그리고 "여호와 경외"도 열아홉 번이나 나타나는데 잠언서의 구조는,

㉠ "여호와를 경외하는 것이 지식의 근본이라"(1:7)고 시작하여

ⓛ 중간쯤에서 "여호와를 경외하는 것은 사람으로 생명에 이르게 하는 것이라"(19:23)고 말씀하고

ⓒ "고운 것도 거짓되고 아름다운 것도 헛되나 오직 여호와를 경외하는 여자는 칭찬을 받을 것이라"(31:30)고 끝마치는 구조(構造)로 되어있습니다.

이러한 "여호와 경외"라는 주제는 시편(시 111:10)과 욥기(욥 28:28)의 중심주제이기도 하고, 전도서에서도 "일의 결국을 다 들었으니 하나님을 경외하고 그의 명령들을 지킬지어다 이것이 모든 사람의 본분(本分)이니라"(전 12:13) 하고, 결론을 맺는 "사람의 본분"이 되는 핵심적인 주제인 것입니다.

① 잠언서는 서두(序頭)에서 기록목적(1:1-6)을 밝히고 있는데, "이는 지혜와 훈계를 알게 하며 명철의 말씀을 깨닫게 하기"(2) 위해서라고 말씀합니다. 그러면 "지혜와 훈계"란 어떤 의미가 내포되어있는가? 모든 성경이 그러합니다만 잠언도 크게는 두 주제, 즉 하나님과 이웃과의 관계로 되어 있는데,

㉮ "지혜"(智慧)가 "여호와 경외"와 결부된 신학적인 의미를 함축하고 있다면

㉯ "훈계"(訓戒)는 실천윤리라 할 수 있습니다.

이런 맥락에서 잠언서는 크게 두 부분(1-9장, 10-31장)으로 나눌 수 있는데,

㉠ 1-9장이 "지혜"를 알게 하는 원리적(原理的)인 말씀이고

ⓛ 10-31장은 "훈계"를 알게 하는 상론(詳論)으로 되어있습니다.

원리(1-9장)

② 먼저 원리적인 1-9장의 구도를 파악해야 잠언을 올바로 접근할 수 있습니다.

　㉠ 1-9장 안에는 "내 아들아"하는 "아들"이 열아홉 번이나 나옵니다.

　㉡ 그리고 "지혜"라는 말이 서른한 번

　㉢ "음녀 또는 이방 계집"이라는 말도 합해서 열두 번 등장합니다.

이는 "사랑하는 아들"을 가운데 놓고 "지혜와 음녀"가 자기 소유(所有)를 만들려고 대결(對決)을 하는 구도임을 인식해야 합니다. 이것이 욥기의 구조(構造)이기도 한데 욥을 가운데 놓고 하나님과 사탄이 대결하는 구도입니다. 그리고 이런 영적 싸움은 에덴에서 시작하여 지금도 계속되고 있다는 점에서 잠언서가 우리에게 적실성이 있는 것입니다.

③ 이점이 "지혜(智慧)가 길거리에서 부르며 광장(廣場)에서 소리를 높이며 시끄러운 길목에서 소리를 지르며 성문 어귀와 성중에서 그 소리를 발하여 이르되 너희 어리석은 자들은, 나의 책망을 듣고 돌이키라 보라 내가 나의 영을 너희에게 부어주며 내 말을 너희에게 보이리라"(1:20-23)고 초청(招請)하는 데서 분명히 드러납니다.

　㉠ 그런가 하면 음녀(淫女)도 "자기 집 문에 앉으며 성읍(城邑) 높은 곳에 있는 자리에 앉아서 자기 길을 바로 가는 행인들을 불러 이르되 어리석은 자는 이리로 돌이키라, 도적질한 물이 달고 몰래 먹는 떡이 맛이 있다"(9:14-17)고 유혹합니다.

　㉡ 7장에서는 음녀의 유혹에 걸려든 어리석은 소년 하나를 보여주기까지 하는데 "여러 가지 고운 말로 유혹하며 입술의 호리는 말로 꾀므로 젊은이가 곧 그를 따랐으니 소가 도수장으로 가는 것 같고 미련

한 자가 벌을 받으려고 쇠사슬에 매이러 가는 것과 같도다 필경은 화살이 그 간을 뚫게 되리라"(7:21-23) 합니다.

④ 그렇다면 어떻게 하면 "음녀"의 유혹에 빠지지 않게 되는가?

㉠ "지혜를 얻으며 명철을 얻으라 내 입의 말을 잊지 말며 어기지 말라 지혜를 버리지 말라 그가 너를 보호하리라 그를 사랑하라 그가 너를 지키리라 지혜가 제일이니 지혜를 얻으라"(4:5-7)고 거듭거듭 "지혜"(智慧)를 강조합니다.

㉡ "지혜"를 얻게 되면 "여호와 경외하기를 깨달으며 하나님을 알게 되리니(2:5)

㉢ 지혜는 그 얻은 자에게 생명나무라 지혜를 가진 자는 복되도다"(3:18) 라고 말씀합니다.

⑤ 그렇다면 잠언서에 65회 이상 등장하는 "지혜"가 무엇을 가리키는가? 이 "지혜"가 잠언서를 올바로 해석하는 열쇠가 되는 것입니다. 잠언은 "다윗의 아들 이스라엘 왕 솔로몬의 잠언이라"(1:1)하고 시작됩니다.

하나님은 솔로몬에게 "내가 네 말대로 하여 네게 지혜롭고 총명한 마음을 주노니 네 앞에도 너와 같은 자가 없었거니와 네 뒤에도 너와 같은 자가 일어남이 없으리라"(왕상 3:12) 한 "지혜"(智慧)를 주셨습니다.

⑥ 솔로몬은 하나님께 받은 지혜로 "잠언 · 전도서 · 아가서" 등을 기록했습니다. 그리고 이 책들의 중심주제는 그리스도를 증언

하는 것입니다. 솔로몬은 서두에서 "여호와를 경외하는 것이 지식의 근본이라"(1:7)고 말씀하고 있는데 잠언서의 지혜가 철학적인 지혜이겠습니까?

　㉠ 잠언서의 지혜는 "여호와께서 그 조화의 시작 곧 태초에 일하시기 전에 나(지혜)를 가지셨으며 만세 전부터, 태초부터, 땅이 생기기 전부터 내가 세움을 받았나니"(8:22-23)라고 태초부터 계신 "지혜"라고 말씀합니다.

　㉡ "내가 그 곁에 있어서 창조(創造)자가 되어 날마다 그의 기뻐하신 바가 되었으며"(8:8-30)라고 창조주가 되시는 지혜라고 말씀합니다.

　㉢ "나의 책망을 듣고 돌이키라 보라 내가 나의 영을 너희에게 부어주며 내 말을 너희에게 보이리라"(1:23)고 성령을 부어주겠다 하시는 지혜입니다.

그러면 만세 전부터 태초부터 계셨으며, 창조자시요, 나의 영을 너희에게 부어주겠다 하는 "지혜"가 누구를 가리키는가 하는 점은 분명해지는 것입니다.

⑦ 이사야 선지자는 "이새의 줄기에서 한 싹이 나며 그 뿌리에서 한 가지가 나서 결실할 것이요 그의 위에 여호와의 영 곧 지혜(智慧)와 총명의 영이요 모략과 재능의 영이요 지식과 여호와를 경외하는 영이 강림하시리니"(사 11:1-2)라고 예언하였습니다.

　㉠ 이 예언이 "아기가 자라며 강하여지고 지혜(智慧)가 충만하며 하나님의 은혜가 그의 위에 있더라"(눅 2:40)는 그리스도로 성취된 것입니다.

　㉡ 이점을 사도 바울은 "그리스도는 하나님의 능력이요 하나님의 지혜(智慧)니라"(고전 1:24)고 분명하게 증언합니다. 또한 예수 그리스도는 "하나님으로부터 나와서 우리에게 지혜(智慧)와 의로움과 거룩

함과 구속(救贖)함이 되셨으니"(고전 1:30)라고 말씀합니다.

ⓒ 그러므로 "우리가 온전한 자들 중에서는 지혜를 말하노니 이는 이 세상의 지혜가 아니요 또 이 세상에서 없어질 통치자들의 지혜도 아니요 오직 은밀한 가운데 있는 하나님의 지혜(智慧)를 말하는 것으로서 곧 감추어졌던 것인데 하나님이 우리의 영광을 위하여 만세 전에 미리 정하신 것이라"(고전 2:6-7)고 말씀합니다.

⑧ 이런 맥락에서 잠언서에서도 "대저 그들의 구속자는 강하시니"(23:11) 한 "구속(救贖)자"와,

㉠ "인자(仁慈)와 진리(眞理)로 인하여 죄악이 속(贖)하게 되고"(16:6)하는 속죄교리와

ⓛ "대저 나를 얻는 자는 생명을 얻고 여호와께 은총을 얻을 것임이니라"(8:35) 한 영생과

ⓒ "나의 책망을 듣고 돌이키라 보라 내가 나의 영을 너희에게 부어주며"(1:23) 한 "성령"의 거듭남을 대하게 된다는 것은 이상한 일이 아닙니다.

ⓔ 그러므로 잠언에서도 "나를 사랑하는 자들이 나의 사랑을 입으며 나를 간절히 찾는 자가 나를 만날 것이니라"(8:17) 한 그리스도를 만나야 하는 것입니다.

⑨ 이런 맥락에서 잠언서는 계속적으로 두 부류, 두 길을 대조(對照)해서 제시하고 있습니다.

㉠ "의인의 길과 악인의 길(4:18-19)이 대조되어 있고

ⓛ 생명의 길과 사망의 길(2:18-19)이 대조되어 있고

ⓒ 의인의 집과 악인의 집"(3:33) 등이 대조되어 있습니다.

⑩ 두 부류, 두 길의 대결(對決)이 극명하게 나타나는 곳이 9장입니다.

　㉠ "지혜가 그의 집을 짓고 일곱 기둥을 다듬고 짐승을 잡으며 포도주로 혼합하여 상을 갖추고 자기의 여종을 보내어 성중 높은 곳에서 불러 이르기를 어리석은 자는 이리로 돌이키라"(9:1-4)하고 잔치에 초대(招待)하고 있습니다. 이는 주님의 천국 잔치 비유를 연상하게 하는 복음 초청인 것입니다.

　㉡ 그런가 하면 "미련한 여인이 떠들며, 자기 길을 바로 가는 행인들을 불러 이르되 어리석은 자는 이리로 돌이키라 또 지혜 없는 자에게 이르기를 도둑질한 물이 달고 몰래 먹는 떡이 맛이 있다"고 유혹합니다. 그리고 9장은 "오직 그 어리석은 자는 죽은 자들이 거기 있는 것과 그의 객들이 스올 깊은 곳에 있는 것을 알지 못하느니라"(9:18고 마치고 있습니다. 이상이 잠언 1-9장에 나타난 원론(原論)적인 말씀입니다.

상론(10-31장)

⑪ 이처럼 1-9장에 나타난 원론(原論)에 확고해야 10-31장에서 말씀하는 상론(詳論)에 바르게 접근할 수 있는 것입니다. 어찌하여 잠언들이 필요한 것인가? 유혹하는 "음녀"가 있기 때문입니다. 이점을 신약성경에서는 "근신하라 깨어라 너희 대적 마귀가 우는 사자같이 두루 다니며 삼킬 자를 찾나니 너희는 믿음을 굳건하게 하여 그를 대적하라"(벧전 5:8-9)고 말씀합니다.

　㉠ 그러므로 10-31장의 내용들은 해설해야 알 수 있는 그런 내용이 아닙니다. 또한 몰라서 실천을 못하는 것들도 아닙니다. 그런데 어찌하여 실천하지를 못하는 것인가? 원인은 왜 이런 삶을 살아야 하는가

하는 1-9장의 원리(原理)에 확고하지 못하기 때문입니다. 기독교 윤리가 다른 종교의 윤리와 다른 점이 무엇인가? "그리스도의 사랑이 우리를 강권하시는도다"(고후 5:14) 한 사랑의 줄에 이끌려 사는 삶, 곧 복음이 이끄는 삶이 다른 것입니다.

ⓛ 잠언은 근 3천 년 전에 주어진 말씀들입니다. 이 잠언이 신약의 성도들에게는 어떻게 적용되어야 하는가? 이 점에서 조심해야 할 점이 있는데 구약성경의 사건 등을 오늘의 성도들에게 직선적(直線的)으로 적용하는 것이 교훈적인 입장인데, 그렇게 하면 그리스도는 실종되고 설 자리가 없게 되는 것입니다.

ⓒ 그러므로 잠언서도 명언(名言)이나 격언처럼 적용할 것이 아니라, "왜냐하면… 그러므로"라는 예수 그리스도라는 프리즘을 통해서 적용되어야 마땅한 것입니다. 신약의 성도들이 어찌하여 잠언의 삶을 살아가야 하는가? 그것은 축복을 받기 위해서도 아니요, 잠언을 실천함으로 구원에 이르게 되기 때문도 아닙니다. "오직 너희를 부르신 거룩한 이처럼 너희도 모든 행실에 거룩한 자가 되라 기록하였으되 내가 거룩하니 너희도 거룩할지어다 하셨느니라"(벧전 1:15-16) 한 하나님의 자녀들이 되었기 때문인 것입니다.

⑫ 이런 맥락에서 잠언의 말씀이 성도들에게 "지혜와 훈계"를 주는 말씀이지만, 특히 목회자들에게 주어진 "목회서신"과 같은 경계가 있다는 점을 유념해야 합니다. 왜냐하면 사랑하는 "아들"을 음녀의 유혹에 빠지지 않도록 하는 것이 목회(牧會)적인 섬김이기 때문입니다.

ⓐ "네 양 떼의 형편을 부지런히 살피며 네 소 떼에게 마음을 두라"(27:23) 하십니다. 이런 경우 바울은 "하나님께서 어찌 소들을 위하여 염려하심이냐 오로지 우리를 위하여 말씀하심이 아니냐"(고전

9:9) 합니다.

ⓛ 그러므로 "충성(忠誠)된 사자는 그를 보낸 이에게 마치 추수하는 날에 얼음냉수 같아서 능히 그 주인(主人)의 마음을 시원하게 하느니라(25:13)

ⓒ "악한 사자는 재앙에 빠져도 충성된 사신(使臣)은 양약이 되느니라"(13:17)고 "충성된 종"이 되어야 할 것을 거듭 말씀합니다.

ⓡ 또한 "먼 땅에서 오는 좋은 기별은 목마른 사람에게 냉수와 같으니라"(25:25)고 말씀하는데 목회자란 보냄을 받은 사신들입니다. 참으로 충성된 사신들이 되어서 "좋은 기별"을 전해드림으로 주님의 마음을 시원하게 해드려야 하겠습니다.

⑬ 반면 "내가 게으른 자의 밭과 지혜 없는 자의 포도원을 지나며 본즉 가시덤불이 그 전부에 퍼졌으며 그 지면이 거친 풀로 덮였고 돌담이 무너져 있기로 내가 보고 생각이 깊었노라"(24:30-32)고 말씀합니다. 우리의 포도원이 이와 같지 않기 바랍니다.

ⓐ 그래서 "게으른 자는 그 부리는 사람에게 마치 이에 식초 같고 눈에 연기 같으니라"(10:26) 합니다. 주님은 달란트 비유에서 이와 같은 종을 "게으르고 악한 종아" 하십니다.

ⓑ 이런 맥락에서 잠언서는 의외라 싶게 "누가 현숙한 여인(女人)을 찾아 얻겠느냐"(31:10)는 현숙한 아내라는 주제로 마치고 있습니다. 이 점에서 "현숙한 여인"을 통해서 그리스도의 현숙한 신부를 생각한다는 것은 결코 비약이 아닙니다. 이점이 현숙한 연인이 행하는 사역에 분명히 나타나는데 "부지런히 손으로 일하며(13), 밤이 새기 전에 일어나서 자기 집안 사람들에게 음식을 나누어주며 일을 정하여 맡기며(15), 궁핍한 자를 위하여 손을 내밀며"(20) 등 목회자들

이 하는 섬김이라는 점입니다.

ⓒ 그리하여 잠언은 "고운 것도 거짓되고 아름다운 것도 헛되나 오직 여호와를 경외하는 여자는 칭찬을 받을 것이라"(31:30)는 말씀으로 마치고 있습니다. 잠언서를 통해서 우선적으로 선생 된 우리들이 "현숙한 그리스도의 신부"가 되어야 하겠다는 각성을 하게 됩니다.

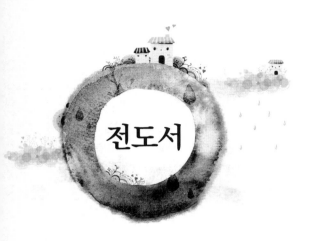

전도서

주제 : 하나님을 경외하라 이것이 사람의 본분이다

　　전도서는 "다윗의 아들 예루살렘 왕 전도자의 말씀이라"(1)고 시작됩니다. 무엇을 감추고 있는지 아시겠습니까? "솔로몬"이라는 이름입니다. 왜 그랬을까요? 하나님께서 솔로몬을 전도자로 세우신 데는 인간이 헤아릴 수 없는 섭리가 있는 것입니다. 3:11절에서는 "하나님이 하시는 일의 시종을 사람으로 측량할 수 없게 하셨도다"라고 말씀하고 있는데, 이는 바로 전도자 자신을 두고 하는 말로 여겨집니다. 왜냐하면 솔로몬의 타락이라는 "악을 선으로 바꾸셔서" 전도자로 삼으셨기 때문입니다. 이런 맥락에서 전도서는 솔로몬의 만년(晚年)의 저작으로 여겨집니다.

그러므로 전도서를 기록한 솔로몬은 자신을 왕이라 하지 않고, "전도자"라고 소개합니다. 전도자(傳道者)라는 말이 일곱 번 등장하는데 하나님께서는 모든 사람들이 추구하는 "지위와 명예와 권세와 부귀와 쾌락" 등을 다 누리다가 헛됨을 경험한 솔로몬을 전도자로 세우셔서 "전도서"를 기록하게 하신 것입니다.

다윗의 타락을 통해서 "허물의 사함을 받고 자신의 죄가 가려진 자는 복이 있도다"(시 32:1) 한 "칭의 교리"를 계시하게 하셨다면, 솔로몬의 타락을 통해서는 "내가 해 아래에서 행하는 모든 일을 보았노라 보라 모두 다 헛되어 바람을 잡으려는 것이로다"(1:14) 한 하나님을 떠난 삶의 무가치(無價値)함을 깨닫게 하여 "일의 결국을 다 들었으니 하나님을 경외하고 그의 명령들을 지킬지어다"(12:13) 하고, 사람의 본분(本分)이 무엇인가 하는 참 도를 전해주셨기 때문입니다. 그래서 인간 솔로몬은 감추고 자신을 "전도자"(傳道者)라고 소개하고 있는 것입니다.

이는 마치 "전에는 비방자요 박해자요 폭행자"였던 사울을 "바울"이 되게 하셔서 "후에 주를 믿어 영생 얻는 자들에게 본(本)이 되게"(딤전 1:13,16) 하심과 같은 섭리입니다. 또한 박해자 바울을 들어서 "로마서"를 기록하게 하셔서 복음을 증언하게 하신 것과 같은 섭리라 하겠습니다.

하나님은 솔로몬에게 "지혜"만 주신 것이 아니라 구하지 않은 "부귀와 영화"까지 심히 많이 주셨습니다. 그렇다면 솔로몬에게 "부와 영화"를 주신 하나님은 그가 타락할 것을 모르셨단 말인가? "지혜"를 허락하신 하나님은 솔로몬의 "타락"도 허용(許容)하신 셈입니다.

　권세는 왕이요, 지혜는 추종을 불허하고 부귀영화는 비할 자가 없었던 솔로몬이 밑바닥까지 타락했던 뼈아픈 경험이 없었다면 불신자들이 추구하는 모든 사상(思想)과 욕망과 심리상태를 꿰뚫어 보고 증언하는 "전도서"는 기록되지 못했을 것입니다.

　① 이런 맥락에서 예표(豫表)의 인물인 솔로몬과 실체(實體)이신 그리스도 간에는 유사성(類似性)과 상이(相異)성이 있는 것입니다.

　㉠ "다윗의 자손으로 성전을 건축한 것, 지혜가 충만하여 그 소문을 만방에 떨친 것, 인생의 밑바닥까지 낮아진 것" 등은 유사성입니다. 이 점을 "우리에게 있는 대제사장은 우리의 연약함을 동정하지 못하실 이가 아니요 모든 일에 우리와 똑같이 시험을 받으신 이로되 죄(罪)는 없으시니라"(히 4:15)고 말씀합니다.

　㉡ 그러나 상이성은 솔로몬은 자신의 죄로 말미암아 시궁창까지 타락하여 인생의 고락을 경험했지만 우리 전도자 되시는 그리스도께서는 우리의 죄로 말미암아 "우리 연약함을 동정하지 못하실 이가 아니요, 자기를 낮추시고 십자가에 죽기까지 복종하신"(히 4:15, 빌 2:8) 분이십니다. 주님은 대속제물이 되시기 위해서 우리의 연약을 체험하셨으나 솔로몬은 자신의 타락으로 인하여 인생의 허무를 체험했다는 점이 결정적으로 다른 것입니다.

　㉢ 그런데 본문을 관찰해보면 "전도자"라는 말이 첫 장(1:1,2,12)과 마지막 장(12:8,9,10)에 각각 세 번씩 집중되어 있는 것을 보게 됩니다. 그러니까 전도서를 통해서 말씀하려는 핵심적인 주제가 첫 장과 마지막 장에 들어있음을 나타냅니다. 이는 전도서를 이해하는데 중요한 요소가 됩니다.

② 그러면 첫 장의 요지가 무엇인가?

"내가 해 아래에서 행하는 모든 일을 보았노라 보라 모두 다 헛되어 바람을 잡으려는 것이로다"(1:14)하는 점입니다. "해 아래서 행하는 모든 일"이란 하나님을 떠난 불신자들이 추구하는 삶을 가리키는 표현입니다.

③ 그러면 마지막 장의 결론은 무엇인가?

"일의 결국을 다 들었으니 하나님을 경외하고 그의 명령들을 지킬지어다 이것이 모든 사람의 본분이니라"(12:13)는 말씀입니다. 전도서는 이 두 마디를 전해주기 위해서 기록이 되었다 해도 과언이 아닙니다.

④ 그러면 그 중간에 있는 내용(2-11장)은 무엇인가? 불신자들이 추구하는 삶의 무가치성, 즉 "헛되고 헛됨"을 진술하는 내용입니다. 그러므로 이 대목을 대할 때에 통찰력이 필요하게 되는데 전도자 자신의 현재(現在)의 신앙고백과 그가 타락했을 당시 즉 불신자의 입장에서 진술하고 있는 과거(過去)의 심경을 토로하고 있는 점을 분별(分別)할 수 있어야 한다는 점입니다. 만일 이를 분별하지 못하면 전도자를 정신분열증 환자로 만드는 것이 됩니다. 생각해보십시오.

　㉠ "인생들의 혼은 위로 올라가고 짐승의 혼은 아래 곧 땅으로 내려가는 줄을 누가 알랴"(3:21)고 회의론적인 진술을 한 자가

　㉡ "일의 결국을 다 들었으니 하나님을 경외하고 그의 명령들을 지킬지어다 이것이 모든 사람의 본분이니라"(12:13)고 증언할 수 있단 말인가?

⑤ 그러므로 2장에는 전도자가 타락했던 당시를 진술하는 내용이 있는데,

㉠ "천하의 인생들이 그들의 인생을 살아가는 동안 어떤 것이 선한 일인지를 알아볼 때까지 내 어리석음을 꼭 잡아 둘까 하여, 노래하는 남녀들과 인생들의 기뻐하는 처첩들을 많이 두었고, 무엇이든지 내 눈이 원하는 것을 내가 금하지 아니하였노라(3-10)고 말합니다. 즉 세상 사람들이 추구하는 모든 것을 마음껏 누려보았다는 것입니다.

㉡ 그래서 얻은 결론이 무엇인가? "그 후에 내가 생각해본즉 내 손으로 한 모든 일과 내가 수고한 모든 것이 다 헛되어 바람을 잡는 것이며 해 아래에서 무익한 것이로다"(2:11)고 말합니다.

㉢ 그러면 어찌하여 만족(滿足)이 없는가? "하나님이 모든 것을 지으시되 때를 따라 아름답게 하셨고 또 사람들에게는 영원을 사모하는 마음을 주셨기"(3:11) 때문이라는 것입니다. 그러므로 영혼의 안식이 없는 삶은 허무(虛無)함뿐이요, 영혼의 갈증은 세상적인 것으로는 채워지지 않기 때문이라는 것입니다.

⑥ 이런 맥락에서 전도서에는 "해 아래"라는 말이 스물아홉 번, "헛되다"는 말이 서른아홉 번이나 등장함으로 Keyword 역할을 하고 있습니다. 어찌하여 이처럼 헛된 인생이 되었는가? "내가 깨달은 것은 오직 이것이라 곧 하나님은 사람을 정직하게 지으셨으나 사람이 많은 꾀들을 낸 것이니라"(7:29)고 타락의 결과라고 진술합니다.

㉠ 그러므로 "해 아래"라는 말은 자연인(自然人) 즉 육에 속한 자의 삶을 가리키는 표현이고, "헛되다"는 말은 허무주의자(虛無主義者)의 독백이 아니라 하나님을 떠난 삶의 무의미, 무가치성을 나타내는 말입니다.

ⓛ 어찌하여 "해 아래"라고 표현하고 있는가? 이에 빛을 비춰주는 말씀이 로마서에 있는데 로마서에는 네 번의 "아래"가 있습니다. "법 아래, 죄 아래, 심판 아래, 은혜 아래"(롬 3:9,19, 6:14)가 그것입니다. 하나님을 떠난 삶은 "죄 아래", 전도서의 표현대로 하면 "해 아래", 즉 일반은총 아래 살아가는 삶이라는 뜻입니다.

ⓒ 이들을 위해서 하나님은 자기 아들을 대속제물로 십자가에 높이 달리게 하심으로 "은혜 아래", 즉 특별은총 아래 살 수 있게 해주신 것입니다. 모든 사람은 예외 없이 "해 아래"서 살아가고 있지만, 하나님을 경외하는 사람들은 "해 아래"라는 일반은총만으로 사는 사람들이 아니라 "은혜 아래"라는 특별은총 아래 살아가는 사람인 것입니다.

⑦ 이런 맥락에서 전도서의 구조(構造)를 관찰해보면 "해 아래 모든 것이 헛되고 헛되다, 그러니까 하나님을 경외하라"는 네 개의 단락으로 이루어져 있음을 보게 됩니다.

ⓐ 첫째 단락(段落)의 결론은 3:14절입니다. "하나님께서 행하시는 모든 것은 영원히 있을 것이라 그 위에 더 할 수도 없고 그것에서 덜 할 수도 없나니 하나님이 이같이 행하심은 사람들이 그의 앞에서 경외하게 하려 하심인 줄을 내가 알았도다" 합니다.

ⓛ 둘째 단락의 결론은 5:7절인데 "꿈이 많으면 헛된 일들이 많아지고 말이 많아도 그러하니 오직 너는 하나님을 경외할지니라" 합니다.

ⓒ 셋째 단락의 결론은 7:18절인데 "너는 이것도 잡으며 저것에서도 네 손을 놓지 아니하는 것이 좋으니 하나님을 경외하는 자는 이 모든 일에서 벗어날 것임이니라" 합니다.

ⓔ 넷째 단락의 결론은 8:12-13절에 나타나는데 "죄인은 백 번이나 악을 행하고도 장수하거니와 또한 내가 아노니 하나님을 경외하여 그를 경외하는 자들은 잘 될 것이요 악인은 잘되지 못하며 장수하지

못하고 그날이 그림자와 같으리니 이는 하나님을 경외하지 아니함이니라"고 경고합니다.

     ⓜ 그리하여 도달하게 되는 결론은 "너는 청년의 때에 너의 창조주를 기억하라 곧 곤고한 날이 이르기 전에 나는 아무 낙이 없다고 할 해들이 가깝기 전에 너의 창조자를 기억하라"(12:1)고 권면하면서, "일의 결국을 다 들었으니 하나님을 경외하고 그의 명령들을 지킬지어다 이것이 모든 사람의 본분이니라"(12:13)하는 총 결론에 도달하게 되는 것입니다.

⑧ 그러면 "일의 결국(結局)을 다 들었으니 하나님을 경외(敬畏)하라"고 말씀하는데 "하나님을 경외하는 것"이 누구의 무엇으로 말미암아 가능하여지는지 형제는 말해줄 수 있습니까? 이는 쉬운듯하나 중요한 문제입니다. 왜냐하면 예수 그리스도 없이도 하나님을 경외할 수 있는 양 말해서는 안 되기 때문입니다.

     ㉠ "하나님 경외"의 근본은 "하나님과 화목"해야만 가능해지는 것이요, 하나님과 화목하는 것이 가능해지는 것은 그리스도의 구속으로 말미암아 뿐이라는 점에 확고해야 합니다.

     ㉡ 그러므로 우선적으로 인식해야 할 점은 "하나님은 사람을 정직하게 지으셨으나 사람이 많은 꾀들을 낸 것이니라(7:29) 한 타락한 인간은 하나님과 단절(斷絶)되어 있는 상태라는 점입니다. 그리하여 "화목제물과 이를 드려줄 중보자"가 있어야 합니다.

     ㉢ 그렇다면 무엇이 하나님 경외인가는 분명해집니다. 주님은 대답하십니다. "하나님께서 보내신 이를 믿는 것이 하나님의 일이니라"(요 6:29). 하나님을 경외하노라 한 주님 당시의 제사장 · 서기관 · 장로 · 바리새인들이 어찌하여 심판당하고 멸망을 받았는가? 그들이 예배를 드리지 않기 때문이 아닙니다. "하나님께서 보내신 이", 즉 화

목제물과 이를 드려줄 중보자를 배척했기 때문입니다.

ⓔ 그들을 향해 주님은 "하나님이 너희 아버지였으면 너희가 나를 사랑 하였으리니 이는 내가 하나님께로부터 나와서 왔음이라 나는 스스로 온 것이 아니요 아버지께서 나를 보내신 것이니라"(요 8:42) 하십니 다. 한마디로 "하나님 경외"는 예수 그리스도로 말미암아 가능해질 뿐 다른 길, 다른 방도는 없다는 것입니다.

⑨ 이점이 전도자가 마지막에 이르러 자신이 한 말이 "진리(眞理)의 말씀이요, 다 한 목자(牧者)가 주신 바니라"(12:10, 11)는 진술에 분명히 나타납니다. 그러면 "진리와 목자"는 누구인가? 이 점에서 구속사의 진전(進展)을 볼 수 있어야 합니다. 구약시대에 는 하나님을 나의 왕이라 말씀하고 "여호와는 나의 목자"라고 말 했습니다.

ⓖ 그런데 신약시대에는 그리스도가 "왕이요, 목자"라 하십니다. 왜냐하 면 볼 수 없는 하나님이 볼 수 있는 그리스도로 임마누엘 하셨기 때 문입니다. 그러므로 "다 한 목자의 주신바"라는 말씀을 통해서 "해 아래서" 바람을 잡으려는 것과 같은 헛된 삶을 추구하고 있는 자들 을 참 목자에게로 인도해주고 있는 것입니다.

ⓛ 인생이란 시행착오를 교훈으로 삼을 수 있는 두 번째 기회(機會)가 주어지지 않습니다. 그러므로 전도서는 해 아래 살아가는 모든 사람 이 추구하는 온갖 것을 다 누려보고 경험해본 한 전도자의 뼈아픈 충고(忠告)를 통해서 읽는 이와 듣는 자로 하여금 "슬피 울며 이를 가는" 일을 당하지 않게 하시려는 하나님의 또 다른 구원초청인 것 입니다.

⑩ 전도서는 유대인들이 초막절에 낭독했다 하는데 이는 적절

한 일이었던 것입니다. 왜냐하면 전도서가 인생 여정이 초막에 머물다가 떠나는 행인과 나그네와 같은 삶임을 일깨워주기 때문입니다.

    ㉠ 전도서는 하나님 경외로 끝을 맺고 있는 것이 아니라 "하나님은 모든 행위와 모든 은밀한 일을 선악 간에 심판하시리라"하는 "심판"(審判)으로 끝맺고 있습니다. "구원과 심판"은 동전 앞뒤와도 같습니다.

    ㉡ 그러므로 전도자는 이 둘을 함께 말해주어야만 하는 것입니다. 전도자는 첫째는 독자들을 "진리와 목자"를 만나게 하는 초등교사요, 둘째는 복음 초청을 거절하는 자들을 향해서 "그러나 하나님이 이 모든 일로 말미암아 너를 심판하실 줄 알라"(11:9)고 경고하고 있는 것입니다.

아가서

주제 : 나는 내 사랑하는 자에게 속하였다(7:10)

아가서를 대할 때 성경을 구속사(성경신학)라는 관점으로 보아야 한다는 점을 더욱 절감하게 합니다. 만일 아가서를 문자적으로만 본다면 그것은 한낱 연애편지의 장르에 속하게 될 것이요, 교훈적인 입장에서만 본다면 춘향전같이 되고 말 것입니다.

성경은 성령의 감동으로 기록된 하나님의 말씀입니다. 그리고 구원계획에 있어서 성령의 사명은 "진리의 성령이 오실 때에 그가 나를 증언하실 것이요"(요 15:26) 한 그리스도를 증언하는 사명입니다. 그러니까 성령께서 아가서를 기록하게 하신 목적도 그리스도를 증언하기 위해서라는 점에 확고해야 합니다.

① 아가서는 "솔로몬의 아가라"(1:1)는 말씀으로 시작됩니다. 솔로몬이라는 뜻은 "샬롬, 즉 평강"이란 뜻으로 평강의 왕이신 그리스도를 예표합니다. 솔로몬이 태어나자 하나님은 그에게 "여디디야"(삼하 12:25), 즉 "여호와께 사랑을 입었다"는 이름을 하사하셨는데 이는 하나님께서 주님에게 "이는 내 사랑하는 아들이요 내 기뻐하는 자라" 하심과 맥을 같이 합니다.

  ㉠ 이러한 솔로몬 왕과 시골 처녀 술람미와의 사랑을 예표로 하여 만왕의 왕 되시는 그리스도와 신부되는 교회, 즉 나 같은 비천한 자와의 연합(聯合) 관계를 계시해 주고 있는 것이 아가서입니다. 성경에는 하나님과 백성의 관계를 남편과 아내의 관계로 말씀하는 곳이 여러 번 등장합니다.

  ㉡ 이사야 54:5절은 "너를 지으신 이가 네 남편이시라 그의 이름은 만군의 여호와시라" 합니다. 예레미야 31:32절에서도 "내가 그들의 남편이 되었어도 그들이 내 언약을 깨뜨렸음이라"고 말씀합니다.

  ㉢ 신약에 와서는 예수 그리스도를 신랑으로 교회를 신부로 묘사하면서 "내가 너희를 정결한 처녀로 한 남편인 그리스도께 드리려고 중매함이로다"(고후 11:2)고 말씀합니다. 아가서는 이러한 구속사의 맥락에서 해석되어야 합니다.

그러므로 아가서는 평범한 사랑 노래가 아니라 신분(身分)은 다윗의 아들이요, 지위(地位)는 왕인 솔로몬과 포도를 재배하느라 얼굴이 일광에 타서 거무스름한 시골 처녀와의 불가사의(不可思議)한 사랑을 말씀하고 있는데, 이는 우리에게 향하신 하나님의 무조건적인 사랑과 측량할 수 없는 은총에 대한 예표인 것입니다.

② 이런 불가사의한 점이 에스겔서에도 등장합니다. "네가 난 것을 말하건대 네가 날 때에 네 배꼽 줄을 자르지 아니하였고 너를 물로 씻어 정결하게 하지 아니하였고 네게 소금을 뿌리지 아니하였고 너를 강보로 싸지도 하니 하였나니"(겔 16:4), 즉 "너"라는 존재는 탯줄을 자르지도 않은 채 버림을 당한 유기자(遺棄者)였다는 것입니다.

그런데 왕인 "내가 네 곁으로 지나갈 때에 네가 피투성이가 되어 발짓하는 것을 보고 네게 이르기를 너는 피투성이라도 살아 있으라 다시 이르기를 너는 피투성이라도 살아 있으라"하고 데려다가 "극히 곱고 형통하여 왕후(王后)의 지위에 올랐느니라"(겔 16:13), 즉 왕비로 삼았다고 말씀합니다. 이것이 인간의 상식으로 상상이나 할 수 있는 일이란 말인가! 우리가 만왕의 왕 되신 그리스도의 신부가 된다는 것이 상식적으로 가능한 일인가? 우리에 대한 성 삼위 하나님의 사랑은 이런 불가사의한 사랑인 것입니다.

③ 이런 맥락에서 아가서는 술람미의 이야기가 아니라 "세상의 미련한 것들을 택하사 지혜있는 자들을 부끄럽게 하려 하시고, 천한 것, 멸시받는 것, 없는 것을 택하사 있는 것들을 폐하려 하시는"(고전 1:27-28) 우리들의 이야기인 것입니다.

㉠ 아가서에 있어서 핵심적인 요절은 세 번(2:16, 6:3, 7:10) 등장하는 "내 사랑하는 자는 내게 속하였고 나는 그에게 속하였도다 "라는 말씀입니다. 이는 "주와 합하는 자는 한 영이니라"(고전 6:17) 하신 연합교리의 신비를 나타냅니다. 그런데 이 말씀이 그냥 반복되고 있는 것이 아니라 여기에는 신앙적인 진보(進步)가 나타나고 있다는

점을 주목해야 합니다.

㉮ 2:16절에 등장하는 첫 번 진술에서는 신부가 "내 사랑하는 자는 내게 속하였고"라고 자기중심적(自己中心的)입니다.

㉯ 그런데 6:3절에 등장하는 두 번째 진술에서는 "나는 내 사랑하는 자에게 속하였고"라고 신랑 중심으로 바뀝니다.

㉰ 그런가 하면 결론 부분인 7:10절에서는 신부의 신앙이 더욱 성숙해진 모습으로 나타나는데, "나는 내 사랑하는 자에게 속하였도다" 할 뿐 "나" 자신은 사라지고 맙니다.

ⓛ 사도 바울은 연합(聯合)교리의 신비를 가리켜 "이 비밀이 크도다"(엡 5:32)라고 비밀 중에 "큰 비밀"(秘密)이라고 말씀합니다. 하나님은 연합교리의 신비를 계시하시기 위해서 아담에게 배필을 특이한 방법으로 하나가 둘이 되게 하셨습니다. 첫째로 "이는 내 뼈 중의 뼈요 살 중의 살이라"(창 2:23) 한 아담의 고백을 통해서 그리스도와 교회의 관계가 머리와 몸의 관계로 계시하셨습니다.

ⓒ 둘째로 그런데 거기서 멈추신 것이 아니라 "그의 아내와 합하여 둘이 한 몸을 이룰지로다"(창 2:24), 즉 "둘이 하나가 되라" 하십니다. 여기에 배필을 지어주신 신비(神祕), 비밀(秘密)이 있는데 이 말씀이 성령의 감동으로 바울에게 계시되자 "이 비밀이 크도다 나는 그리스도와 교회에 대하여 말하노라"(엡 5:32)고 선언합니다. 나아가 "주와 합하는 자는 한 영이니라"(고전 6:17)는 혁명적인 선언함으로 그리스도와 성도의 관계 둘이 합하여 한 몸을 이룬 "한 영"의 관계라고 증언했던 것입니다. 얼마나 놀라운 비밀인가! 형제는 이 말씀을 감당할 수 있습니까? 아가서는 바로 이 연합교리의 신비를 솔로몬과 술람미라는 메타포(metaphor)를 통해서 이해하기 쉽도록 말씀하시는 것입니다.

④ 좀 더 말씀을 드려야만 하겠습니다. 로마서 6:4-8절 안에는

"함께"라는 말이 네 번 등장하는데 예수 그리스도께서 십자가에 못 박히실 때 형제는 어디에 있었는가? 예수 그리스도 안에서,

    ㉠ "함께 십자가에 못 박히고
    ㉡ 함께 죽고
    ㉢ 함께 장사되었다가
    ㉣ 함께 살고"(롬 6:4-8)
    ㉤ "또 함께 일으키사 그리스도 예수 안에서 함께 하늘에 앉히시니"(엡 2:6)라고 말씀합니다.

그리하여 남편과 아내는 둘이 아니라 하나요, 머리 있는 곳에 몸도 있고 그리스도에게 되어진 일은 몸 된 교회에도 되어진 일이라는 것입니다. 얼마나 놀라운 신비인가! 이것이 "나는 내 사랑하는 자에게 속하였도다 그가 나를 사모하는구나"(7:10)라는 연합교리의 영광스러움입니다.

⑤ 아가서는 "그리하여 솔로몬과 술람미는 행복하게 살았다"는 해피앤딩으로 끝나고 있지 않습니다. "내 사랑하는 자야 너는 빨리 달리라"(8:14) 빨리 돌아오십시오, 하는 이별로 끝나고 있습니다. 그러므로 아가서의 모티브는 "기다림"입니다.

그렇다면 문제는 신랑께서 영접하러 다시 오실 때까지 신부는 어떤 삶을 살아야만 하는가에 있습니다. 그러므로 아가서 안에는 주님께서 재림하시기까지의 기간 동안에 일어날 수 있는 신앙적인 상황들을 다방면으로 조명하여 주고 있습니다.

    ㉠ "그가 왼팔로 내 머리를 고이고 오른팔로 나를 안는구나"(2:6) 하는 허니문의 달콤한 첫사랑도 있습니다(1:2-4)
    ㉡ 포도원을 허는 작은 여우를 잡으라는 경계도 있습니다(2:15)

ⓒ "내 어여쁜 자야 일어나서 함께 가자 겨울도 지나고 비도 그쳤고 지면에는 꽃이 피고 새가 노래할 때가 이르렀는데 비둘기의 소리가 우리 땅에 들리는구나"(2:10-12)하는 복음전파에 대한 격려도 있습니다.

ⓓ 그런가 하면 "마음에 사랑하는 자를 거리에서나 큰 길에서나 찾으리라 하고 찾으나 만나지 못하였노라"(3:2)하는 신랑을 잃어버리고 찾아 헤매는 방황도 있습니다.

ⓔ "성 안을 순찰하는 자들이 나를 만나매 나를 쳐서 상하게 하였다"(5:7)는 거짓 선지자에 대한 경계도 있고

ⓕ "내 누이, 내 신부는 잠근 동산이요 덮은 우물이요 봉한 샘"(4:12)이라 하는 교회의 성별(聖別)에 대한 교훈도 있고

ⓖ "내가 네 얼굴을 보게 하라, 네 소리를 듣게 하라"(2:14) 하는 기도에 대한 촉구도 있습니다.

ⓗ 그런가 하면 "문 열어다고" 하는 신랑을 문밖에 세워두는 박대(5:2)도 있고

ⓙ "우리가 일찍이 일어나서 포도원으로 가서 포도 움이 돋았는지 꽃술이 퍼졌는지 보자"(7:12)하는 목회적인 돌봄도 있습니다.

⑥ 그리고 아가서는 "솔로몬이 바알하몬에 포도원이 있어 지키는 자들에게 맡겨두고"(8:11) 떠나는 것으로 마치고 있는데, 이는 주님께서 "다른 비유를 들으라, 한 집주인이 포도원을 만들어 산 울타리로 두르고 거기에 즙 짜는 틀을 만들고 망대를 짓고 농부들에게 세로 주고 타국에 갔더니"(마 21:33) 한 말씀과 부합합니다.

포도원을 맡겨두고 떠나시는 주님은 "충성되고 지혜 있는 종이 되어 주인에게 그 집 사람들을 맡아 때를 따라 양식을 나눠줄 자

가 누구냐"(마 24:45)하고 충성스런 종을 찾고 계십니다. 이제 아가서를 통해서 말씀하시려는 바가 무엇인가 하는 해답은 다 나온 셈입니다.

⑦ 이런 맥락에서 신랑은 떠나기 전 신부에게 "너는 나를 도장 같이 마음에 품고 도장같이 팔에 두라"(8:6)고 당부합니다. 그러면서 신부에 대한 신랑의 "사랑은 죽음같이 강하다"라고 말합니다.

그러므로 만일 이 사랑을 배신한다면 "질투는 스올 같이 잔인하며 불길같이 일어난다"(8:6)고 질투하시는 사랑임을 나타냅니다. 즉 "사랑과 진노"는 동전 앞뒤와 같아서 죽음보다 강한 사랑을 배반하는 자에게는 정비례한 진노가 그에게 임하게 되리라는 경고인 것입니다.

⑧ 신앙인격(人格)이란 지정의(知情意)적인 것입니다. 그러므로 잠언과 전도서와 아가서를 함께 주신 하나님을 찬양해야 합니다.
  ㉠ "전도서"는 "지혜를 써서 하늘 아래에서 행하는 모든 일을 연구하며 살핀즉"(전 1:13) 한 지적(知的)인 신앙인격을 말씀하고
  ㉡ "잠언"은 "내 아들아 나의 법을 잊어버리지 말고 네 마음으로 나의 명령을 지키라"(잠 3:1)고 의지적(意志的)인 신앙인이 되라 말씀하고
  ㉢ 아가서는 "내게 입맞추기를 원하니 네 사랑이 포도주보다 나음이로구나"(1:2) 한 정서적(情緒的)인 신앙인이 되라 하십니다. 그러므로 "잠언 · 전도 · 아가서"를 통해서 구비(具備)하고 온전한 지정의(知情意)적인 신앙인격(信仰人格)으로 성숙해질 수 있는 것입니다.

유대인들은 전도서를 초막절에 낭독하고, 아가서는 유월절에
낭독했다고 합니다. 바로의 노예였던 자들을 유월절 어린양의 피
로 구속하여 하나님의 백성으로 삼아주신 은혜를 잊지 않기 위해
서였을 것입니다.

　그렇다면 신약의 성도들에게 아가서는, 죽기를 무서워함으로
일생에 매여 종노릇 하던 자들을 "내가 네게 장가들어 영원히 살
되 공의와 정의와 은총과 긍휼히 여김으로 네게 장가들며"(호
2:19) 하신 망극하신 은총을 잊지 않게 하시려는 사랑 노래라고
할 수 있습니다.

선지서
서설

　성령께서는 17권의 선지서를 기록하게 하여 우리에게 전해주셨습니다. 이 점에서 우선적으로 생각할 점은 선지서를 기록(記錄)하게 하신 목적(目的)이 무엇인가 하는 점입니다. 왜냐하면 전에도 선지자들, 즉 나단·엘리야·엘리사 같은 선지자들이 있었으나 기록하게 하시지 않았기 때문입니다.

　이를 알기 위해서는 문서(文書) 선지자들이 세움을 받은 시기를 염두에 두어야 합니다. 성경을 기록하여 후대에 전해준 문서 선지자들은 모두 열여섯 명입니다. 이들은 모두가 예루살렘의 멸망을 전후해서 세움을 받은 선지자들입니다. 그래서 선지서의 내용이 모두 예루살렘의 멸망과 연관되어 있습니다. 선지자들은 당대에 하나님의 말씀을 구두(口頭)로 전했을 것입니다. 그런데 이를 기록(記錄)하게 하신 목적은 당대를 위해서가 아니라 후대(後代)를 위해서였던 것입니다.

① 선지자들은 크게 네 가지 주제를 증언했는데,

㉠ 죄를 책망하고

㉡ 심판을 경고하고

㉢ 포로에서 돌아오게 하리라는 회복을 약속하면서

㉣ 메시아 예언을 하고 있습니다. 그러면 네 가지 주제 중 어느 것이 중심적인 주제인가 하는 점을 인식해야 합니다. 왜냐하면 여기에 선지서를 기록하게 한 목적(目的)이 있기 때문입니다.

② 성경은 문제(問題)에 대한 해답(解答)입니다. 문제가 발생했기 때문에 그 해답으로 성경이 주어진 것입니다. 만일 "한 사람으로 말미암아 세상에 죄가 들어오지" 않았다면 성경은 기록되지 않았을 것입니다. 그러므로 문제는 항상 사람이 일으키고 그 해답은 언제나 하나님이 행해주십니다. 선지서도 문제에 대한 해답으로 주어진 것입니다.

㉠ 죄를 책망하고

㉡ 심판을 경고한 것, 즉 멸망 받아 포로로 끌려가게 된 것이 "문제"(問題)입니다.

㉢ 이에 대한 해답(解答)이 "돌아오게 하리라"는 말씀인 것입니다. 이 점에서 간과하지 말아야 할 점은 바벨론의 포로가 돌아오는 것으로 하나님의 나라가 회복되는 것은 아니라는 점입니다.

㉣ 이런 맥락에서 메시아 예언이 따르게 되는 것입니다.

③ 이 점에서 놓치지 말아야 할 점이 있는데, 주님께서 "내 아버지께서 이제까지 일하시니 나도 일한다"(요 5:17) 하신 하나님의 "일하심"은 출애굽이나 "출바벨론"이 아니라는 점입니다.

하나님은 아담 하와가 타락한 현장에서 "내가 하리라"고 원복음을 말씀하셨습니다. 즉 안식하시던 하나님은 다시 일을 시작하신 것입니다. 핵심은 "여자의 후손"으로 하여금 뱀의 머리를 상하게 하고 인류를 구원하여 주시겠다는 데 있습니다. 그러므로 성경은 "출애굽, 출바벨론"을 예표로 하여 궁극적으로는 사탄의 포로에서 돌아오게 해주시겠다는 기쁜 소식인 것입니다.

④ 선지서를 대하는 기존의 입장은 "죄를 책망하고 심판을 경고하고, 회개를 촉구"하는 교훈(敎訓)에 초점을 맞추었습니다. 그리하여 "그들은… 이렇게 하다가 멸망 당했다, 우리는 그렇게 하지 말자"라고 적용시킵니다. 그렇게 한다면 "메시아 예언"은 없는 것이 되고 그리스도는 설 자리가 없게 됩니다.

다시 말하면 "이 복음(福音)은 하나님이 선지자들을 통하여 그의 아들에 관하여 성경에 미리 약속하신 것이라"(롬 1:2)한 그리스도는 필요 없는 것이 되고, 결국 부자라 자부하던 라오디게아 교회처럼 주님을 문밖으로 추방하는 것이 됩니다.

⑤ 그러므로 선지서가 말씀하는 궁극적인 회복은 "주의 성령이 내게 임하셨으니 이는 가난한 자에게 복음을 전하게 하시려고 내게 기름을 부으시고 나를 보내사 포로 된 자에게 자유를 눈먼 자에게 다시 보게 함을 전파하며 눌린 자를 자유롭게 하고 주의 은혜의 해를 전파하게 하려 하심이라, 이 글이 오늘 너희 귀에 응하였느니라"(눅 4:18-19,20) 하신 예수 그리스도로 말미암아 "돌아오게" 하시려는데 있는 것입니다.

이점이 주님께서 "내가 진실로 너희에게 이르노니 많은 선지자

(先知者)와 의인이 너희가 보는 것들을 보고자 하여도 보지 못하였고 너희가 듣는 것들을 듣고자 하여도 듣지 못하였느니라"(마 13:17) 하신 말씀에서도 드러납니다.

⑥ 그러므로 선지자들이 예언한 "돌아오게 하리라"는 회복이 1차적으로는 바벨론에서 돌아오게 하리라는 약속이지만 궁극적으로는 사탄의 포로에서 돌아오게 하시겠다는 복합적인 계시인 것입니다.

　㉠ 선지자들이 책망한 "죄"(罪)는 종말에 이를수록 더욱 기승을 부리고 있습니다.
　㉡ 그러므로 선지자들이 경고한 "심판"은 지금도 경계가 되고
　㉢ 선지자들을 통하여 약속하신 "돌아오게 하리라" 하심도 끝난 것이 아니라 지금도 진행형인 것입니다.

그러므로 선지서는 과거지사(過去之事)도 아니고 그렇다고 교훈집도 아닙니다. 이를 기록하게 하여 후대에 전해주신 목적은 선지서에 기록되어 있는 네 가지 주제를 그 시대 시대마다 세움을 받은 대언(代言)자들의 입을 통하여 선포하게 하시기 위해서인 것입니다. 죄를 책망해야 합니다. 심판을 경고해야 합니다. 그리고 하나님은 돌아오기를 기다리고 계신다는 것과, 이는 오직 예수 그리스도의 구속, 즉 "하나님의 복음"(롬 1:1)으로 말미암아 가능하여진다는 점을 증언하는 것이 선지서를 기록한 목적대로 사용하는 것이 되는 것입니다.

이 점에서 명심해야 할 점은 문서 선지자들은 열여섯 명에 불과하지만 당시의 거짓 선지자들은 부지기수(왕상 22:22, 렘 23:16-22)였다는 점입니다.

㉠ 그렇다면 이 시대의 거짓 선지자들은 누구이며 성도들을 미혹하게 하는 자는 누구란 말인가 하는 물음이 제기될 수 있습니다. 모든 설교자들은 자신은 아니라고 생각할 것입니다. 이 점에서 참 선지자와 거짓 선지자의 특성(特性)이 무엇인가를 인식해야 합니다. "내 백성의 상처를 가볍게 여기면서 말하기를 평강하다, 평강하다"(렘 6:14, 8:11)하고 거짓 평안을 말하는 자들이 거짓 선지자들의 특성이라는 것입니다.

㉡ 그런데 백성들은 이를 좋아하고 그래서 인기가 있었습니다. 그리하여 "이 땅에 무섭고 놀라운 일이 있도다 선지자들은 거짓을 예언하며 제사장들은 자기 권력으로 다스리며 내 백성은 그것을 좋게 여기니 마지막에는 너희가 어찌하려느냐"(렘 5:30-31) 하십니다.

그래서 주님께서도 "모든 사람이 너희를 칭찬하면 화가 있도다 그들의 조상들이 거짓 선지자들에게 이와 같이 하였느니라"(눅 6:26) 하시면서 "거짓 선지자가 많이 일어나 많은 사람을 미혹하게 하리라"(마 24:11)고 경계하셨던 것입니다.

⑧ 예루살렘이 멸망 당하게 된 책임이 누구에게 있는가? "그의 선지자들의 죄들과 제사장들의 죄악들 때문이라"(애 4:13)고 말씀합니다. "그들의 우두머리들은 뇌물을 위하여 재판하며 그 제사장은 삯을 위하여 교훈하며 그들의 선지자는 돈을 위하여 점을 치면서도 여호와를 의뢰하여 이르기를 여호와께서 우리 중에 계시지 아니하냐 재앙이 우리에게 임하지 아니하리라"(미 3:11)고 말했다는 것입니다.

주님 당시도 "뱀들아 독사의 새끼들아 너희가 어떻게 지옥의 판결을 피하겠느냐"(마 23:33) 하신 책망은 다름 아닌 제사장, 서

기관, 바리새인들로 당시로는 가장 존경받는 계층이었으며 백성
들은 감히 올려다볼 수도 없는 그렇게 경건한 삶을 사노라 하는
사람들이었습니다. 본인 자신도 자기가 "뱀과 독사의 새끼"라고
는 꿈에도 생각지 못했을 것입니다.

⑨ 한마디로 참 선지자와 거짓 선지자는 "너는 진리(眞理)의
말씀을 옳게 분별하며"(딤후 2:15) 한 말씀을 바르게 해석하여 옳
게 전해주느냐 여부로 갈라지게 된다는 점입니다.

  ㉠ 구약교회가 멸망 당한 치명적인 죄는 우상숭배입니다. 이를 십계명의
    1-2계명을 범한 것으로 보아서는 안 됩니다. 왜냐하면 여기에는 아
    브라함과 다윗에게 세워주신 메시아언약을 우상으로 바꿔치기했다는
    신학적인 의미가 있기 때문입니다.
  ㉡ 하나님은 그리스도를 통해서 천하 만민이 복(福)을 받게 하시려는데
    그들은 우상을 통해서 복을 받으려 했던 것입니다. 그러므로 선지서
    를 강론할 때에 "돌아옴"을 가능하게 하신 그리스도가 빠지게 되면
    "천국 문을 사람들 앞에서 닫는 것"(마 23:13)이 되고 맙니다. 문제
    (問題)만 있고 해답(解答)은 없는 것이 되기 때문입니다. 예수 그리
    스도는 "문이요, 길"이 되십니다.

⑩ 선지서를 대하면서 엄숙한 마음으로 명심할 점은 하나님께
서 열여섯 명이라는 소수의 문서 선지자들을 세우신 시점은 통일
왕국이 분열 왕국이 되었다가 멸망 왕국이 되는 혼란한 시대, 벼
랑 끝에 세움을 받은 자들이라는 점과,

  ㉠ 왕·제사장·선지자들이 타락하고 변절한 시대에 온갖 박해를 받으
    며 메시아언약을 보수한 자들이요, 목숨을 걸고 이를 기록하여 후대
    에 전수(傳授)한 자들이라는 점입니다.

ⓛ 만일 하나님께서 문서 선지자들을 세우셔서 기록하게 하시어 전해주
시지 않았다면 우리는 "예수가 그리스도시다"라고 증명하는 증거를
갖지 못하게 되었을 것입니다. 그리고 이 시대에 복음을 보수하며
전수할 자는 누군가고 자문하게 합니다.

주제 : 구원하심이 보좌에 앉으신 우리 하나님과
어린 양에게 있도다

　　이사야서는 메시아 예언으로 유명한 선지서입니다. 구약성경에 이사야서가 없었다면 예수가 그리스도(메시아)시라는 증거(證據)를 세울 수가 없었을 정도로 중요한 비중을 차지하는 예언서입니다.

　　이사야서의 핵심(核心) 장을 말할 때 53장을 택한다는 것은 너무나 당연한 일입니다. 53장은 이사야서 뿐만이 아니라 구약성경 전체에 있어서도 메시아 예언의 핵심적인 장입니다. 신앙생활에 생기가 없고 심령의 갈증을 느낄 때 53장을 낭독해보십시오.

그는 실로 우리의 질고를 지고
우리의 슬픔을 당하였거늘
우리는 생각하기를 그는 징벌을 받아
하나님께 맞으며 고난을 당한다 하였노라
그가 찔림은 우리의 허물 때문이요
그가 상함은 우리의 죄악 때문이라
그가 징계를 받으므로 우리는 평화를 누리고
그가 채찍에 맞으므로 우리는 나음을 받았도다
우리는 다 양 같아서 그릇 행하여 각기 제 길로 갔거늘
여호와께서는 우리 모두의 죄악을 그에게 담당시키셨도다(53:4-6)

이는 구약성경에 나타난 갈보리입니다. 그런데 이사야서에는
또 하나의 핵심(核心) 장이 있는데 그것은 6장입니다. "웃시야 왕
이 죽던 해에 내가 본즉 주께서 높이 들린 보좌에 앉으셨는데 그
의 옷자락은 성전에 가득하였다"(6:1)라고 말씀합니다.

"보좌(寶座)에 앉으신 하나님"은 성경 전체로 보아도 중심적인
주제입니다. 53장에 나오는 세상 죄를 지고 가는 어린양이 복음
(福音)의 핵심임에는 틀림이 없지만, 이 복음의 주체(主體)가 보좌
에 앉으신 하나님에 의하여 계획되고 성취해 나가시는 복음임을
드러내고 있는 것입니다.

그래서 바울은 복음을 "하나님의 복음, 아들의 복음"(롬 1:1,9)
이라고 말씀했던 것입니다.

이사야서의 두 주제, 즉 "보좌와 어린 양"이 성경 마지막 책인
계시록에서 "구원하심이 보좌에 앉으신 우리 하나님과 어린 양에
게 있도다"(계 7:10)하고 함께 만나게 된다는 것은 감격스러운 일

입니다. 계시록에는 "보좌"가 44회, "어린 양"이 30회나 등장합니다. 이처럼 "보좌에 앉으신 이와 일찍 죽임을 당한 어린 양"은 이사야서 뿐만이 아니라 성경 전체에 있어서도 중심적인 주제입니다. 그러므로 설교의 중심에는 "보좌에 앉으신 하나님과 어린 양"이 와야 하고, 그의 백성 된 자들은 이를 기억하고 바라보아야 한다는 것은 사활적으로 중요한 요점입니다.

이사야가 웃시야 왕이 죽던 어려운 시기에 높이 들린 보좌를 본 것처럼, 요한도 밧모라 하는 유배지에서 높이 들린 보좌와 일찍 죽임을 당한 어린 양을 뵈었던 것입니다. 왕이 죽던 해에 보좌에 앉으신 하나님을 계시하신 의도가 무엇인가?

> 천지는 없어지려니와 주는 영존(永存)하시겠고
> 그것들은 다 옷같이 낡으리니 의복같이 바꾸시면 바뀌려니와
> 주는 한결같으시고 주의 연대는 무궁하리이다(시 102:26-27).

즉 보이는 왕, 지상의 왕, 유한한 왕은 갈리어도 보좌에 앉으신 왕은 영존(永存)하시고 여상(如常)하시며 무궁(無窮)하신 왕은 갈리지 않음을 보여주기 위해서요, 지상의 나라들이 하늘 보좌에 의하여 통치되고 있음을 계시하기 위해서입니다.

① 이런 맥락에서 이사야서는 크게 두 부분으로 나누어집니다.
㉠ 1-39장까지는 주로 죄에 대한 책망과 심판에 대한 경고, 즉 "진노"를 말씀하는 내용이고
㉡ "내 백성을 위로하라"고 시작되는 40-66장에서는 초점이 위로와 회복, 즉 "은혜"에 맞춰져 있습니다. 전반부의 죄에 대한 진노가 보좌

에 앉으신 하나님(6:1)의 공의(公義)와 결부된다면, 후반부의 은혜는 보좌에 앉으신 이의 사랑과 결부되는 주제입니다. 하나님의 "공의와 사랑"은 갈보리 십자가에도 동시에 나타나고 있음을 유념해야 합니다.

② 학자들은 이사야서를 대하면서 내용의 배열(配列)이 연대기(年代記)적인 것도 아니요, 그렇다고 주제(主題)별로 정리되어있는 것도 아니라는 점에 크게 당황해합니다. 한마디로 무슨 말을 하고 있는지 혼란스럽다고 말합니다.

그런 것이 아닙니다. 선지자들은 인간의 소행으로 인한 "절망"과 하나님이 행해주실 "소망"에 대해 수고로움을 아랑곳하지 않고 반복해서 증언하고 있는 것입니다. 1장을 예로 들어 상론(詳論)을 보도록 하겠습니다.

　㉠ "하늘이여 들으라 땅이여 귀를 기울이라 여호와께서 말씀하시기를 내가 자식을 양육하였거늘 그들이 나를 거역하였도다"하는 2-8절까지에서 "죄악"이라는 문제를 제기한 후에,

　　㉮ 9절에서는 "만군의 여호와께서 우리를 위하여 생존자를 조금 남겨두지 아니하셨더면 우리가 소돔 같고 고모라 같았으리로다"라고 "남겨두심"이라는 해답이 주어집니다.

　㉡ 다시 "소돔의 관원들아 여호와의 말씀을 들을지어다"하는 10-17절까지는 또 "죄악"이라는 문제를 제기한 후에

　　㉯ 18절에서 "여호와께서 말씀하시되 오라 우리가 변론하자 너희의 죄가 주홍(朱紅) 같을지라도 눈과 같이 희어질 것이요"하고 해답이 주어집니다.

　㉢ 또다시 "신실하던 성읍이 어찌하여 창기가 되었는고"하고 21-23절은 "죄악"이라는 문제가 대두됩니다.

㉯ 이에 대해 하나님은 "본래와 같이 회복할 것이라 그리한 후에야 네가 의(義)의 성읍이라, 신실(信實)한 고을이라 불리리라"(26)고 해답을 제시하십니다.

이처럼 "문제와 해답, 절망과 소망, 심판과 회복" 등이 수도 없이 반복(反復)됩니다. 이러한 선지자의 심정, 곧 하나님의 마음을 깨달을 수 있어야 "누가 주의 마음을 알아서 주를 가르치겠느냐"(고전 2:16) 한 주의 마음을 가지고 설교할 수 있는 것입니다. 이를 분별하지 못하게 되면 선지자가 횡설수설하는 것으로 혼란에 빠지게 되고 맙니다.

③ 이런 맥락에서 선지서들을 관찰해보면 공통적인 구조(構造)를 이루고 있음을 발견하게 됩니다.

㉠ 먼저 "문제"를 제기(提起)한 후에

㉡ "해답"을 제시(提示)하는 구조(構造)로 되어있다는 점입니다.

문제(問題)는 항상 인간이 일으키고 이에 대한 해답(解答)은 언제나 하나님이 자기 아들을 통해서 해결해주신다는 것이 선지서의 공통적인 구조입니다. 성경은 문제에 대한 해답입니다.

④ 이사야 선지자는 "슬프다 범죄한 나라요 허물 진 백성이요 행악의 종자요 행위가 부패한 자식이로다"(1:4)고 "죄와 허물"로 말미암아 심판당하게 된 슬픔과 절망으로 시작됩니다. 이 "죄와 허물", 이것이 문제(問題)입니다. 이 문제를 인간이 스스로 해결할 수 있단 말인가? 해결은커녕 눈덩이같이 점점 커져만 가는 것을 선지서는 보여주고 있습니다.

㉠ 이에 대한 해답이 무엇인가? "우리는 다 양 같아서 그릇 행하여 각

기 제 길로 갔거늘 여호와께서는 우리 모두의 죄악을 그에게 담당시키셨도다"(53:6)고 말씀합니다. 이는 자기 아들을 세상 죄를 지고 가는 하나님의 어린 양으로 삼으셔서 대속하여 주실 것에 대한 명백한 예언입니다. 이것이 이사야서의 큰 구조(構造)입니다. 이런 구조는 다른 선지서도 동일합니다.

ⓛ 또한 선지서에는 윤리적(倫理的)인 면과 신학적(神學的)인 면이 있다는 점을 유념해야 합니다. 먼저 윤리적인 면인데 죄를 책망하고 심판을 경고하고 회개를 촉구하는 것으로 나타납니다. 이 점에서 확고해야 할 점은 윤리, 즉 인간의 책임은 중요합니다만 "윤리"에는 해답이 없다는 점입니다. 다시 말하면 "율법의 행위로 그의 앞에 의롭다 하심을 얻을 육체가 없다"(롬 3:20)는 자력구원의 불가능성입니다. 신약의 성도들도 교훈을 행하는 자기 의로 구원에 이를 자는 없는 것입니다.

ⓒ 그렇다면 구약의 성도들, 그리고 신약의 성도들이 어떻게 구원을 얻을 수 있단 말인가 하는 신학적(神學的)인 문제가 제기되는 것입니다. "메시아언약 안에서, 그리스도 안에서" 구원이 가능해진다는 것이 해답입니다. 구약의 성도들은 메시아언약을 통해서 장차 오실 그리스도 안에서 구원을 얻었고, 신약의 성도들은 언약하신 대로 이미 오신 그리스도를 믿음으로 구원을 얻는다는 차이뿐입니다. 그리고 공통적으로 하나님의 구원계획, 개인의 구원은 그리스도의 재림으로 완성이 되는 것입니다. 그런데 구약교회가 우상을 숭배했다는 것은 메시아언약을 우상으로 바꿔치기했다는 언약에 대한 배신이라는 점을 인식해야 합니다. 그래서 심판을 당하고 멸망 당하게 된 것입니다.

⑤ 둘째 부분은 "내 백성을 위로하라, 그 노역의 때가 끝났다"(40:1,2)라는 위로로 시작되는데, 무슨 노역(勞役)의 때가 끝났다는 말씀인가? 1차적으로는 70년의 포로 기간이 끝났다는 뜻입

니다.

ⓒ 그런데 이어지는 말씀은 "외치는 자의 소리여, 너희는 광야에서 여호
와의 길을 예비하라"(40:3)고 세례요한에서 성취된 예언으로 이어지
고 있다는 점입니다.

ⓛ 그러므로 이 노역의 때가 끝났다는 예언은 "때가 차매 하나님이 그
아들을 보내사 여자에게서 나게 하시고 율법 아래에 나게 하신 것은
율법 아래 있는 자들을 속량하시고 우리로 아들의 명분을 얻게 하려
하심이라"(갈 4:4-5) 하신 "때가 찬 경륜"(엡 1:9)과 결부되는 말씀
인 것입니다.

ⓒ 우리는 지금 이스라엘의 역사를 공부하고 있는 것이 아닙니다. "여자
의 후손 → 아브라함의 자손 → 다윗의 자손 → 그리스도에게서 성취
될 하나님의 구원계획을 어떻게 이루어 오셨는가를 상고하고 있는
중입니다. 하나님께서 아브라함에게 "네 씨로 말미암아 천하 만민이
복을 받으리니"(창 22:18) 하신 그 언약, 즉 구속사역을 어떻게 이
루어 오셨는가를 깨닫기 원하는 것입니다.

ⓔ 하나님은 언제나 "때가 찬 경륜"(엡 1:9) 가운데 일을 하십니다. 그
러니까 구속사라는 맥락으로 보면 "그 노역의 때가 끝났다"는 뜻은
아브라함과 다윗에게 약속하신 "때가 찼다"는 것입니다. 문맥적으로
보면 세례요한으로 하여금 길을 예비하게 하시고 메시아를 보내시려
한다는 것이 "노역의 때가 찼다"는 궁극적인 의미인 것입니다.

⑥ 이점이 "그러나 나의 종 너 이스라엘아 내가 택한 야곱아
나의 벗 아브라함의 자손아"(41:8)하고 아브라함을 상기시키는
데서도 드러납니다. "너희의 조상 아브라함과 너희를 낳은 사라
를 생각하여 보라 아브라함이 혼자 있을 때에 내가 그를 부르고
그에게 복을 주어 창성하게 하였느니라"(51:2)고 아브라함에게

세워주신 "언약"을 상기시키십니다.

㉠ 또한 55:1-3절에서는 "오호라 너희 모든 목마른 자들아 물로 나아
오라 너희는 귀를 기울이고 내게로 나아와 들으라 그리하면 너희의
영혼이 살리라 내가 너희를 위하여 영원한 언약을 맺으리니 곧 다윗
에게 허락한 확실한 은혜이니라"고 다윗에게 세워주신 언약을 상기
시키십니다.

㉡ 이처럼 이사야서는 "아브라함과 다윗"에게 세워주신 메시아언약에
근거하여 "여호와의 〈열심〉이 이를 이루시리라"(9:7)는 것이 이사야
서의 근간(根幹)인 것입니다.

설교자라면 누구나 선지서에 메시아 예언이 있음을 인정합니다. 그
런데 이것으로는 부족합니다. 메시아에 대한 증거가 선지서에 있어서
"중심(中心)이냐, 지엽(枝葉)이냐"에 분명해야 합니다. 다시 말하면
선지서들의 핵심적인 주제가 "아브라함과 다윗의 자손"으로 오실 그
리스도를 증언하는데 초점을 맞추고 있음에 확고해야 한다는 것입니
다. 만일 쌀밥에 검은콩이 섞여 있듯이 선지서에 메시아 증언도 섞
여있는 양 여긴다면 그리스도는 성경의 주인공이 아닌 엑스트라
(Extra)가 되고 맙니다. 그렇게 취급하고 있기 때문에 주객이 전도되
고 복음이 실종되는 것입니다.

㉢ 물론 선지서에는 다양한 내용이 있습니다만 중심주제는 인간이 범한
"죄"라는 문제(問題)와 "메시아 예언"이라는 해답(解答)으로 요약이
되고, 결론은 "우리 무리의 죄악을 그에게 담당시키셨도다" 하신 대
속으로 구원이 가능하여진다는 것이 핵심인 것입니다.

이를 망각하고 선지서에서 교훈이나 축복은 보면서도 해답이
되시는 "그리스도"를 만나지 못하고 증언하지 않는다면 "이스라
엘의 파수꾼들은 맹인이요 다 무지하며 벙어리 개들이라"(56:10)
하는 책망을 면할 길이 없는 것입니다.

⑦ 그러므로 이사야서를 상고하는 내내 놓치지 말아야 할 두 가지 물음이 있는데,

　㉠ 첫째는, 주님께서 "너희는 나를 누구라 하느냐" 하고 물으신 "메시아"가 누구인가 하는 물음입니다. 선지자는 증언합니다. "이는 한 아기가 우리에게 났고 한 아들을 우리에게 주신 바 되었는데 그의 어깨에는 정사를 메었고 그의 이름은 기묘자라, 모사라, 전능하신 하나님이라, 영존하시는 아버지라, 평강의 왕이라"(9:6).

　㉡ 그렇다면 둘째는, 이런 분이 어찌하여 "한 아기"로 오신단 말인가? 즉 그가 우리를 위하여 무엇을 행해주셨는가 하는 물음입니다. 선지자는 증언합니다. "그가 찔림은 우리의 허물 때문이요 그가 상함은 우리의 죄악 때문이라 그가 징계를 받으므로 우리는 평화를 누리고 그가 채찍에 맞으므로 우리는 나음을 받았도다"(53:5).

다른 것을 다 전한다 해도 이 두 가지 요점을 빠뜨린다면 그것은 이사야서나 복음서의 겉만 핥은 것이 됩니다. 반면 다른 것은 모른다 해도 이 두 가지 요점만 듣고 믿으면 구원을 얻습니다. 여기에 사활이 걸려있기 때문입니다.

⑧ 성도들이 은혜받기를 원하십니까? "은혜"가 무엇인가? 무가치한 자에게 베푸시는 호의입니다. 그렇다면 하나님께서 자기 아들을 통하여 베푸신 여호와의 행사를 더 많이 자주자주 전해주시기 바랍니다. 예를 들면,

　㉠ "그러므로 너희가 기쁨으로 구원의 우물들에서 물을 길으리로다 그 날에 너희가 또 말하기를 여호와께 감사하라 그의 이름을 부르며 그의 행하심을 만국 중에 선포하며 그의 이름이 높다 하라 여호와를 찬송할 것은 극히 아름다운 일을 하셨음이니 이를 온 땅에 알게 할지어다"(12:3-5)

ⓛ "만군의 여호와께서 이 산에서 만민을 위하여 기름진 것과 오래 저
장하였던 포도주로 연회를 베푸시리니, 사망을 영원히 멸하실 것이
라"(25:6,8)

ⓒ "우리는 다 양 같아서 그릇 행하여 각기 제 길로 갔거늘 여호와께서
는 우리 모두의 죄악을 그에게 담당시키셨도다"(53:6)

ⓔ "오호라 너희 모든 목마른 자들아 물로 나아오라 돈 없는 자도 오라
너희는 와서 사 먹되 돈 없이, 값없이 와서 포도주와 젖을 사라, 너
희는 귀를 기울이고 내게로 나아와 들으라 그리하면 너희의 영혼이
살리라 내가 너희를 위하여 영원한 언약을 맺으리니 곧 다윗에게 허
락한 확실한 은혜이니라"(55:1,3)는 말씀 등입니다. 이사야서에는
이러한 영광스러운 복음으로 가득 차 있습니다.

⑨ 그러므로 선지서의 기록목적은 당대를 위한 것도 아니요,
바벨론 포로에서 돌아오게 행해주심을 증언하는 데 있는 것도 아
닙니다. 왜냐하면 하나님의 구원계획, 즉 하나님의 나라건설은 바
벨론 포로귀환으로 회복이 되는 것이 아니기 때문입니다. 궁극적
인 성취는 에덴에서 추방당한 아담의 후예들이 돌아올 수 있어야
합니다.

ⓖ 그러므로 선지서의 예언에는 복합성(複合性)이 있습니다. 즉 두 장
면(場面)이 겹쳐져 있다는 말씀입니다. 첫째는 선지자 당대로부터
시작하여 바벨론 포로귀환에서 회복되는 장면이고, 둘째는 그리스도
의 초림으로부터 시작하여 재림 때의 최후심판으로 완성될 장면이
겹쳐져 있는 것입니다.

ⓛ 이사야서는 "보라 처녀가 잉태하여 아들을 낳을 것이요(7:14), 이는
한 아기가 우리에게 났고"(9:6) 한 탄생으로 시작하여

ⓒ "그는 곤욕과 심문을 당하고 끌려갔으나(53:8), 여호와께서 그에게

상함을 받게 하시기를 원하사 질고를 당하게 하셨은즉 그의 영혼을 속건제물로 드리기에 이르면"(53:10) 한 대속적인 죽음을 당하실 것과

ㄹ) "보라 내가 새 하늘과 새 땅을 창조하나니 이전 것은 기억되거나 마음에 생각나지 아니할 것이라, 나의 성산에서는 해함도 없겠고 상함도 없으리라"(65:17,25, 66:22)는 재림으로 완성될 "새 하늘과 새 땅"(65:17)으로 대단원의 막을 내리고 있는 것이 이사야서입니다.

예레미야서

**주제 : 보라 날이 이르리니 내가 이스라엘 집과
유다 집에 새 언약을 맺으리라(31:31)**

예레미야는 가장 암흑한 시기에 누구보다도 괴로운 사명을 감당한 선지자입니다. 왜냐하면 장장 40년 동안이나 눈물로 호소하며 심판을 경고하였으나, 이를 막지 못하고 기어코 유다의 멸망과 하나님의 성전이 불타는 비극적인 광경을 목격해야 했기 때문입니다.

하나님께서 예레미야 선지자에게 보여주신 이상은 "끓는 가마가 북에서부터 기울어져 있는"(1:13) 광경이었습니다. 북쪽 바벨론을 통한 심판의 불이 발등에 떨어진 것을 보았던 것입니다. "슬프고 아프다 내 마음속이 아프고 내 마음이 답답하여 잠잠할 수 없으니 이는 나의 심령이 나팔 소리와 전쟁의 경보를 들음이로다"(4:19)고 탄식합니다.

흔히 예레미야를 눈물의 선지자라고 말하는데 "어찌하면 내 머리는 물이 되고 내 눈은 눈물 근원이 될꼬 죽임을 당한 딸 내 백성을 위하여 주야로 울리로다"(9:1)고, 동족을 위한 "큰 근심과 고통"(롬 9:2)이 예레미야 선지자에게는 있었던 것입니다.

① 그러면 예레미야서에 나타난 문제(問題)는 무엇인가?
㉠ "배역(背逆)한 이스라엘아 돌아오라 나의 노한 얼굴을 너희에게 행하지 아니하리라"(3:12)
㉡ "배역한 자식들아 돌아오라 나는 너희 남편임이라"(3:14)
㉢ "배역한 자식들아 돌아오라 내가 너희의 배역함을 고치리라 "(3:22) 한 "배역" 곧 메시아언약을 배신하고 우상을 숭배한 일입니다. 그들에게 "내가 내 종 선지자들을 너희에게 보내되 끊임없이 보내었으나"(7:25) 끝내 돌아오지 않았던 것입니다.

② 그런데 하나님은 이 문제(問題)에 대한 해답(解答)을 어떻게 해결해주셨는가?
"바벨론에서 칠십 년이 차면 내가 너희를 돌보고 나의 선한 말을 너희에게 성취하여 너희를 이곳으로 돌아오게 하리라"(29:10) 하십니다. 돌아오지 않은 그들을 하나님께서 주권적으로 "돌아오게" 행해주시겠다고 반복적으로 말씀하십니다. 그러므로 예레미야서의 중심 단어 중 하나가 "돌아오게 하리라"(29:14, 30:3,10, 31:23, 32:44, 33:7,26)는 말씀입니다.

③ 선지자 예레미야의 사명을 "보라 내가 오늘 너를 여러 나라

와 여러 왕국 위에 세워 네가 그것들을 뽑고 파괴하며 파멸하고 넘어뜨리며 건설하고 심게 하였느니라"(1:10)고 말씀합니다. 그의 사명은 파괴적(破壞的)인 면과 건설적(建設的)인 두 면으로 나타납니다. 이는 예루살렘이 멸망하였다가 회복될 것을 가리킵니다. 파괴하고 파멸 당함은 인간의 죄악 때문이나 "건설하며 심게 하는", 즉 회복하여 주심은 하나님의 은혜인 것입니다.

㉠ 먼저 "뽑고 파괴하며 파멸하고 넘어뜨리며" 하신 심판에 대한 경고부터 생각해보겠습니다. 남쪽 유다는 북 왕국 이스라엘이 멸망함을 보면서도 각성도 회개도 하지 않았습니다. 하나님께서는 "내게 배역한 이스라엘이 간음을 행하였으므로 내가 그를 내쫓고 그에게 이혼서까지 주었으되 그의 반역한 자매 유다가 두려워하지 아니하고 자기도 가서 행음함을 내가 보았노라"(3:8)고 책망하십니다.

㉡ 예루살렘 그 넓은 거리를 왕래하며 찾아보아도 공의를 행하며 진리를 구하는 자를 한 사람도 찾을 수 없었습니다(5:1). 하나님은 예레미야 선지자로 하여금 예루살렘 성전 문에 서서 하나님께 예배드리려 들어가는 사람들을 향해, "너희는 이것이 여호와의 성전이라, 여호와의 성전이라, 성 여호와의 전이라 하는 거짓말을 믿지 말라"(7:4)고 선포하게 하십니다.

㉢ 하나님은 "내가 너희 조상들을 애굽 땅에서 인도하여 낸 날부터 오늘까지 간절히 경계하며 끊임없이 경계하기를 너희는 내 목소리를 순종하라 하였으나 그들이 순종하지 아니하며 귀를 기울이지도 아니하고 각각 그 악한 마음의 완악한 대로 행하였다"(11:7-8) 하십니다. 그래서 "뽑고, 파괴하며, 파멸하고, 넘어뜨리리라" 하시는 것입니다.

④ 다음은 "건설하며, 심게 하셨느니라"는 점입니다. 이점이 18

장에 나오는 토기장이 비유에 잘 나타나 있습니다.

  ㉠ "내가 토기장이의 집으로 내려가서 본즉 그가 녹로로 일을 하는데
    진흙으로 만든 그릇이 토기장이의 손에서 터지매 그가 그것으로 자
    기 의견에 좋은 대로 다른 그릇을 만들더라"(18:3-4) 합니다. 이 광
    경을 보여주신 후에 "이스라엘 족속아 이 토기장이가 하는 것 같이
    내가 능히 너희에게 행하지 못하겠느냐 이스라엘 족속아 진흙이 토
    기장이의 손에 있음같이 너희가 내 손에 있느니라"(18:6)고 말씀하
    십니다.

  ㉡ 24장에서는 무화과 두 광주리를 보여주시는데 "한 광주리에는 처음
    익은 듯한 극히 좋은 무화과가 있고 한 광주리에는 나빠서 먹을 수
    없는 극히 나쁜 무화과가 있더라"(24:2) 합니다. 형제는 예루살렘에
    남아 있는 자와 포로로 잡혀간 자 중 어느 편이 "좋은 무화과"로 여
    겨지십니까? 하나님께서는 "유다 포로를 이 좋은 무화과같이 잘 돌
    볼 것이라 내가 그들을 돌아보아 좋게 하여 다시 이 땅으로 인도하
    여 세우고 헐지 아니하며 심고 뽑지 아니하겠고"(24:5-6) 하십니다.
    녹이 쓴 연장을 바벨론이라는 불을 통해서, "자기 의견에 좋은 대로
    다른 그릇을 만들더라(18:4), 좋은 무화과같이 잘 돌볼 것이라"
    (24:5) 하시는 여기에 소망이 있는 것입니다.

  ⑤ 급기야 예루살렘은 시드기야 제11년 4월 9일에 바벨론의
느부갓네살의 군대에 의하여 함락되고 맙니다(39:2). 선지자가 경
고한 대로 파괴를 당하자 그 후로는 "건설하며 심게 하는" 말씀
을 대언합니다.

  ㉠ "여호와께서 이와 같이 말씀하시니라 바벨론에서 칠십 년이 차면 내
    가 너희를 돌보고 나의 선한 말을 너희에게 성취하여 너희를 이곳으
    로 돌아오게 하리라"(29:10)고 회복을 약속하십니다.

ⓛ 이 점에서 유념해야 할 점은 바벨론의 포로가 돌아옴으로 하나님의 나라가 회복되는 것은 아니라는 점입니다. 이는 주님께서 "나를 보내사 포로 된 자에게 자유를"(눅 4:18) 하신 그림자였던 것입니다. 이런 맥락에서 "돌아오게 하리라"하심이 어떻게 해서 가능하여진다는 것인가? 이점을 주목해야 합니다. 결정적인 말씀이 "여호와의 말씀이니라 보라 날이 이르리니 내가 이스라엘 집과 유다 집에 새 언약을 맺으리라"(31:31) 하신 "새 언약"을 통해서 돌아오게 하시려는 것입니다. "이 언약은 내가 그들의 조상들의 손을 잡고 애굽 땅에서 인도하여내던 날에 맺은 것과 같지 아니할 것은 내가 그들의 남편이 되었어도 그들이 내 언약을 깨뜨렸음이라"(31:32) 하십니다.

ⓒ 이 새 언약이 "여호와의 말씀이니라 보라 때가 이르리니 내가 다윗에게 한 의로운 가지를 일으킬 것이라 그가 왕이 되어 지혜롭게 다스리며 세상에서 정의와 공의를 행할 것이며"(23:5)로 나타납니다. 33:15절에서도 "그날 그 때에 내가 다윗에게서 한 공의로운 가지가 나게 하리니"라고 거듭 말씀합니다. "다윗에게 한 공의로운 가지를 나게 하리라"는 말씀은, 다윗의 자손으로 그리스도를 보내셔서 "돌아오게" 해주시겠다는 명백한 예언인 것입니다.

ⓔ 그리고 말씀하시기를 "낮에 대한 나의 언약과 밤에 대한 나의 언약을 깨뜨려 주야로 그 때를 잃게 할 수 있을진대 내 종 다윗에게 세운 나의 언약도 깨뜨려 그에게 그의 자리에 앉아 다스릴 아들이 없게 할 수 있겠으며"(33:20-21)하고 언약의 불변성과 확실성을 말씀하십니다. 이는 바벨론으로부터 돌아오게 하시겠다는 그런 차원이 아닙니다. 이를 예표로 하여 사탄의 포로 된 자들을 돌아오게 하시겠다는 말씀인 것입니다.

⑥ 예루살렘이 멸망하고 성전이 불에 탔다는 것은 무엇을 말해 주고 있는가? 모세로 말미암아 주어진 옛 언약이 파하여졌다는,

즉 인간의 행위로는 구원에 이를 수 없다는 점을 단적으로 말해
주고 있는 것입니다.

    ㉠ 그러므로 하나님께서는 자력 구원의 불가능성이 명백하게 입증이 된
       시점, 즉 예루살렘이 폐허가 되고, 성전이 불타버린 절망적인 지점에
       서 새 언약(言約)을 말씀하시는 것입니다. 다시 말씀드립니다만 구
       원이란 인간의 행위로가 아니라 전적인 하나님의 은혜로만이 가능하
       여진다는 점을 명심해야 합니다. 여기에 선지서의 해답(解答)이 있
       는 것입니다.

    ㉡ 이런 해답이 주어진 것은 여기가 처음이 아닙니다. 하나님과의 관계
       는 언약의 관계입니다. 언약(言約)의 관계란 언약을 믿는 믿음의 관
       계이기도 합니다. 인류의 시조가 죄를 범함으로 하나님과의 관계가
       단절되었을 때에도 "여자의 후손"이라는 원 복음을 말씀하심으로 관
       계가 이어지게 해주셨습니다.

    ㉢ 이 원 복음은 아브라함에게 "네 씨로 말미암아 천하 만민이 복을 받
       으리니"(창 22:18) 한 아브라함 언약으로 진전(進展)되고

    ㉣ 다윗에게 "내가 네 몸에서 날 네 씨를 네 뒤에 세워 그의 나라를 견
       고하게 하리라"(삼하 7:12)하신 다윗 언약으로 발전합니다.

    ㉤ 예루살렘이 멸망한 이 시점에서 "새 언약을 세우리라"(렘 31:31) 하
       심은 예레미야 선지자를 통해서만 하신 약속이 아닙니다. 에스겔 선
       지자를 통해서도 "내가 그들과 화평(和平)의 언약을 세워서 영원한
       언약(言約)이 되게 하고 또 그들을 견고하고 번성하게 하며 내 성소
       를 그 가운데 세워서 영원히 이르게 하리니"(겔 37:26)하신 약속입
       니다.

    ⑦ 이런 맥락에서 선지서에는 "아브라함과 다윗"에게 세워주신
언약이 강조되어 있습니다. 다시 상기하고 강조해야 할 점은 예

루살렘이 멸망 당한 치명적인 죄는 우상숭배입니다.

㉠ 그리고 우상을 숭배했다는 것은 십계명의 1-2계명을 범했다는 차원이 아니라, 아브라함과 다윗에게 세워주신 메시아언약을 버렸다는 신학적인 배반이라는 점을 명심해야 합니다. 그러면 어찌하여 그들이 메시아언약을 버렸는가? 그 이유를 44장의 그들의 진술을 통해서 분명히 들을 수 있습니다.

㉡ 그들은 말하기를 "우리가 본래 하던 것 곧 우리와 우리 선조와 우리 왕들과 우리 고관들이 유다 성읍들과 예루살렘 거리에서 하던 대로 하늘의 여왕에게 분향하고 그 앞에 전제를 드리리라 그 때에는 우리가 먹을 것이 풍부하며 복을 받고 재난을 당하지 아니하였더니 우리가 하늘의 여왕에게 분향하고 그 앞에 전제 드리던 것을 폐한 후부터는 모든 것이 궁핍하고 칼과 기근에 멸망을 당하였느니라", 그래서 "네가 여호와의 이름으로 우리에게 하는 말을 우리가 듣지 않겠다"(44:16-18)는 것입니다. 한마디로 기복신앙 때문에 우상을 숭배했던 것입니다.

⑧ 그리고 기복신앙은 필연적으로 거짓 선지자와 밀접한 관련이 있는데 어느 선지서보다도 예레미야서에서는 거짓 선지자와 참 선지자 간의 대결이 치열하게 전개됩니다. 왜냐하면 예루살렘이 멸망하게 된 가장 혼란한 시대였기 때문입니다. 주님께서도 종말적인 말씀을 하시면서 "거짓 선지자가 많이 일어나 많은 사람을 미혹하겠으며"(마 24:11)라고 경계하셨습니다.

㉠ 그러면 어떻게 하는 것이 미혹(迷惑)하는 것인가? "너희가 평안하리라 여호와의 말씀이니라 하며 또 자기 마음이 완악한 대로 행하는 모든 사람에게 이르기를 재앙이 너희에게 임하지 아니하리라"(23:17)고 듣기에 좋은 낙관적인 말만 했던 것입니다. 하나님은 이

를 가리켜 "이는 그들이 가장 작은 자로부터 큰 자까지 다 탐욕을 부리며 선지자로부터 제사장까지 다 거짓을 행함이라 그들이 내 백성의 상처를 가볍게 여기면서 말하기를 평강하다 평강하다 하나 평강이 없도다"(6:13-14)고 말씀합니다.

ⓛ 유다의 증상은 결코 심상(尋常)한 것이 아니었습니다. 치명적인 상황에 이르렀는데도 그들은 대수롭지 않게 여기면서 백성들이 듣기 좋아하는 영합하는 말만 했던 것입니다. 이 점은 오늘날 긍정적인 설교를 해야 부흥이 된다, 축복하는 설교를 해야 성도들이 좋아한다는 등의 풍조(風潮)에 경종을 울리는 말씀으로 다가옵니다.

ⓒ 또한 거짓 선지자들은 "옛길에서 넘어지게 하며 곁길 곧 닦지 아니한 길로 행하게 하였다"(18:15)고 말씀합니다. "옛길"이 무엇인가? 아브라함이 간 길입니다. 다윗이 행한 길입니다. 즉 아브라함과 다윗에게 언약하신 길이 옛길인 것입니다. 그런데 그들은 하나님의 언약을 배반했던 것입니다. 그래서 "내 백성은 잃어 버린 양 떼로다 그 목자들이 그들을 곁길로 가게 하였다"(50:6)고 말씀하십니다. 그러므로 하나님은 "너희는 길에 서서 보며 옛적 길 곧 선한 길이 어디인지 알아보고 그리로 가라 너희 심령이 평강을 얻으리라"(6:16)고 메시아언약으로 돌아오라 하십니다.

⑨ 28장에는 선지자 하나냐와 선지자 예레미야가 논쟁하는 것이 나옵니다. 하나냐는 "만군의 여호와 이스라엘의 하나님이 이같이 일러 말씀하시기를 내가 바벨론의 왕의 멍에를 꺾었느니라, 바벨론으로 옮겨 간 여호와의 성전 모든 기구를 이년 안에 다시 이곳으로 되돌려 오리라, 모든 포로를 다시 이곳으로 돌아오게 하리니"(28:2-4)하고 예언합니다.

그런데 예레미야는 29장에서 "칠십 년이 차면 내가 너희를 이곳으로 돌아오게 하리라"(29:10)고 예언합니다. 그러므로 "너희는 집을 짓고 거기에 살며 자녀를 낳으며 줄어들지 아니하게 하라, 사로잡혀가게 한 성읍의 평안을 구하라"(29:5-7)고 말합니다. 백성들은 누구의 말을 좋아하겠는가? 이런 의미에서 예레미야서는 어느 선지서보다도 현대교회에 적실성이 있다고 하겠습니다.

⑩ 예레미야서는 마지막 부분에서 장장 6개 장(46-51장)을 할애하여 열방들을 심판하실 것을 말씀하고 있습니다. 왜냐하면 열방이 하나님의 교회를 대적했기 때문입니다.

　㉠ 이는 선민 이스라엘(구약교회)이 열방의 중심(中心)에 있다는 증거입니다. 지금도 역사의 중심에는 교회가 있는 것입니다. 열방(불신 세계)은 멸망 당하나 하나님의 교회는 징계하실지라도 "버림을 받지 않을"(51:5) 것을 보여주기 위한 것입니다.

　㉡ 하나님은 말씀하십니다. "일을 행하시는 여호와, 그것을 만들며 성취하시는 여호와, 그의 이름을 여호와라 하는 이가 이와 같이 이르시도다 너는 내게 부르짖으라 내가 네게 응답하겠고 네가 알지 못하는 크고 은밀한 일을 네게 보이리라"(33:2-3). 우리가 믿는 하나님은 계획하시고 언약하신 바는 반드시 성취하시고야 마는 신실하신 하나님이십니다.

주제 : 여호와는 의로우시도다 그러나 내가 그의 명령을
거역하였도다(1:18)

애가서는 예루살렘이 바벨론에 의하여 멸망 당한 후에 예레미야 선지자가 폐허가 된 예루살렘과 백성들의 참담한 현실을 바라보면서 지은 다섯 편의 슬픈 노래로 되어있습니다.

애가는 "슬프다 이 성이여 전에는 사람들이 많더니 이제는 어찌 그리 적막하게 앉았는고 전에는 열국 중에 크던 자가 이제는 과부같이 되었고 전에는 열방 중에 공주였던 자가 이제는 강제노동을 하는 자가 되었도다 밤에는 슬피우니 눈물이 뺨에 흐름이여 사랑하던 자들 중에 그에게 위로하는 자가 없고 친구들도 다 배반하여 원수들이 되었도다"(1:1-2)하고 시작됩니다.

① 그런데 예레미야의 애곡(哀哭)은 예루살렘이 멸망했다는 물리적(物理的)인 파괴에만 있었던 것이 아닙니다. 그의 애곡은 "딸 시온의 모든 영광이 떠나감이여"(1:6)한 하나님께 버림을 당했다는 데 대한 애곡이었던 것입니다.

㉠ 에스겔 선지자에게 보여주신 마른 뼈의 환상(겔 37장)은 무엇을 의미합니까? 죽어버린 이스라엘을 상징합니다. 지금 예레미야 선지자는 딸 시온의 죽음을 애곡(哀哭)하고 있는 것입니다.

㉡ "이로 말미암아 내가 우니 내 눈에 눈물이 물 같이 흘러내림이여 나를 위로하여 내 생명을 회복시켜 줄 자가 멀리 떠났음이로다"(1:16)합니다. 이 점에서 중요한 요점은 선지자가 애가(哀歌)를 부르는 신학적인 의미를 깨닫는 것과 오늘의 우리에게는 어떻게 적용되는가 하는 점입니다.

이를 알기 위해서는 "누가 주의 마음을 알아서 주를 가르치겠느냐 그러나 우리가 그리스도의 마음을 가졌느니라"(고전 2:16)한 애가서에 나타난 "주의 마음"을 알고자 하는 일입니다. 그렇지 못하면 문자만을 보게 되고 신령한 뜻을 깨닫지 못하게 되기 때문입니다.

애가서에 나타난 주의 마음

② 그러므로 애가를 대할 때에 예레미야의 눈물만을 볼 것이 아니라 "예루살렘아, 예루살렘아 선지자들을 죽이고 네게 파송된 자들을 돌로 치는 자여 암탉이 제 새끼를 날개 아래에 모음같이 내가 너희의 자녀를 모으려 한 일이 몇 번이냐 그러나 너희가 원

하지 아니하였도다"(눅 13:34) 하신 주님,

ㄱ "가까이 오사 성을 보시고 우시며 이르시되 너도 오늘날 평화에 관한 일을 알았더면 좋을 뻔하였거니와 지금 네 눈에 숨겨졌도다 날이 이를지라 네 원수들이 토둔을 쌓고 너를 둘러 사면으로 가두고 또 너와 및 그 가운데 있는 네 자식들을 땅에 메어치며 돌 하나도 돌 위에 남기지 아니하리니 이는 네가 보살핌받는 날을 알지 못함을 인함이니라"(눅 19:41-44) 하시면서 눈물을 흘리신 주님의 눈물을 볼 수 있어야 한다는 점입니다.

왜냐하면 예루살렘이 멸망하고 성전이 불에 타는 일이 반복해서 일어났으며, 멸망 당하게 된 원인(原因)이 예레미야 애가 당시나 주님 당시나 동일하기 때문입니다.

ㄴ 또한 하나님은 예레미야 당시도 예루살렘을 암탉이 새끼를 나래 아래 품음과 같이 품으려 하셨고, 멸망 당하는 예루살렘을 보시며 "나의 심령이 너희 교만으로 말미암아 은밀한 곳에서 울 것이며 여호와의 양 떼가 사로잡힘으로 말미암아 눈물을 흘려 통곡하리라"(렘 13:17)고 그때도 눈물을 흘리셨기 때문입니다.

구속사의 동일 선상에서 일어난 두 번의 심판

③ 이런 맥락에서 애가서를 주의 깊게 관찰해보면 성전(聖殿)이 파괴됨으로 말미암아 슬퍼하고 있는 애가(哀歌)속에서 성전의 실체(實體)로 임마누엘 하셔서 고난을 받으시게 될 그리스도의 모습을 대하게 된다는 것은 너무나 지당한 일이라 하겠습니다.

ㄱ 솔로몬의 성전이 헐리게 된 것은 그들의 범죄로 말미암아 하나님께서 진노를 쏟으셨기 때문이지만, 그리스도께서 십자가상에서 그 몸이 헐려야 함은 우리의 범죄로 말미암은 하나님의 진노를 대신 담당하

셨기 때문입니다.

ⓛ 성령의 감동으로 기록된 애가서에 분명히 나타난다는 것은 너무나 당연한 일인 것입니다. 이점이 "초막을 헐어버리시며, 절기와 안식일을 잊어버리게 하시며(2:6), 여호와께서 또 자기 제단(祭壇)을 버리시며 자기 성소(聖所)를 미워하시며"(2:7)라는 묘사에 나탑니다. "초막을 헐어 버리시며, 제단을 버리시며" 등은 성전의 실체이신 그리스도께서 담당하실 고난을 나타냅니다.

ⓒ "딸 시온의 장막에 그의 노(怒)를 불처럼 쏟으셨도다"(2:4)고 말씀하는데, 육신의 장막을 입고 오신 자기 아들에게 우리 대신 진노를 불같이 쏟으신 것이 십자가 사건이었던 것입니다.
"진노"는 애가서의 핵심 단어 중 하나인데 어찌하여 진노를 "시온의 장막"에 쏟으셔야 했는가? 어찌하여 구약시대 내내 "길이 참으시던"(롬 3:25) 진노를 자기 아들 위에 쏟으셔야 했는가? 우리들의 "죄" 때문입니다.

④ 이런 맥락에서 애가서의 중심 장은 3장입니다. 그러므로 다른 장들은 22절로 되어있는데, 3장은 66절로 되어있습니다. 3장은 "여호와의 분노의 매로 말미암아 고난 당한 자는 나로다"(3:1)고 시작됩니다. 그러면 여호와께 매를 맞아서 고난 당한 "나"는 누구인가?

ⓙ 1차적으로는 파괴당한 성(城)과 성전(聖殿)을 가리키는 표현이고 나아가 구약교회를 가리키는 묘사입니다. 또한 문자적으로는 예레미야 선지자를 가리킵니다. 선지자는 자신을 교회의 지체(肢體)로 여겨 "교회와 자신"을 일체로 보고 있는 것입니다. 그런데 이를 구속사라는 맥락에서 보게 되면 성전의 실체(實體)이신 그리스도를 보게 된다는 점입니다.

ⓒ 신약성경은 그리스도께서 "첫 언약(구약시대) 때에 범한 죄에서 속량하려고 죽으셨다"(히 9:15)고 증언하고 있는데, "첫 언약 때에 범한 죄"도 그리스도의 구속을 통해서만이 해결이 되었다면 그리스도는 구약교회의 머리도 되시는 것입니다.

이 성전을 헐라

⑤ 그러므로 "여호와의 분노의 매로 말미암아 고난 당한 자는 나로다"(3:1)라는 "나"를 통해서, "성전"의 실체(實體)요, 교회의 머리가 되시는 그리스도께서 당하실 고난을 본다는 것은 결코 비약이 아닙니다. 이점이 계속되는 진술에 분명하게 나타납니다.

  ㉠ "여호와의 분노의 매로 말미암아 고난 당한 자는 나로다"(3:1)하고 시작되는 3장은

  ㉡ "내가 부르짖어 도움을 구하나 내 기도를 물리치시며"(3:8) 즉 "엘리 엘리 라마 사박다니" 하시는 주님의 음성이 들려오고

  ㉢ "이스라엘의 아름다움을 하늘에서 땅에 던지셨음이여 그의 진노의 날에 그의 발판을 기억하지 아니하셨도다"(2:1)하는 버림당하시는 모습이 그려져 있고

  ㉣ "내 몸을 찢으시며, 활을 당겨 나를 화살의 과녁으로 삼으심이여, 화살통의 화살들로 내 허리를 맞추셨도다"(3:11-13)고 십자가에 못 박히심과 창에 허리를 상하게 되는 모습과

  ㉤ "나는 내 모든 백성에게 조롱거리 곧 종일토록 그들의 노랫거리가 되었도다(3:14)고 비웃는 어리석은 군중들의 모습도 보입니다. 2:15절에서는 "모든 지나가는 자들이 다 너를 향하여 박수치며 딸 예루살렘을 향하여 비웃고 머리를 흔들며 말하기를 온전한 영광이라, 모든 세상 사람들의 기쁨이라 일컫던 성이 이 성이냐"(2:15)라고 조롱

하는 것이 나옵니다.

ⓑ "나를 쓴 것들로 배 불리시고 쑥으로 취하게 하셨으며"(3:15) 한 쓸 개 탄 포도주를 받으시는 광경과

ⓐ "전에는 존귀한 자들의 몸이 눈보다 깨끗하고 젖보다 희며 산호들보다 붉어 그들의 윤택함이 같아서 빛낸 청옥 같더니 이제는 그들의 얼굴이 숯보다 검고 그들의 가죽이 뼈들에 붙어 막대기 같이 말랐으니"(4:7-8)하는 운명하신 처참한 모습도 보입니다.

ⓞ "그들이 내 생명을 끊으려고 나를 구덩이에 넣고 그 위에 돌을 던짐이여 물이 내 머리 위로 넘치니 내가 스스로 이르기를 이제는 멸절되었다 하도다"(3:53-54) 한 장사지냄과 만사가 끝장이 난 것으로 여기는 절망도 나타납니다.

ⓩ "우리의 콧김 곧 여호와께서 기름 부으신 자가 그들의 함정에 빠졌음이여"(4:20)하고 잠시나마 사망의 세력을 잡은 자에게 매어있는 광경도 보이고,

ⓩ 그러나 "내가 주께 아뢴 날에 주께서 내게 가까이하여 이르시되 두려워하지 말라 하셨나이다"(3:57)고 사망 권세를 이기고 부활하실 기쁜 소식을 듣게 됩니다.

⑥ 그렇다면 예루살렘이 심판받게 된 원인(原因)이 무엇인가?

㉠ "그의 죄가 많음으로(1:5), 예루살렘이 크게 범죄함으로(1:8), 반역이 심히 큼이니이다"(1:20)한 반역에 대한 징벌인 것입니다. 이 점에서 분별력을 가져야 할 점은 그들의 치명적인 죄가 윤리적인 문제가 아니라 신학적인 죄, 즉 메시아언약을 반역했기 때문이라는 점을 인식해야 합니다.

㉡ 예레미야서에서 보는 바대로 심판당하게 된 치명적인 죄는 우상숭배였습니다. 이것은 무엇을 의미하느냐 하면 하나님께서 아브라함에게 "네 씨로 말미암아 천하 만민이 복을 받으리니"(창 22:18) 하신 메

시아언약을 배신(背信)했음을 의미합니다. 이점에 확고하지 못하기 때문에 본문에서 교훈만을 보게 되는 것입니다.

ⓒ 어찌하여 우상을 숭배했는가? 그 이유를 예레미야 44:15-19절에서 자신들의 입으로 분명히 말하고 있는데, 그리스도를 통한 구속의 은총이 아니라 우상을 통해서 물질적인 축복을 받기를 원했기 때문입니다. 이점은 기복신앙에 깊이 빠져있는 현대교회에 경종이 아닐 수 없습니다.

⑦ 이점을 "여호와께서 내게 이르시되 유대인과 예루살렘 주민 중에 반역(叛逆)이 있도다"(렘 11:9), "그 위에 내 그물을 치며 내 올무에 걸리게 하여 끌고 바벨론으로 가서 나를 반역한 그 반역을 거기에서 심판할지며"(겔 17:20)라고 "반역"이라고 말씀하십니다. 예루살렘이 로마에 의하여 멸망한 원인도 동일하게 메시아를 배척한 반역죄(叛逆罪) 때문임을 명심해야 합니다. 최후심판 날에도 복음을 믿지 아니한 자들과 배신하는 자들 위에 진노는 임하게 될 것입니다.

㉠ 하나님은 예레미야 선지자에게 성전 문 앞에 서서 예배하러 들어가는 자들을 향해서 "이것이 여호와의 성전이라 여호와의 성전이라 여호와의 성전이라 하는 거짓말을 믿지 말라"(렘 7:4)고 외치라 명하셨습니다.

㉡ 어찌하여 예루살렘 성전이 거짓 "여호와의 성전"이 되었단 말인가? 메시아언약을 상실한 성전·제물·절기는 아무 의미가 없었던 것입니다. 하나님은 이점을 성전을 건축할 당시 솔로몬에게 분명히 경고한 바입니다. "다른 신을 섬겨 그것을 경배하면 내가 이스라엘을 내가 이스라엘을 내가 그들에게 준 땅에서 끊어버릴 것이요 내 이름을 위하여 내가 거룩하게 구별한 이 성전이라도 내 앞에서 던져버리리

니"(왕상 9:6-7) 하셨습니다. 이사야 선지자는 메시아언약을 망각한 채 드려지는 제사란 우상숭배나 다를 바가 없다(사 66:3)고 통렬하게 책망합니다.

⑧ 그러면 메시아언약을 상실하게 된 책임(責任)이 누구에게 있단 말인가?

ㄱ "그의 선지자들의 죄들과 제사장들의 죄악들 때문이니"(4:13)라고 말씀합니다. "네 선지자들이 네게 대하여 헛되고 어리석은 묵시를 보았으므로 네 죄악을 드러내어서 네가 사로잡힌 것을 돌이키지 못하였도다 그들이 거짓 경고와 미혹하게 할 것만 보았도다"(2:14) 하십니다. "그들이 내 딸 백성의 상처를 가볍게 여기면서 말하기를 평강하다 평강하다"(렘 8:11)하고 백성들에게 영합하는 설교만 했다는 뜻입니다.

ㄴ 이점을 심각하게 받아야 함은 이런 악순환이 반복되고 있기 때문입니다. 예루살렘이 로마에 의하여 또다시 심판을 당하게 된 책임도 동일하게 설교자에게 있었던 것입니다. 주님은 "화 있을진저 너희 율법교사여 너희가 지식의 열쇠를 가져가서 너희도 들어가지 않고 또 들어가고자 하는 자도 막았느니라"(눅 11:52)고 책망하셨습니다. 그렇다면 재림의 날에도 이런 악순환이 반복될 것이고, 그런 징후는 이미 농후하다 하겠습니다.

⑨ 그런데 애가서는 "죄·진노·애통"만을 말씀하고 있는 것이 아니라, "그가 비록 근심하게 하시나 그의 풍부한 인자하심에 따라 긍휼히 여기실 것임이라"(3:32)고 하나님의 "자비·긍휼"을 말씀합니다.

ㄱ "주께서 인생으로 고생하게 하시며 근심하게 하심은 본심이 아니시

로다"(3:33)합니다. 그리하여 "이것을 내가 내 마음에 담아 두었더니 그것이 오히려 나의 소망이 되었사옴은"(3:21)하고 "소망"을 말씀합니다. 그렇습니다. "여호와의 말씀이니라 너희를 향한 나의 생각을 내가 아나니 평안이요 재앙이 아니라 너희에게 미래와 희망을 주는 것이니라"(렘 29:11)하십니다.

    ⓒ 이 "평안·희망"이 짐승이 죽임을 당하는 첫 언약의 의식으로 가능하여지는 것이 아니라, "여호와의 분노의 매로 말미암아 고난 당한 자는 나로다"하는 그리스도의 속량으로만이 가능하여진다는 것입니다. 그러므로 "사람이 여호와의 구원을 바라고 잠잠히 기다림이 좋도다"(3:26)하는 것입니다.

⑩ "이것을 내가 내 마음에 담아 두었더니 그것이 오히려 나의 소망이 있다"(3:21)라고 진술하는데 선지자는 심중에 무엇을 회상했을 것인가?

    ㉠ 아브라함과 다윗에게 세워주신 언약을 생각했을 것입니다. 유월절 어린양의 피로 구원하여 주신 출애굽을 생각했을 것입니다. 결정적으로 70년이 차면 돌아오게 하리라 하신 약속을 생각했을 것입니다. 한마디로 언약하신 바를 묵묵히 이루어 나오신 하나님의 행사를 회상했을 것입니다.

    ⓒ 사람이 한 일을 생각하면 절망뿐입니다. 형제여, 우리도 회상하기를 게을리하지 맙시다. 우리의 현실이 아무리 낙망스럽다 하더라도 하나님의 크신 "자비와 긍휼"을 묵상하노라면, "이것들이 아침마다 새로우니 주의 성실하심이 크시도소이다"(3:23)라고 고백하게 될 것입니다.

⑪ 애가서의 기록목적은 두 가지로 요약할 수 있습니다.

ⓐ 첫째는, 죄가 얼마나 비참한 결과를 가져오는가 하는 죄에 대한 경각심입니다. 이것은 윤리적인 면입니다.

ⓑ 둘째는, 자력 구원의 불가능성입니다. 이것은 신학적인 면입니다. 그러므로 애가를 다룰 때 "그들은 범죄하여 멸망 당했으나 우리는 죄를 범하지 말아서 멸망을 당하지 말자"라는 식으로 말해서는 안 됩니다. 그렇게 한다면 행위 구원론이 되어 복음은 필요 없는 것이 되고 주님은 헛되이 죽으신 것이 되고 맙니다.

ⓒ 애가서도 우리를 그리스도에게로 인도하는 초등교사인 것입니다. 그러므로 애가를 통해서도 그리스도를 만나야 하고 복음이 증언 되어야 하는 것입니다. 죄로 말미암아 예루살렘이 멸망 당했다는 문제(問題)에 해답(解答)은 우리 죄를 위해서 하나님의 아들이 대신 죽으셔야만 했다는 데 있는 것입니다.

⑫ 애가서를 대하는 우리의 각성이 무엇인가? 화려함의 극치라 할 수 있는 솔로몬의 성전 앞에 서서 "너희는 이것이 여호와의 성전이라, 여호와의 성전이라, 여호와의 성전이라 하는 거짓말을 믿지 말라"(렘 7:4)고 외치는 선지자의 경고와 "그의 선지자들의 죄들과 제사장들의 죄악들 때문이니"(4:13)한 애가서의 말씀 앞에서 심각하게 고민해야 마땅합니다.

ⓐ 참 교회냐, 거짓 교회냐의 시금석은 건물이나 모이는 수에 따라 결정되는 것이 아닙니다. 복음 진리가 바르게 선포되는가 여부에 달린 것입니다. 일곱 교회를 향하여 "네 촛대를 그 자리에서 옮기리라(계 2:5), 내 입에서 너를 토하여 내치리라, 네가 살았다 하는 이름은 가졌으나 죽은 자로다"(계 3:1)하시는 경고의 말씀이 우리와는 무관하단 말인가?

ⓑ 목회서신에서는 "너는 진리의 말씀을 옳게 분별하며 부끄러울 것이

없는 일꾼으로 인정된 자로 자신을 하나님 앞에 드리기를 힘쓰라"(딤후 2:15) 하십니다. 현대교회가 "축복, 축복받으라" 하는데 이는 "복음"이 놓여있어야 할 자리를 "탐심"이 차지하고 있는 것이며, 복음을 옆으로 밀어놓고 "금송아지"를 섬기는 것이나 다를 바가 없는 것입니다. 성경은 "탐심은 우상숭배니라"(골 3:5)고 선언합니다.

⑬ 애가는 마지막에 이르러 "우리의 날들을 다시 새롭게 하사 옛적 같게 하옵소서"(5:21)하고 간구합니다.

ⓐ 하나님은 대답하십니다. "너희는 이전 일을 기억하지 말며 옛날 일을 생각하지 말라. 보라 내가 새 일을 행하리니 이제 나타낼 것이라"(사 43:18-19), 그리고 하나님은 자기 아들을 통해서 "새 일"을 행해주셨던 것입니다.

ⓑ 애가서는 "주께서 우리를 아주 버리셨사오며 우리에게 진노하심이 참으로 크시니이다"(5:22)라는 탄원으로 마치고 있는데, 하나님은 대답하십니다. "오직 시온이 이르기를 여호와께서 나를 버리시며 주께서 나를 잊으셨다 하였거니와 여인이 어찌 그 젖 먹는 자식을 잊겠으며 자기 태에서 난 아들을 긍휼히 여기지 않겠느냐 그들은 혹시 잊을지라도 나는 너를 잊지 아니할 것이라"(사 49:14-15). 아멘.

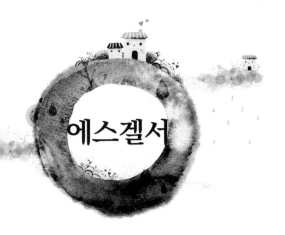

에스겔서

주제 : 그 성읍의 이름을 여호와삼마라 하리라(48:35).

　　에스겔은 바벨론 왕 느부갓네살이 예루살렘을 침공하여 여호야
긴 왕과 "예루살렘의 모든 백성과 모든 지도자와 모든 용사 만
명"(왕하 24:14)을 사로잡아 갈 때 그 포로 중의 한 사람이었습
니다. 에스겔은 "부시의 아들 제사장"(1:3) 신분(身分)이라고 알려
줍니다. 그런데 하나님께서는 그를 사로잡혀간 자들을 위한 "선
지자"(先知者)로 세우신 것입니다.

　　에스겔서는 세 부분으로 되어있습니다.

　　㉠ 1-24장은 이스라엘의 죄를 책망하며 심판을 경고하는 내용이고

　　㉡ 25-32장은 하나님을 대적한 열방에 대한 심판 예언이고

　　㉢ 33-48장까지는 회복하여주실 것을 약속하시는 말씀으로 되어있습니
다.

이를 좀 더 크게 요약하면 1-32장은 인간이 행한 거짓되고 배은망덕한 일인데 이것이 문제(問題)이고, 33-48장은 하나님이 행해주실 회복인데 여기에 해답(解答)이 있습니다. 이는 전적인 은혜요 복음입니다. 오직 여기에 소망이 있는 것입니다.

① 에스겔은 하나님으로부터 "인자야 내가 너를 이스라엘 족속의 파수꾼으로 세웠으니 너는 내 입의 말을 듣고 나를 대신하여 그들을 깨우치라"(3:17)는 "파수꾼"으로 세움을 받았습니다.

그런데 "파수꾼의 사명"이 심판을 경고하는 앞부분(3:17)에서와 회복을 말씀하는 뒷부분(33:7), 이렇게 두 번 주어지고 있다는 점입니다. 이는 무의미(無意味)한 반복이 아니라 그에게 상반된 사명이 주어졌기 때문입니다.

㉠ 첫 번 파수꾼의 사명은 "네 입을 벌리고 내가 네게 주는 것을 먹으라 하시기로 내가 보니 보라 한 손이 나를 향하여 펴지고 보라 그 안에 두루마리 책이 있더라 그가 그것을 내 앞에 펴시니 그 안팎에 글이 있는데 그 위에 애가와 애곡과 재앙의 말이 기록되었더라"(2:8-10), 즉 "예루살렘이 멸망하리라"는 심판을 경고하는 파수꾼의 사명이고

㉡ 두 번째 파수꾼의 사명은 "성이 함락"(33:21)된 이후에 "내가 한 목자를 그들 위에 세워 먹이게 하리니 그는 내 종 다윗이라"(34:23)한 "예루살렘이 회복되리라"는 회복을 대언하는 사명이었던 것입니다.

두 번 주어진 파수꾼의 사명

② 죄를 책망하며 심판을 경고하는 전반부의 임무가 "선지자"(先知者)적인 사명이었다면, 위로하며 회복을 말씀하는 후반부는 "제사장"(祭司長)적인 사명이라 할 것입니다. 예레미야 선지자에게도 "보라 내가 오늘 너를 여러 나라와 여러 왕국 위에 세워 네가 그것들을 뽑고 파괴하며 파멸하고 넘어뜨리며 건설하고 심게 하였느니라"(렘 1:10)고 상반(相反)된 사명이 주어졌습니다.

이점이 중요한 것은 이 시대의 파수꾼들에게도 "하나님의 진노가 나타납니다"하는 심판의 경고와 "하나님의 의가 나타났습니다"(롬 1:17,18)하는 복음을 함께 증언해야 할 사명이 주어졌기 때문입니다. 먼저 죄를 책망하면서 심판을 경고하는 선지자적인 사명을 살펴보겠습니다.

선지자적인 사명

③ "파수꾼"이란 깨어 경계하다가 적의 내침(來侵)이 있게 되면 나팔을 불어서 백성들에게 경고(警告)하는 자입니다.

㉠ 그런데 에스겔이 경고해야 할 침략자는 놀랍게는 "하나님"이라는 사실입니다. 에스겔은 자신이 본 하나님의 이상을 "그 모양이 내가 본 환상 곧 전에 성읍을 멸하러 올 때에 보던 환상같다"(43:3)고 증언합니다.

그러니까 하나님께서 바벨론의 군사를 거느리고 예루살렘을 멸하기 위하여 오신다는 도저히 믿을 수 없는 경고를 해야 하는 것이 에스겔의 임무였던 것입니다. 하나님은 예레미야 선지자를 통해서도 "나는 네 대적(對敵)이라"(렘 21:13)고 경고하셨습니다.

㉡ 그러면 애굽에서 구속하여 자기 백성으로 삼으신 하나님께서 어찌하

여 자기 백성에게 대적이 되신단 말인가? "내게 이르시되 인자야 내가 너를 이스라엘 자손 곧 패역한 백성, 나를 배반하는 자에게 보내노라 그들과 그 조상들이 내게 범죄하여 오늘까지 이르렀나니 이 자손은 얼굴이 뻔뻔하고 마음이 굳은 자니라"(2:3-4) 한 배신자(背信者)가 되었기 때문입니다.

예레미야 선지자를 통해서도 "유대인과 예루살렘 주민 중에 반역이 있도다"(렘 11:9) 하십니다. 에스겔서에 자주 등장하는 "패역"이란 말의 원래의 뜻은 반역(叛逆)이라는 말입니다.

④ 그러면 이스라엘이 하나님을 반역했다는 구체적인 의미가 무엇인가?

　㉠ 에스겔을 환상 중에 예루살렘 성전으로 데리고 가서 반역하는 광경을 보여주시는데 "장로 중 칠십 명과 여인들과 제사장 스물다섯 명"(8:11,14,16)이 우상을 숭배하는 모습을 보여주십니다. 제사장 신분인 에스겔이 "여호와의 성전을 등지고 낯을 동쪽으로 향하여 동쪽 태양에게 예배"(8:16)하고 있는 스물다섯 명의 제사장들의 모습을 보면서 얼마나 경악했을 것인가?

　㉡ 예루살렘이 심판을 당한 치명적인 죄가 우상숭배요, 우상숭배란 하나님을 반역하는 죄만이 아니라, 하나님께서 아브라함과 다윗에게 세워주신 메시아언약(言約)을 배반한 죄임을 명심해야 합니다. 신구약을 막론하고 멸망에 이르는 치명적인 죄는 그리스도를 배척하는 죄입니다.

⑤ 이렇게 된 책임(責任)이 누구에게 있는가?

　㉠ "이스라엘아 너의 선지자들은 황무지에 있는 여우같으니라"(13:4), "그들이 내 백성을 유혹하여 평강이 없으나 평강이 있다 함이라 어

떤 사람이 담을 쌓을 때에 그들이 회칠을 하는도다, 두어 웅큼 보리와 두어 조각 떡을 위하여 내 백성의 영혼을 사냥"(13:10, 18-19)한다고 말씀합니다.

하나님으로부터 선지자의 사명 받은 에스겔이 당시의 선지자들을 가리켜 "여우같은 선지자들, 담에 회칠하는 자들, 백성의 영혼을 사냥하는 자들"이라 하심을 들으면서 얼마나 두렵고 떨렸을 것인가?

ⓒ 이점을 예레미야 선지자로 말씀하시기를 "이 땅에 무섭고 놀라운 일이 있도다 선지자들은 거짓을 예언하며 제사장들은 자기 권력으로 다스리며 내 백성은 그것을 좋게 여기니 마지막에는 너희가 어찌하려느냐"(렘 5:30-31) 하십니다. 어느 시대를 막론하고 백성들이 멸망하게 되는 책임은 지도자들에게 있다는 점을 명심해야 합니다.

⑥ 예루살렘이 이 지경에 이르렀다면 "끝났도다 이 땅 사방의 일이 끝났도다 이제는 네게 끝이 이르렀나니 내가 내 진노를 네게 나타내어 네 행위를 심판하고 네 모든 가증한 일을 보응하리라 내가 너를 불쌍히 여기지 아니하며 긍휼히 여기지도 아니하고 네 행위대로 너를 벌하여 네 가증한 일이 너희 중에 나타나게 하리니 내가 여호와인 줄을 너희가 알리라 주 여호와께서 이같이 이르시되 재앙이로다, 비상한 재앙이로다 볼지어다 그것이 왔도다 끝이 왔도다, 끝이 왔도다 끝이 너에게 왔도다 볼지어다 그것이 왔도다"(7:2-6)고 심판이 목전에 이르렀다고 경고합니다.

⑦ 이런 맥락에서 "나로 내 성소를 멀리 떠나게 하느니라"(8:6) 하십니다. 8-11장에는 예루살렘을 심판하시기 전에 성전을 떠나시는 하나님의 광경이 묘사되어 있는데,

㉠ "여호와의 영광이 그룹에서 올라와 성전 문지방에 이르니"(10:4)

㉡ 여호와의 전으로 들어가는 동문에 머물고(10:19)

㉢ 동쪽 산(감람산)에 머무르고

㉣ 갈대아에 있는 사로잡힌 자 중에 이르시더니"(11:23-24)하고 마치 떨어지지 않는 발걸음을 떼어 놓듯 하는 모습으로 떠나십니다. 어디로 떠나시는가?

⑧ "그들이 도달한 나라들에서 내가 잠깐 그들에게 성소가 되리라"(11:16)하는 놀라운 말씀을 대하게 됩니다. 즉 반역하다가 바벨론으로 추방당하는 자기 백성들을 따라가시겠다는 말씀입니다. 그러면 예루살렘에 있던 솔로몬 성전이 바벨론으로 옮겨져서 임시성전이 된다는 뜻인가? 아닙니다. 성전 되시는 하나님께서 그들을 따라가시겠다는 말씀입니다.

에스겔서 다음에 나오는 것이 다니엘서인데 느부갓네살은 "우리가 결박하여 불 가운데에 던진 자는 세 사람이 아니었느냐, 내가 보니 결박되지 아니한 네 사람이 불 가운데로 다니는데 상하지도 아니하였고 그 넷째의 모양은 신들의 아들과 같도다"(단 3:24-25)고 말합니다. 따라가셔서 보호해주셨다가 때가 되면 데리고 돌아오게 하시려는 것입니다. 이 말씀을 대하는 형제의 마음은 어떠합니까?

43:2절 이하에는 돌아오는 광경이 있는데, "여호와의 영광이 동문을 통하여 성전으로 들어가고, 여호와의 영광이 성전에 가득하더라"(43:4-5) 합니다. 에스겔서는 "그 날 후로는 그 성읍의 이름을 여호와삼마라 하리라"(48:35)는 말씀으로 마치고 있는데 전반부는 "하나님이 너희와 함께 계시지 않는다"는 경고이고, 후반

부는 "여호와께서 너희와 함께 계신다"는 여호와삼마(48:35)인 것입니다. 이것이 에스겔이 "예루살렘이 멸망하리라"고 나팔을 불어야 할 선지자적인 임무입니다. 다음은 위로와 회복을 말씀하는 제사장적인 임무를 살펴보겠습니다.

제사장적인 임무

⑨ 에스겔 선지자는 "예루살렘에서부터 도망하여 온 자가 내게 나아와 말하기를 그 성이 함락되었다"(33:21)는 전갈을 듣게 됩니다. 그렇다면 "그 성이 함락되었다"는 소식은 절망인가? 소망인가? 인간 편에서 보면 절망이지만 하나님 편으로 보면 소망이 되는 것입니다. 왜냐하면 하나님은 자력 구원의 불가능성이 드러난 현장에서 일을 시작하시기 때문입니다.

　㉠ 그들은 메시아언약을 버리고 우상을 숭배하면서도 "예루살렘 성(城)과 성전"(聖殿)이라는 "그것"을 믿고 절대로 멸망하지 않는다고 장담하고(렘 28장) 있었던 것입니다.

　㉡ 그래서 예레미야 선자로 하여금 성전 문에 서서 "너희는 이것이 여호와의 성전이라 여호와의 성전이라 여호와의 성전이라 하는 거짓말을 믿지 말라"(렘 7:4)고 외치게 하시고, 우상이 되어버린 예루살렘 성과 성전을 불태워 버리셔야 했던 것입니다. 그리고 "남은 자"를 돌아오게 하셔서 구원계획을 이루어나가시려는 것입니다.

⑩ "성이 함락되었다"는 이를 분기점(分岐點)으로 하여, 33-48장은 회복의 말씀입니다. 그러므로 선지자는 "내 입이 열리기로 내가 다시는 잠잠하지 아니하였노라"(33:22)고 말합니다. 그러면

입을 벌려 무엇이라 대언했는가?

ㄱ 선지서에는 공통점이 있는데,

㉮ 죄를 책망하고

㉯ 심판을 경고했는데 이것이 당면한 문제(問題)입니다. 그런데 멸
망을 막은 선지자는 한 사람도 없다는 점입니다. 이는 무엇을
말해주고 있느냐 하면

㉰ 자력 구원의 불가능성입니다. 그런 후에 선지자들은 공통적으로

㉱ "돌아오게 하리라"는 회복을 약속하고 있습니다. 이것이 해답(解
答)입니다.

ㄴ 다시 상기시키면서 강조합니다만 "내 아버지께서 이제까지 일하시니
나도 일한다"(요 5:17) 하신 "일하심"은 바벨론 포로를 돌아오게 하
는 일이 아니라는 점입니다. 이를 예표로 하여 사탄의 포로에서 돌
아오게 하시려는 것을 계시하시려는 것입니다. 여기에 해답이 있는
것입니다. 그러므로 주님은 "내가 문이다, 내가 길이다 나로 말미암
지 않고는 아버지께로 올 자가 없느니라"(요 14:6)고 말씀하신 것입
니다. 선지서를 상고할 때에 이점이 놓쳐서는 안 될 요점입니다.

ㄷ 그러므로 선지서에는 사로잡혀간 자들을 바벨론으로부터 돌아오게
하시겠다는 이스라엘의 회복과 그리스도를 통한 만민(萬民)의 회복
이 복합적(複合的)인 계시로 겹쳐져 있는 것입니다. 출애굽을 통해
서 영적 출애굽을 예시(豫示)해주셨듯이 "출바벨론"을 통해서 사탄
의 포로가 돌아오게 될 복음시대를 예시해주시는 것입니다.

왜냐하면 하나님께서 이루시려는 바가 "네 씨로 말미암아 천하
만민이 복을 얻으리니"(창 22:18) 하신 만민의 구원계획이기 때
문입니다. "하나님은 다만 유대인의 하나님이시냐 또한 이방인의
하나님은 아니시냐 진실로 이방인의 하나님도 되시느니라"(롬
3:29) 합니다.

어떻게 돌아오게 하시는가?

⑪ "내가 한 목자(牧者)를 그들 위에 세워 먹이게 하리니 그는 내 종 다윗이라, 내 종 다윗은 그들 중에 왕이 되리라"(34:23-24) 합니다. "다윗"은 수백 년 전에 죽은 사람입니다. 그렇다면 목자와 왕이면서 종인 "다윗"은 누구인가? 이는 명백한 다윗의 자손으로 오실 메시아 예언인 것입니다.

  ㉠ "내가 또 그들과 화평의 언약을 맺고"(34:25) 하십니다. 이점을 37:26절에서도 "내가 그들과 화평의 언약을 세워서 영원한 언약이 되게 하고"

  ㉡ "내 성소를 그 가운데에 세워서 영원히 이르게 하리니"하십니다. "영원한 언약, 영원한 성소"라고 "영원"(永遠)이 강조되어 있는데 "영원한 언약"이란 일방적인 은혜 언약, 곧 새 언약을 가리킵니다. 만일 행위언약인 율법을 가리키는 것이라면 "영원한 언약"이라 말씀하지 않으셨을 것입니다. 왜냐하면 인간의 연약으로 말미암아 파하여질 것이기 때문입니다. 또 "영원한 성전"이란 스룹바벨 성전도 헤롯 성전도 아닙니다. 그것들은 또 폐하여졌기 때문입니다.

⑫ 이점이 36장에서는 더욱 밝히 나타나고 있는데 "내가 너희를 여러 나라 가운데에서 인도하여 내고 여러 민족 가운데에서 모아 데리고 고국 땅에 들어가서 맑은 물을 너희에게 뿌려서 너희로 정결하게 하되 곧 너희 모든 더러운 것에서와 모든 우상숭배에서 너희를 정결하게 할 것이며 또 새 영을 너희 속에 두고 새 마음을 너희에게 주리라"(36:24-27) 하십니다. 이것이 율법으로 가능하여지는 일이란 말인가? 이는 복음시대에 이루어질 말씀

입니다.

㉠ 이점이 마른 뼈의 계시를 통해서도 나타나는데 에스겔에게 골짜기에 마른 뼈가 가득한 것을 보여주십니다. 그리고 물으시기를 "이 뼈들이 능히 살겠느냐" 하십니다. "이에 내가 그 명령대로 대언하였더니 생기가 그들에게 들어가매 그들이 곧 살아나서 일어나 서는데 극히 큰 군대더라"(37:10) 합니다.

㉡ 이 계시가 1차적으로는 바벨론 포로가 귀환하게 될 것을 가리킨다 하여도 궁극적으로는 "허물과 죄로 죽었던" 심령들이 성령으로 거듭남으로 살아나게 될 것을 가리킵니다. "생기가 들어가게 하리니"라는 언급을 "여호와 하나님이 땅의 흙으로 사람을 지으시고 생기를 그 코에 불어 넣으시니 사람이 생령이 되니라"(창 2:7) 한 장면과 대조해보십시오. 이는 명백한 재창조(再創造)의 역사인 것입니다.

⑬ 그리하여 40장 이하에서는 성전이 회복되고 떠나셨던 "하나님의 영광이 동쪽에서부터 오는데, 여호와의 영광이 동문을 통하여 성전으로 들어가고, 여호와의 영광이 성전에 가득하더라"(43:2-5) 하고 돌아오는 광경이 묘사되어 있습니다.

㉠ 돌아온 회복 후에 성전 "문지방 밑에서 물이 나와"(47장) 바닷의 물이 되살아나 강물이 이르는 곳마다 번성하는 모든 생물이 살아나고, 강 좌우 가에는 각종 먹을 과실나무의 나무가 열매를 맺되 달마다 새 열매를 맺으리라 합니다.

㉡ 그리고 에스겔서는 "그 성읍의 이름을 여호와삼마라 하리라"(48:35), 즉 "여호와께서 거기 계시다"라는 말씀으로 마치고 있습니다. 이것이 하나님의 나라건설입니다. 이 말씀이 계시록에 이르러 "하나님의 장막이 사람들과 함께 있으매 하나님이 그들과 함께 있으매 하나님이 그들과 함께 계시리니 그들은 하나님의 백성이 되고 하나님

은 친히 그들과 함께 계셔서"(계 21:3)에서 완성되는 것입니다. 이 것이 에스겔이 대언해야 할 제사장적인 회복의 메시지입니다.

하나님의 주권

⑭ 에스겔서의 가장 두드러진 특징 중 하나는 하나님의 주권 (主權)입니다. 어찌하여 하나님의 주권을 강조하고 있는가? 당시의 상황은 예루살렘은 멸망하고 성전은 불에 타고 백성들은 죽거나 포로로 끌려가는 절망적인 상황입니다. 그리하여 어떤 자는 절망하고, 어떤 자는 의심하고, 어떤 자는 반항하는 일이 벌어지게 되었기 때문입니다. 이럴 경우 대두되는 것은 정의로운 하나님은 과연 계신가? 라는 "신정론"(神正論)입니다. 그러므로 에스겔서에는 "나를 여호와 하나님인 줄 알리라"는 하나님의 "인지(認知)공식어구"가 70번 이상 나타납니다.

㉠ "내가 너를 불쌍히 여기지 아니하며 긍휼히 여기지도 아니하고 네 행위대로 너를 벌하여 네 가증한 일이 너희 중에 나타나게 하리니 내가 여호와인 줄을 너희가 알리라"(7:4)고, 예루살렘을 심판하심도 여호와인 줄을 알게 하시기 위해서요,

㉡ "내가 그들을 이방인 가운데로 흩으며 여러 나라 가운데에 헤친 후에야 내가 여호와인 줄을 그들이 알리라"(12:15)고, 포로 되어 가게 하심도 여호와인 줄 알게 하시기 위함이요,

㉢ "내가 그들의 멍에의 나무를 꺾고 그들을 종으로 삼은 자의 손에서 그들을 건져낸 후에 내가 여호와인 줄을 그들이 알겠고"(34:27), 즉 포로에서 귀환케 하심도 여호와인 줄 알게 하시기 위해서라고 말씀하십니다. 특별계시인 성경은 물론 자연도, 역사도, 재난도 모두가 하나님을 알게 하시려는 자기계시인 것입니다.

⑮ 하나님의 주권이 가장 강조되어 있는 곳이 36장인데, "그러므로 너는 이스라엘 족속에게 이르기를 주 여호와께서 이같이 말씀하시기를 이스라엘 족속아 내가 이렇게 행함은 너희를 위함이 아니요 너희가 들어간 그 여러 나라에서 더럽힌 나의 거룩한 이름을 위함이라"(36:22) 하십니다. 무슨 뜻인가?

이는 그들을 사랑하지 않는다는 그런 뜻이 아닙니다. 돌아오게 할 자격이나 공로가 있어서가 아니라는 뜻입니다. 그래서 "이스라엘 족속아 너희 행위로 말미암아 부끄러워하고 한탄할지어다"(32) 하시는 것입니다.

㉠ 36:20-23절 안에는 "더러워졌다"는 말이 다섯 번(20,21,22,23, 23)이나 등장합니다. 그들로 말미암아 하나님의 거룩하신 이름이 더럽힘을 받았다는 것입니다. "여러 나라 가운데에서 더럽혀진 이름 곧 너희가 그들 가운데에서 더럽힌 나의 큰 이름을 내가 거룩하게 할지라"(23) 하십니다.

㉡ 그런데 유념해야 할 점은 하나님의 거룩하신 이름이 더럽힘을 받은 근원적인 일은 에덴에서 일어났다는 점입니다. 그러므로 추방당한 아담의 후예들이 돌아와야만 하나님의 이름과 명예가 온전히 회복된다는 사실입니다.

이처럼 하나님의 구원계획에는 하나님의 거룩하신 이름과 명예가 걸려있다는 점을 인식한다는 것은 중요한 요점이 됩니다. 이는 하나님의 구원계획은 반드시 이루어진다는 확신을 줍니다. 그리고 우리로 하여금 "먼저 그의 나라와 그의 의를 구하게" 합니다.

⑯ 이런 맥락에서 에스겔서에서는 예레미야서와 같은 눈물이

나 애통함을 찾아볼 수 없습니다. 심지어 예루살렘의 멸망을 상징적으로 보여주기 위해서 하나님께서 에스겔의 사랑하는 아내를 졸지에 취하여 가셨을 때도, "너는 슬퍼하거나 울거나 눈물을 흘리거나 하지 말라"(24:16)는 명을 받게 됩니다.

 ㉠ 왜 그래야만 하는가? 예루살렘이 멸망하고 성전이 불에 타버린 상황에서 "제사장이면서 선지자"인 에스겔마저 울고 있다면 백성들은 누구에게 위로를 받고 어디서 소망을 찾을 것인가?
 하나님은 명하시기를 제사장은 어떤 경우에도 "너희는 머리를 풀거나 옷을 찢지 말라"(레 10:6, 21:10) 하셨습니다. 하나님을 섬기는 제사장이 머리를 풀거나 옷을 찢어 절망을 나타낸다는 것은 하나님 자신을 부인하는 불신앙의 행위이기 때문입니다.
 ㉡ 아론의 아들 나답과 아비후가 직사했을 때에도 모세는 아론에게 "머리를 풀거나 옷을 찢지 말라 그리하여 너희가 죽음을 면하고 여호와의 진노가 온 회중에게 미침을 면하게 하라"(레 10:6)고 말했던 것입니다.

⑰ 형제여, 지금 하나님의 성전은 어디에 있으며 하나님의 영광은 어디에 충만한지 알고 계십니까? 교회가 하나님의 성전이고 "너희 몸은 너희가 하나님께로부터 받은바 너희 가운데 계신 성령의 전인 줄을 알지 못하느냐"(고전 6:19) 하십니다. 에스겔서를 통해서 우리에게 말씀하시려는 바가 무엇인가? "그들은 그렇게 하다가 심판을 받았으니 너희는 이렇게 하지 말라"는 교훈이 우선하는 것이 아닙니다.

 ㉠ 자신이 멸망 받아 마땅한 죄인이라는 자력 구원의 불가능성을 깨닫고,
 ㉡ 구원은 오직 그리스도의 대속을 의지할 것뿐이라는 오직 복음, 오직

은혜입니다.

ⓒ 그리고 이 은혜를 입은 자에게는 하나님의 이름이 결부되어 있다는 정체성(正體性)을 깨닫고 하나님께 영광을 돌리는 삶을 살아야한다는 결단입니다.

다니엘서

주제 : 열왕의 때에 하나님께서 세우실 한 나라

　　다니엘서는 "유다 왕 여호야김이 다스린 지 삼년이 되는 해에 바벨론 왕 느부갓네살이 예루살렘에 이르러 성을 에워쌌더니" (1:1) 하고 시작됩니다. 이것이 바벨론의 1차 침공입니다. 그런데 성경은 하나님이 "그의 손에 넘기시매"(1:2)라고 말씀한다는 점입니다. 그리하여 성전 기명들과 귀족들을 사로잡아갔는데 그중에 다니엘과 세 친구가 끼어있었습니다.

　　다니엘서는 크게 두 부분으로 나누어지는데 1-6장은 포로 중에 일어났던 역사적(歷史的)인 사건들을 진술하는 내용이고, 7-12장은 하나님께서 장차 이루실 하나님의 나라건설에 대한 묵시적(黙示的)인 말씀입니다. 앞부분(1-6장)의 역사적인 사건들은 자기 백성들과 함께 바벨론으로 내려가신 하나님께서 자신의 거룩하심을 어떻게 나타내셔서 영광과 찬양을 받으셨는가를 증언하는데 중심 점이 있습니다.

그러므로 다니엘서를 대할 때에,

㉠ 하나님은 어찌하여 자기 도성과 백성들을 대적에게 붙이셨는가 하는 문제(問題)와

㉡ 이처럼 선민 이스라엘이 멸망 당한 절망적인 상황에서 "이 여러 왕들의 시대에 하늘의 하나님이 한 나라를 세우시리니"(2:44) 한 하나님의 해답(解答)이 무엇인가 하는 점을 염두에 두어야 다니엘서의 기록목적을 파악할 수 있습니다.

문제

① 어찌하여 하나님은 자기 백성들을 대적의 손에 내어주셨는가? 이점을 다니엘은 기도를 통해서 자백하고 있습니다.

㉠ "우리는 이미 범죄하여 패역하며 행악하며 반역하여 주의 법도와 규례를 떠났사오며 우리가 또 주의 종 선지자들이 주의 이름으로 말씀한 것을 듣지 아니하였나이다"(9:5-6)하고 자백(自白)합니다. 그러면 그들이 범한 "반역"이 무엇인가 묻게 됩니다.

㉡ 이 점에서 유념해야 할 점은 구약교회가 심판당하게 된 원인이 윤리적(倫理的)인 죄가 우선이 아니라, 치명적인 죄는 우상숭배라는 신학적(神學的)인 죄 때문이라는 점입니다. 이처럼 우상을 숭배했다는 것은 하나님께서 아브라함과 다윗에게 세워주신 메시아언약을 버리고 다른 신을 좇았음을 가리킵니다. 이를 다니엘은 "반역"(9:5)이라고 말합니다.

하나님께서도 "유대인과 예루살렘 주민 중에 반역(叛逆)이 있도다

(렘 11:9), 끌고 바벨론으로 가서 나를 반역한 그 반역을 거기에서 심판하리라"(겔 17:20)고 말씀하십니다. 신구약을 막론하고 멸망 당하게 되는 원인은 그리스도를 배척하기 때문이요, 구원은 오직 그리스도의 구속을 통해서만이 가능하여진다는 점에 확고해야 합니다.

ⓒ 그리하여 "모세의 율법에 기록된 대로 이 모든 재앙이 이미 우리에게 내렸사오나"(9:13)라고 진술합니다. 모세는 유언과 같은 신명기에서 "보라 내가 오늘 생명과 복과 사망과 화를 네 앞에 두었나니, 네가 만일 마음을 돌이켜 듣지 아니하고 유혹을 받아 다른 신들에게 절하고 그를 섬기면 내가 오늘 너희에게 선언하노니 너희가 반드시 망할 것이라"(신 30:15,17-18)하고 경고했는데, 슬프게도 그대로 되고 만 것입니다. 이것이 구약교회가 심판을 당하게 된 원인이요, 문제(問題)입니다.

하나님의 이름

② 이럴 경우 예루살렘이 멸망하고 성전이 불에 타고 백성들이 포로로 끌려가게 되는 경우 중요하게 대두되는 문제가 있는데, 그것은 하나님의 거룩하신 "이름과 영예"입니다.

㉠ 느부갓네살은 성전(聖殿) 기명들을 가져다 "자기 신들의 신전에 가져다가 그 신들의 보물창고에 두었더라"(1:2)고 말합니다. 블레셋 사람들도 하나님의 궤를 빼앗아 "다곤의 신전에 들어가서 다곤 곁에 두었더니"(삼상 5:2) 합니다.

㉡ 또한 삼손을 끌고 가서도 "우리의 신이 우리 원수 삼손을 우리 손에 넘겨주었다 하고 다 모여 그들의 신 다곤에게 큰 제사를 드리고 즐거워"(삿 16:23)했습니다. 어떤 의미인가? 이렇게 한 것은 자신들의 신이 이스라엘의 신 "여호와"를 이겼음을 과시하기 위해서입니다. 예

루살렘이 멸망한 것, 백성들이 포로가 되었다는 것이 우선적인 문제가 아닙니다. 이는 자기중심적인 사상입니다. 백성들로 말미암아 하나님의 거룩하신 이름이 모독을 받으시게 되었다는 점, 이것이 최우선적인 문제라는 점을 명심해야 합니다.

③ 선지자들은 이를 알고 있었습니다. 다니엘은 기도하기를 "우리의 황폐한 상황과 주의 이름으로 일컫는 성을 보옵소서 우리가 주 앞에 간구하옵는 것은 우리의 공의를 의지하여 하는 것이 아니요 주의 큰 긍휼을 의지하여 함이니이다"(9:18-19)라고 "주의 이름"을 앞세우고 있습니다.

　㉠ 예레미야 선지자도 "여호와여 우리의 죄악이 우리에게 대하여 증언할지라도 주는 주의 이름을 위하여 일하소서"(렘 14:7)라고 탄원합니다. 시편 기자도 "우리 구원의 하나님이여 주의 이름의 영광스러운 행사를 위하여 우리를 도우시며 주의 이름을 증언하기 위하여 우리를 건지시며 우리 죄를 사하소서"(시 79:9)라고 "주의 이름과 영광"을 우선순위에 두고 간구합니다.

　　여호와여 영광을 우리에게 돌리지 마옵소서
　　우리에게 돌리지 마옵소서 우리에게 돌리지 마옵소서
　　오직 주는 인자하시고 진실하시므로
　　주의 이름에만 영광을 돌리소서(시 115:1) 합니다.

　㉡ 무슨 뜻인가? 포로에서 귀환하게 해달라는 간구입니다. 그런데 이것이 자신들의 영광을 위해서가 아니라는 것입니다. 자신들은 죄 값으로 징벌을 받아 마땅하지만 자신들 때문에 하나님이 이름이 모독을 당하는 것은 견딜 수 없다는 뜻입니다. 그래서 "오직 주는 인자하시

고 진실하시므로 주의 이름에만 영광을 돌리소서"라고 탄원하는 것입니다.

ⓒ 하나님은 말씀하십니다. "이스라엘 족속아 내가 이렇게 행함(포로귀환)은 너희를 위함이 아니요 너희가 들어간 그 여러 나라에서 더럽힌 나의 거룩한 이름을 위함이라 여러 나라 가운데에서 더럽힌 나의 큰 이름을 내가 거룩하게 할지라, 〈나의 거룩함을 나타내리니〉 내가 여호와인 줄을 여러 나라 사람이 알리라"(겔 36:22-23).

하나님의 이름과 영광을 위하여

이런 맥락에서 다니엘서를 상고할 때에 하나님의 거룩하심을 어떻게 나타내셨는가를 주목해야 합니다. 우리는 에스겔서에서 "내가 비록 그들을 멀리 이방인 가운데로 쫓아내어 여러 나라에 흩었으나 그들이 도달한 나라들에서 내가 잠깐 그들에게 성소(聖所)가 되리라"(겔 11:16) 하시는 망극하신 말씀을 대한 바 있습니다. 이는 하나님을 배신한 연고로 바벨론으로 포로가 되어가는 자기 백성들을 따라가시겠다는 뜻입니다. 말하자면 바벨론에 임시성전이 있게 된다는 뜻입니다.

〈1장〉

④ 1장에서 느부갓네살은 다니엘과 세 친구에게 왕의 "진미와 포도주"를 먹이면서 3년 동안 의식화 교육을 시키지만 "다니엘은 뜻을 정하여" 자기를 더럽히려 하지 않습니다. 이런 맥락에서 다니엘과 세 친구는 하나님의 이름과 영광을 나타내기 위하여 바벨론의 왕궁에 파송된 하나님의 사신(使臣) 역할을 감당하게 됩니

다.

〈2장〉

⑤ 하나님께서는 느부갓네살의 꿈을 통하여 "후일에 될 일"
(2:28)을 계시하십니다. 느부갓네살이 꿈에서 본 "순금 머리·은
가슴·놋 배·쇠 다리"(2장) 신상(神像)과 다니엘이 본 "사자·곰
·표범·넷째 짐승"(7장) 등은 동일한 계시인데, 바벨론·바사·
헬라·로마를 상징합니다.

㉠ 어찌하여 바벨론이 신상의 머리인가? 예루살렘이 바벨론에 의해서
멸망 당하여 이때로부터 "이방인의 때"가 시작되었기 때문입니다. 그
러므로 계시록에서는 "무너졌도다 무너졌도다 큰 성 바벨론이여"(계
14:8, 18:2)하고, 이방인의 때가 끝나게 되었다고 진술합니다. 종주
국(宗主國)이 바벨론·바사·헬라·로마로 바뀐다고 하여도 머리는
상징적으로 바벨론이라는 것입니다.

㉡ 그런데 신상을 통한 계시의 핵심은 "이 열왕(列王)의 때에 하늘의
하나님이 한 나라를 세우시리니" 한 "한 나라"에 있습니다. 다니엘서
의 핵심적인 단어는 "나라"입니다. 무려 68회 정도 등장합니다. 이
나라는 "영원히 망하지도 아니할 것이요 그 국권이 다른 백성에게로
돌아가지도 아니할 것"(2:44)이라고 말씀합니다. 세속국가는 망하고
국권이 다른 데로 옮겨지지만 하나님이 세우시는 한 나라는 영원한
나라라고 말씀합니다. 이점이 다니엘서에는 거듭 강조되어(4:3,34,
6:26, 7:14,27) 있습니다.

㉢ 그러면 영원히 망하지 아니할 "한 나라"를 어떻게 세우시는가? "또
왕이 보신즉 손대지 아니한 돌이 나와서 신상의 쇠와 진흙의 발을
쳐서 부서뜨리매"(2:34), 즉 발에 해당이 되는 로마 시대에 "기름
부음을 받은 자 곧 왕이 일어나서"(9:25) 신상을 부서뜨림으로 세운

다는 것입니다.

이는 그리스도의 죽으시고 다시 사시는 승리를 통하여 세워지게 될 것을 나타냅니다. 그때부터는 "발"의 시대, 즉 말세라고 말하는데 그 후에 "우상을 친 돌은 태산을 이루어 온 세계에 가득하였나이다"(2:35)라고 하나님의 나라가 확장될 것을 말씀합니다.

ⓔ 해몽을 들은 "이에 느부갓네살 왕이 엎드려 다니엘에게 절하고 명하여 예물과 향품을 그에게 주게 하니라 왕이 대답하여 다니엘에게 이르되 너희 하나님은 참으로 모든 신들의 신이시요 모든 왕의 주재시로다"(2:46-47), 포로인 다니엘에게 절하면서 이처럼 고백을 하다니! 하나님은 영광을 나타내시고 영광을 받으신 것입니다.

〈3장〉

⑥ 그럼에도 불구하고 느부갓네살은 신상을 만들어 절할 것을 강요함으로 주의 종들의 믿음이 시험을 받게 됩니다. 자신이 세운 신상을 섬기지 아니하고 절하지 아니하는 하나냐와 미사엘과 아사랴를 불가마 속에 집어 던지면서 말했습니다. "능히 너희를 내 손에서 건져낼 신이 누구이겠느냐"(3:15).

ㄱ 그러나 "불이 능히 그들의 몸을 해하지 못하였고 머리털도 그을리지 아니하였고 겉옷 빛도 변하지 아니하였고 불 탄 냄새도 없었더라 느부갓네살이 말하여 이르되 사드락과 메삭과 아벳느고의 하나님을 찬송할지로다 그가 그의 천사를 보내사 자기를 의뢰하고 그들의 몸을 바쳐 왕의 명령을 거역하고 그 하나님 밖에는 다른 신을 섬기지 아니하며 그에게 절하지 아니한 종들을 구원하셨도다 그러므로 내가 이제 조서를 내리노니 각 백성과 각 나라와 각 언어를 말하는 자가 모두 사드락과 메삭과 아벳느고의 하나님께 경솔히 말하거든 그 몸을 쪼개고 그 집을 거름터로 삼을지니 이는 이같이 사람을 구원할

다른 신이 없음이니라"(3:27-30)고 선언합니다. 하나님은 거룩하심을 나타내시고 영광을 받으신 것입니다. 얼마나 위대한 승리인가!

ⓛ 다니엘을 사자 굴에서 구원해내셨을 때에도 다리오 왕은 "내 나라 관할 아래에 있는 사람들은 다 다니엘의 하나님 앞에서 떨며 두려워할지니 그는 살아 계시는 하나님이시요 영원히 변하지 않으실 이시며 그의 나라는 멸망하지 아니할 것이요 그의 권세는 무궁할 것이며"(6:26-27)라고 찬양합니다. 이것이 "나의 거룩함을 나타내리니 내가 여호와인 줄을 여러 나라 사람이 알리라"(겔 36:23)는 의미입니다.

⑦ 그런데 명심해야 할 점은 불가마나 사자 굴에서 구원하는 것으로 더럽혀진 하나님의 거룩하신 이름이 온전히 회복되는 것이 아니요, 바벨론의 포로가 돌아옴으로 파괴 당한 하나님의 나라가 온전히 건설되는 것도 아니라는 점입니다.

ⓐ 인류의 시조 아담의 범죄로 말미암아 사탄의 노예가 된 자들이 돌아와야 하나님의 거룩하신 이름과 영예가 온전히 회복되는 것입니다. 이는 기사이적으로 되어지는 것이 아니라 그리스도의 대속으로 만이 가능하여지는 것입니다. 하나님은 이를 이루어나가고 계시는 중이며 다니엘서의 기록목적도 그리스도와 복음을 증언하기 위함임을 놓치지 말아야 합니다.

ⓛ 다니엘서에는 "금령"(禁令)이라는 말이 여섯 번(6:7,8,9,12,13,15) 그리고 "고치지 못한다"는 말이 네 번(6:8,12,15,17)이나 등장하는데 이는 하나님의 공의(公義)를 이해하는데 빛을 비춰줍니다. 다리오 왕은 다니엘을 구원하려 애를 쓰지만 "고칠 수 없는 금령" 때문에 사자 굴에 던지라 명합니다.

ⓒ 이 말씀은 우리를 "네가 먹는 날에는 반드시 죽으리라"(창 2:17)고

선언하신 하나님의 금령(禁令)으로 인도해 줍니다. 바벨론이나 메대와 바사 왕의 금령도 고칠 수 없다면, 하물며 의로우신 하나님이 발하신 금령(禁令)이겠습니까? 그리하여 온 인류는 하나님께서 "반드시 죽으리라" 하신 "금령 아래, 사망 아래" 있게 되었고, 이스라엘은 "모세의 율법에 기록된 대로"(9:11,13) 바벨론에 내어줌이 되었던 것입니다. 이들이 어떻게 구원을 얻을 수 있단 말인가? 이는 "불가마·사자 굴"에서 구출되듯이 기사이적으로 되는 것이 아닙니다. 죄의 구속으로만이 가능하여지는 것입니다.

다니엘서의 중심주제

⑧ 다음은 묵시적인 내용인 후반부(7-12장)인데 다니엘서의 핵심 장은 9장입니다. 왜냐하면 근본적인 해답인 "허물이 그치며 죄가 끝나며 죄악이 용서되며 영원한 의가 드러나는"(9:24) 점을 말씀하기 때문입니다. 이것이 어떻게 가능하여지는가?

㉠ "기름 부음을 받은 자가 끊어져(죽임을 당하여) 없어질 것"(9:26), 즉 그리스도의 대속을 통해서 가능하여진다는 것입니다. 이처럼 다니엘서에는 "기름 부음을 받은 자, 왕(9:25), 고난(9:26), 속죄(9:24), 부활(12:2), 재림(7:13), 심판, 나라를 얻음(7:22) 등 복음의 요소들이 다 들어있습니다. 이것이 다니엘서의 중심주제요 또한 구약성경의 중심주제입니다.

㉡ "인자 같은 이가 하늘 구름을 타고 와서 옛적부터 항상 계신 이에게 나아가 그 앞으로 인도되매 그에게 권세와 영광과 나라를 주고 모든 백성과 나라들과 다른 언어를 말하는 모든 자들이 그를 섬기게 하였으니"(7:13-14) 합니다. 또한 "옛적부터 항상 계신 이가 와서 지극히 높으신 이의 성도들을 위하여 원한을 풀어주셨고 때가 이르매 성

도들이 나라를 얻었더라"(7:22) 합니다.

ⓒ 이 "나라와 왕"은 하나님이 다윗에게 "네 집과 네 나라가 내 앞에서
영원히 보존되고 네 왕위가 영원히 견고하리라"(삼하 7:16)고 세워
주신 언약과 동일한 나라요, "보라 네가 잉태하여 아들을 낳으리니
그 이름을 예수라 하라 그가 큰 자가 되고 지극히 높으신 이의 아들
이라 일컬어질 것이요 주 하나님께서 그 조상 다윗의 왕위를 그에게
주시리니 영원히 야곱의 집을 왕(王)으로 다스릴 것이며 그 나라가
무궁하리라"(눅 1:31-33)에서 성취될 "왕과 나라"인 것입니다.

하나님의 주권

⑨ 이런 맥락에서 다니엘서에는 하나님의 주권이 강조되어 있
습니다. "지극히 높으신 이가 사람의 나라를 다스리시며 자기의
뜻대로 그것을 누구에게든지 주시며 또 지극히 천한 자를 그 위
에 세우시는 줄을 사람들이 알게 하려 함이라"(4:17) 합니다. 이
말씀이 4장에만 세 번(4:17,25,32) 강조되어 있습니다.

ⓐ "또 왕이 보신즉 손대지 아니한 돌이 나와서" 신상을 쳐서 부서뜨린
다고 말씀하는데, 5장에는 "손가락"이 나타나 벽에 심판을 선고하는
글을 쓰는 것을 보게 됩니다. 그것은 "하나님의 선한 손"(스 7:9,
28, 8:18,22,31)이었던 것입니다.

ⓑ 이처럼 주권적인 하나님께서 "한 나라"를 세우신다는 것입니다. 그러
므로 "이 돌 위에 떨어지는 자는 깨지겠고 이 돌이 사람 위에 떨어
지면 그를 가루로 만들어 흩으리라"(마 21:44), 즉 그 누구도 대적
할 수 없다는 말씀입니다.

일흔 이레의 기한

⑩ 다니엘서에서 가장 난해하고 이설이 많은 것은 "일흔 이레"(9:24)와 결부된 해석입니다. 그런데 묵시를 해석하는 원리는 분명한 것으로부터 분명하지 아니한 것으로 중요한 것에서 덜 중요한 것으로 나아가는 것입니다.

우리는 이제까지 분명한 계시, 중요한 중심주제들을 살펴보았습니다. 그러므로 다니엘서를 통해서 말씀하시려는 중심주제가 종말에 대한 시간표(時間表)를 계시하려는 것이 아니라는 점입니다. "일흔 이레"라는 말이 어째서 나오게 되었는가?

㉠ 문맥을 통해서 보면 다니엘은 "책(예레미야서)을 통해, 그 연수를 깨달았나니 곧 예루살렘의 황폐함이 칠십 년 만에 그치리라 하신 것이니라"(9:2), 이를 깨달은 다니엘은 금식하며 기도하는 중에 가브리엘 천사를 통해서 "일흔 이레"라는 기한을 듣게 된 것입니다.

㉡ 무슨 뜻인가? 다니엘분만이 아니라 모든 선지자들은 70년이 차고 "포로에서 귀환"하게 되면 메시아왕국이 이르게 될 것으로 기대하고 있었습니다. 즉 다윗과 같은 왕(메시아)이 나타나서 대적을 물리치고 옛날의 영광이 회복될 것을 기대했다는 것입니다.

그러나 하나님의 답변은 아니다. "70×7=일흔 이레"가 지나야 끝이 오리라 하신 셈입니다. 70이라는 숫자는 완전수 7에다 만수(滿數)인 10을 곱한(7×10) 상징적인 숫자로 보아야 합니다. 이는 주님께서 베드로에게 "일곱 번씩 일흔 번까지 용서하라" 하신 그런 의미와 맥을 같이 합니다. 그래서 "이는 이 환상이 오래 후의 일임이라"(10:14)하는 것입니다.

㉢ 다니엘서에는 일흔 이레분만이 아니라 "이천 삼백 주야, 1290일, 1335일" 등 숫자가 많이 등장합니다. 그런데 주님은 "너희가 선지

자 다니엘이 말한바 멸망의 가증한 것이 거룩한 곳에 선 것을 보거든"(마 24:15) 하고 다니엘서를 인용하시면서도 일흔 이레"와 같은 연수에 대해서는 언급하시지 않으셨다는 점을 유념할 필요가 있습니다. 신약의 서신서들에서도 언급이 없습니다. 다만 같은 상징으로 되어있는 계시록에서만 언급할 뿐입니다. 그러므로 이를 억지로 풀려고 무리를 가하기보다는 겸비한 마음으로 "때와 시기는 아버지께서 자기의 권한에 두셨음"(행 1:7)을 인정하는 것으로 족하다 하겠습니다.

ⓔ 신약성경은 "때가 찬 경륜(엡 1:9), 때가 차매 하나님이 그 아들을 보내사"(갈 4:4)라고 하나님의 "때"가 있다는 점을 말씀할 뿐 결코 숫자놀음을 하고 있지 아니합니다.

다니엘서의 기록목적

⑪ 이제 마지막으로 다니엘서의 기록목적을 말씀드려야 하겠습니다. 내용과 기록목적을 혼동해서는 안 됩니다. 다니엘서에는 "바벨론·바사·헬라" 등이 등장하지만 다니엘서의 1차 독자들은 느부갓네살이나 바벨론 사람들이 아니라 포로 중에 있는 하나님의 백성들임을 명심해야 합니다.

ⓐ 첫째는, 반역(우상숭배)한 자기 백성들을 깨우치기 위해서입니다. "느부갓네살에게 보여주신 신상 계시(2장), 불가마에서의 구원(3장), 교만한 느부갓네살의 징벌(4장), 잔치자리에 나타나 심판을 선고하는 손가락(5장), 사자 굴에서의 구원"(6장) 등을 대하면서 그들은 얼마나 통회하며 자복했을 것인가?

ⓑ 하나님은 예레미야 선지자를 통해서 말씀하십니다. "내가 이곳에서 옮겨 갈대아인의 땅에 이르게 한 유다 포로를 이 좋은 무화과같이 보잘 돌볼 것이라 내가 그들을 돌아보아 좋게 하여 다시 이 땅으로

인도하여 세우고 헐지 아니하며 심고 뽑지 아니하겠고 내가 여호와
인 줄 아는 마음을 그들에게 주어서 그들이 전심으로 내게 돌아오게
하리니 그들은 내 백성이 되겠고 나는 그들의 하나님이 되리라"(렘
24:4-7). 이것이 다니엘서의 첫째 기록목적입니다.

ⓒ 둘째는, 환난 중에 있는 자기 백성들을 "위로 · 격려 · 소망"을 주기
위해서입니다. 자신들의 처지를 돌아보았을 때 얼마나 낙심이 될 것
인가? 그런 중에서도 "지극히 높으신 이의 성도들이 나라를 얻으리
니 그 누림이 영원하고 영원하고 영원하리라"(7:18)는 말씀과 하나
님의 구원계획을 알게 되었을 때 용기와 격려를 받았을 것입니다.

ⓔ 셋째는, 후대에 경고하기 위해서입니다. 구약교회가 어찌하여 바벨론
에 내어줌이 되고 안티오쿠스 에피파네스라는 적그리스도에게 짓밟
히게 될 것이라고 말씀하는가? "그의 악으로 말미암아 백성이 매일
드리는 제사가 넘긴 바 되었고, 죄악에 대한 일과 성소와 백성이 내
준 바 되며 짓밟힐 것"(8:12,13)이라 말씀합니다.

적그리스도에게 "넘긴 바 되고, 내어준 바 되었다"는 점을 명
심하십시다. 예루살렘의 멸망도 하나님이 느부갓네살에게 내어주
셨기 때문입니다. 어찌하여 에피파네스 와 같은 적그리스도에게
내어주시는가? 8:23절에서는 교회 내에 "반역자들이 가득"하기
때문에 "한 왕(적그리스도)이 일어나리니" 합니다. 알곡과 쭉정이
를 가르기 위해서라는 것입니다.

끝까지 견뎌라

⑫ 다니엘서는 마지막 장에서 "영생을 받을 자와 수치를 당하
여서 영원히 부끄러움을 당할 자도 있을 것"(12:2)을 말씀하면서,
"너는 가서 마지막을 기다리라 이는 네가 평안히 쉬다가 끝날에

는 네 몫을 누릴 것임이라"(12:13)하는 "기다림"으로 끝맺고 있습니다.

ㄱ 다니엘은 자기 당대에 임할 것으로 기대했으나 "평안히 쉬다가", 즉 오랜 후에 주님 재림의 나팔소리에 일어나게 될 것을 말씀하십니다. 다니엘도 "믿음을 따라 죽었으며 약속을 받지 못하였으되 그것들을 멀리서 보고 환영"(히 11:13)한 것이 됩니다. 그 "기다림"은 아직 끝나지 않았습니다.

ㄴ 이상에서 살펴본 대로 다니엘서의 중심주제도 주님께서 말씀하신바 "너희가 성경에서 영생을 얻는 줄 생각하고 성경을 연구하거니와 이 성경이 곧 내게 대하여 증언하는 것이니라"(요 5:39) 하신 그리스도를 증언하기 위함이요, "이 복음은 하나님이 선지자들을 통하여 그의 아들에 관하여 성경에 미리 약속하신 것이라"(롬 1:2) 한 복음을 증언하기 위함인 것입니다. 그리스도를 증언하기 위함이 아니라면 다니엘서가 우리에게 무슨 유익이 있단 말인가?

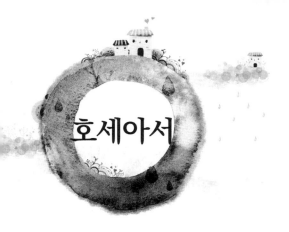

호세아서

주제 : 내가 네게 장가들어 영원히 살리라(2:19)

　　호세아 선지자는 북쪽 이스라엘이 앗수르에 의해서 패망하기 직전에 하나님께서 마지막으로 회개할 기회를 주기 위해서 세우신 선지자입니다. 그래서 호세아 선지자를 가리켜 "0시의 선지자, 상한 마음의 선지자"라 부르고 있는데, 이는 예레미야가 유다의 멸망을 목격해야만 했듯이 호세아도 북쪽 이스라엘의 멸망을 목격해야 했기 때문입니다. 호세아서는 크게 세 부분으로 나누어집니다.

　　첫 부분(1-3장)은 이스라엘이 자기 남편을 버리고 다른 정부(情夫)를 따라간 음부(淫婦)로 묘사되어 있습니다.

　　둘째 부분(4-10장)에서는 그들이 어찌하여 심판을 받아 마땅한

가를 말씀합니다. 성경은 문제에 대한 해답인데 이상이 문제(問題)입니다.

그런데 셋째 부분(11-14장)에서는 그들에게 회복을 약속하심으로 소망을 주시는데 여기에 문제에 대한 해답(解答)이 있습니다.

① 호세아서는 하나님께서 선지자에게 "너는 가서 음란한 여자를 맞이하여 음란한 자식들을 낳으라"(1:2)고 명하시는 것으로 시작이 됩니다. 선지자가 정결한 처녀가 아니라 음란한 여인을 아내로 맞이한다는 것은 합당하지 못한 처사인데 이렇게 명하시는 의도가 무엇인가? 이를 행위계시라 말하는데 호세아와 음란한 아내와의 관계를 통해서 하나님과 이스라엘의 관계를 계시하시려는 것입니다.

이점이 "이 나라가 여호와를 떠나 크게 음란함이니라"(1:2) 하신 말씀에 나타납니다. 선지자 호세아는 하나님의 대리자로 "음란한 여자"는 구약교회의 상태를 상징하는데, 교회가 음란한 여자같이 타락하게 되면 백성들이 "음란한 자식"같이 되고 맙니다. 이것이 호세아서가 안고 있는 문제(問題)입니다.

② 그러면 하나님께서 이 문제에 대한 해답(解答)으로 무엇을 말씀하시는가? "내가 네게 장가들어 영원히 살되 공의와 정의와 은총과 긍휼히 여김으로 네게 장가들리라"(2:19) 하십니다. 이 말씀에는 실로 엄청난 진리가 내포되어있습니다. "장가들리라"는 뜻은 하나님과의 관계를 나타내는 묘사인데,

㉠ 태초에 하나님은 "선악과" 언약을 통해서 아담 하와에게 장가드신

셈입니다. 그러나 아담 하와의 음란으로 파혼이 되고 말았습니다.

ⓒ 그 후 하나님은 선민 이스라엘과 "율법"이라는 언약을 통해서 장가 드셨습니다. 그러나 이 장가 드심도 "내가 그들이 남편이 되었어도 그들이 내 언약을 깨뜨렸음이라"(렘 31:32)고 깨어지고 말았던 것입니다.

ⓒ 이제 하나님은 "새 언약"을 통해서 그리스도 안에서 "장가"를 드시려는 것입니다. 이점이 "네게 장가들어 영원히 살리라" 하신 "영원(永遠)이라는 언급에 나타납니다. 다시는 파하여지지 않는다는 뜻인 것입니다.

ⓔ 장가든다 하실 때 인칭을 주목해보시기 바랍니다. "네게 장가들어 영원히 살되"(2:19)라고 나를 가리키듯 단수(單數)로 말씀하십니다. 만군의 여호와께서 창녀와 같은 "네게 장가들어"라는 말씀은 죄인 된 "내"가 들을 수 있는 지고(至高)지선(至善)의 말씀인 것입니다. 이 이상은 없습니다.

③ 두 몸 합하여 한 몸을 이루는 "장가들리라"는 것은 가장 가까운 관계만을 나타내는 것이 아니라 하나 됨, 즉 연합(聯合)을 의미합니다. 시조의 범죄로 말미암아 하나님과의 관계는 분리되었고 합할 수 없는 처지가 되었는데 의로우신 하나님이 죄인과 연합하는 것이 어떻게 가능해진단 말인가?

ⓐ 하나님은 "내가 네게 장가들어 영원히 살되 공의와 정의와 은총과 긍휼히 여김으로 네게 장가들며"(2:19)라고 말씀하십니다. 열거한 네 가지 덕목은 하나님의 두 가지 속성을 나타내는데, "공의와 정의"는 하나님의 의로우신 속성을 나타내고 "은총과 긍휼히 여김"은 하나님의 사랑의 속성을 나타냅니다. 이렇게 하심으로 음부와 같은 우리에게 장가드는 것이 가능하여진다는 말씀입니다. 무슨 뜻인가?

ⓑ 이 말씀이 놀랍게도 하나님의 아들 예수 그리스도의 대속(代贖)을 통

해서 성취되었다는 점입니다. 주님께서 담당하신 십자가 사건은 하나님의 "공의와 사랑"이 동시에 나타난 사건입니다. 이것이 "공의와 정의와 은총과 긍휼히 여김으로 네게 장가들리라"는 뜻입니다. 이는 의문(儀文)이 아니라 복음인 것입니다. 여기에 소망이 있고 해답이 있는 것입니다.

이처럼 호세아서뿐만이 아니라 모든 선지서에는 "절망과 소망"이 교차적으로 나타납니다. 인간(고멜)의 행위로 보면 절망(絶望)입니다. 그러나 하나님께서 행해주시겠다는 여기에 소망(所望)이 있는 것입니다.

④ 그러므로 호세아서를 상고할 때에 결정적으로 중요한 요점은 1-3장에 "절망과 소망"이 여러 번 교차하고 있다는 점을 깨닫는 일입니다. 이를 놓치게 되면 길을 잃고 혼란에 빠지게 됩니다. 호세아는 음란한 아내와 결혼하여 "음란한 자식들"을 낳습니다. 이는 음란한 여인이 낳은 자식들입니다. 그렇다면 하나님께서 "내가 네게 장가들어" 낳게 될 자식들은 어떤 자식들일까요? 이 대조(對照)를 주목하시기 바랍니다.

㉠ "이스르엘이라 하라"(1:4), 즉 나라를 폐할 것임이니라 하십니다. 이는 음란한 여자가 낳은 자식으로 절망을 나타냅니다.

㉮ 그런데 "이스르엘의 날이 클 것임이로다"(1:11) 하십니다. 이것은 하나님이 네게 장가들어 낳게 될 자식, 즉 회복하여주시겠다는 말씀입니다. 여기에 소망이 있습니다.

㉡ "로루하마라 하라"(1:6), 즉 긍휼히 여기지 않으리라 하십니다. 이는 절망입니다.

㉯ 그런데 부정하는 "로"를 떼어버리고 "너희 자매에게는 루하마라 하라"(2:1), 즉 긍휼히 여기리라 하십니다. 여기에 소망이 있습

니다.

ⓒ 로암미라 하라(1:9), 즉 내 백성이 아니라 하십니다. 이는 절망을 뜻합니다.

　㉑ 그런데 부정하는 "로"를 떼어버리고 "너희 형제에게는 암미라 하라"(2:1), 즉 내 백성이라 하십니다. 여기에 소망이 있습니다.

ⓔ "그는 내 아내가 아니요 나는 그의 남편이 아니라"(2:2) 하십니다. 이는 절망입니다.

　㉒ 그런가 하면 "내가 네게 장가들어 영원히 살되"(2:19) 하십니다. 여기에 소망이 있는 것입니다.

ⓜ 또다시 "많은 날 동안 왕도 없고 지도자도 없고 제사도 없이"(3:4) 지낼 것을 말씀합니다. 이는 절망의 기간을 나타냅니다.

　㉓ 그런데 "그 후에 이스라엘 자손이 돌아와서 그들의 하나님 여호와와 그들의 왕 다윗을"(3:5) 구하게 될 것이라 하십니다.

어찌 보면 하나님은 이랬다저랬다 하시는 변덕이 많은 분처럼 보일 수가 있습니다. 아닙니다. 인간의 행위 중심으로 보면 절망뿐이라는 것입니다. 그러나 하나님께서 이루어주실 은총과 긍휼히 여기심, 즉 그리스도를 통한 구속에 소망이 있음을 반복해서 보여주고 있는 것이 호세아서의 중심적인 주제입니다.

⑤ 이런 맥락에서 3장에서는 "너는 또 가서 타인의 사랑을 받아 음녀가 된 그 여자를 사랑하라 하시기로 내가 은 열다섯 개와 보리 한 호멜 반으로 나를 위하여 그를 사왔다"(3:1-2)고 말씀하는데 이는 다름 아닌 구속교리가 등장하게 되는 것입니다.

이는 호세아와 고멜의 관계를 말씀하시려는 것이 아닙니다. 이를 예표로 하여 자기 아들을 대속제물로 내어주시고 우리를 구속하여주실 것을 계시하고 있는 것입니다. 그래서 장가드심이 가능하여진다는 것입니다.

⑥ 하나님은 음부 같은 이스라엘을 향해 "내가 어찌 너를 놓겠느냐, 내가 어찌 너를 버리겠느냐" 하시면서, "내 마음이 내 속에서 돌이키어 나의 긍휼히 온전히 불붙듯 하도다"(11:8) 하십니다. 그런데 하나님의 사랑이 불붙듯 하고만 있었던 것은 아닙니다. 그렇게만 하셨다면 장가드심은 불가능했을 것입니다.

㉠ 말로만 사랑하신 것이 아니라 "내가 그들을 스올의 권세에서 속량하며 사망에서 구속하리니"(13:14)하고 사랑을 나타내셨던 것입니다. 성경은 말씀합니다. "하나님의 사랑이 우리에게 이렇게 나타난 바 되었으니 하나님이 자기의 독생자를 세상에 보내심은 그로 말미암아 우리를 살리려 하심이라"(요일 4:9)

㉡ 호세아는 북 왕국 이스라엘을 위하여 세움을 받은 선지자입니다. 북 왕국은 우상숭배의 토대 위에 세워진 나라였던 것입니다. 벧엘이란 "하나님의 집"이란 뜻인데 그곳에다가 금송아지를 둔 것입니다. 그래서 호세아서에서는 벧엘이라 하지 않고 "벧아웬"(4:15, 5:8, 10:5), 즉 "사악한 집"이라고 부르고 있는 것입니다.

㉢ 하나님을 버리고 금송아지를 섬기기 시작한 그들은 자연스럽게 바알과 아스다롯 이라는 이방 신들을 섬기기에 이르렀고, 정치적으로는 하나님 중심에서 두리번거리는 어리석은 비둘기같이 애굽을 의지하는 자와 앗수르를 의지하는 자(7:11)로 양분되어 있었습니다. 이 두 가지, 즉 우상숭배와 하나님보다 이방을 의지하는 것을 간음 · 행음 · 음란 등으로 표현하고 있는 것입니다.

⑦ 그런 자들을 행해서 "내가 그들의 반역을 고치고 기쁘게 그들을 사랑하리니 나의 진노가 그에게서 떠났음이니라 내가 이스

라엘에게 이슬과 같으리니 그가 백합화같이 피겠고 레바논 백향목같이 뿌리가 박힐 것이라"(14:4-5)고 말씀하십니다. 이는 복음 시대에 성취될 예언인 것입니다.

  ㉠ "진노가 떠났다" 하시는데 이는 그리스도께서 대신 진노를 받으심으로만이 가능하여지는 것입니다. 그러므로 호세아서의 핵심은 "그 왕 다윗을 구하고"(2:5) 한 "다윗"인 것입니다. 이는 선지서의 일관된 예언인데 에스겔서 37:24절은 "내 종 다윗이 그들의 왕이 되리니 그들 모두에게 한 목자가 있을 것이라"고 예언합니다. 죽은 지 수백 년이나 된 다윗 왕을 구한다는 것은 영적 다윗 되시는 그리스도를 가리키는 명백한 예언인 것입니다. 이점을 1:11절에서는 "이에 유다 자손과 이스라엘 자손이 함께 모여 한 우두머리를 세우고 그 땅에서부터 올라오리니"하고 "두목" 즉 대표자로 말씀합니다.

  ㉡ 그러므로 호세아서를 통해서 말씀하시고자 하는 바도 "율법의 행위로 그(하나님)의 앞에 의롭다 하심을 얻을 육체가 없나니"(롬 3:20), 오직 "그리스도 예수 안에 있는 속량으로 말미암아 하나님의 은혜로 값없이 의롭다 하심을 얻은 자 된다"(롬 3:24)는 복음인 것입니다. 그런데 유대인들은 "하나님의 의를 모르고 자기 의를 세우려고 힘써 하나님의 의에 복종하지 아니"(롬 10:3)하다가 부딪쳐 넘어지고 만 것입니다.

⑧ 그러므로 호세아서는 "누가 지혜가 있어 이런 일을 깨달으며 누가 총명이 있어 이런 일을 알겠느냐 여호와의 도는 정직하니 의인은 그 길로 다니거니와 그러나 죄인은 그 길에 걸려 넘어지리라"(14:9)는 말씀으로 끝맺고 있는 것입니다. 여기에는 크게 두 가지 뜻이 있다 하겠습니다.

  ㉠ 첫째는, 이처럼 망극하신 하나님의 사랑과 복음 진리를 증언하면 모

든 사람들이 다 깨닫고 믿어 구원을 얻을 것인가? 아닙니다. "여호
와의 도" 즉 "십자가의 도가 멸망하는 자들에게는 미련한 것이요"(고
전 1:18)라고 말씀한 대로 "죄인은 그 도에 거쳐 넘어지게" 된다는
것입니다. 그러나 "구원을 받는 우리에게는 하나님의 능력이라"(고전
1:18), 즉 "의인이라야 그 도에 행하리라" 말씀하십니다.

ⓛ 둘째는, "누가 이를 전파하여 깨닫게 하겠느냐"는 의미가 있습니다.
그러므로 "불붙듯 하도다"(11:8) 하시는 하나님의 사랑을 증언하여
성도들로 하여금 자신의 신분이 그리스도의 신부라는 정체성을 깨닫
게 하여 정절을 지키도록 격려해야 할 사명이 설교자들에게 있는 것
입니다.

⑨ 끝으로 호세아서가 현대교회에 주는 도전이 무엇인가?
ㄱ "너는 말씀을 가지고 여호와께로 돌아오라"(14:2)는 것입니다. "내
백성이 지식이 없으므로 망하는도다"(4:6) 하십니다.

ⓛ "너희 묵은 땅을 기경하라"(10:12), 즉 굳을 대로 굳어진 마음 밭을
갈라는 것입니다. "마침내 여호와께서 오사 공의를 비처럼 너희에게
내리시리라" 하십니다.

ⓒ 형제여, 이런 진리를 깨닫게 해주시고 이런 사랑을 부어주셔서 하나
님과 화목하게 하시고, 자녀 되게 해주시고, 신부 되게 하여 주신 참
으로 선하시고 신실하신 하나님께 우리도 이렇게 고백하십시다. "모
든 불의를 제거하시고 선한 바를 받으소서 우리가 수송아지를 대신
하여 입술의 열매를 주께 드리리이다"(14:2) 아멘

요엘서

주제 : 누구든지 여호와의 이름을 부르는 자는 구원을 얻으리니(2:32)

요엘 선지자 당시 전대미문의 메뚜기 재앙을 만났습니다. 사람들은 발등에 떨어진 문제(問題)만을 보았지만, 선지자는 직면한 재앙 너머로 더 큰 재앙이 다가오고 있는 것을 원시(遠視)하면서 경고하고 있는 것이 요엘서입니다.

① 그러므로 요엘서의 핵심적인 낱말은 "여호와의 날"입니다. 이를 파악하는 것이 요엘서를 해석하는 열쇠가 됩니다. 전체가 세 장에 불과한 요엘서에 모두 다섯 번(1:15, 2:1,11,31, 3:14)이나 등장합니다. 그렇다면 "여호와의 날"이란 어떤 날인가? 요엘서

는 짧은 선지서지만 해석상 단순하지 않습니다. 왜냐하면 양파처럼 "여호와의 날"이 몇 겹으로 겹쳐져 있기 때문입니다.

　㉠ 발등에 떨어진 "여호와의 날"은 "팥중이가 남긴 것을 메뚜기가 먹고 메뚜기가 남긴 것을 느치가 먹고 느치가 남긴 것을 황충이 먹었도다"(1:4) 한 메뚜기 재앙입니다. 그런데 선지자란 당면한 메뚜기 재앙만을 보고 있는 근시안(近視眼)이 아닙니다.

　㉡ 그 너머로 "나라들로 그들을 관할(管轄)하지 못하게 하옵소서, 나라들 가운데에서 욕을 당하지 않게 할 것이며"(2:17,19)를 통해서 알 수 있듯이 대적의 침략을 내다보고 있는 것입니다. 이는 가까운 미래에 있을 "여호와의 날"입니다. 그러므로 "너희는 옷을 찢지 말고 마음을 찢고 너희 하나님 여호와께로 돌아올지어다"(2:13)라고 회개를 촉구합니다.

　② 그런데 요엘서가 지향하고 있는 궁극적인 "여호와의 날"은 "여호와의 크고 두려운 날이 이르기 전에 해가 어두워지고 달이 핏빛 같이 변하려니와"(2:31)한 종말론적(終末論的)인 "여호와의 날"입니다. 이는 주님께서 "이 날은 온 지구상에 거하는 모든 사람에게 임하리라"(눅 21:35) 하신 최후심판의 날입니다.

　이를 내다보았기에 "사람이 많음이여, 심판의 골짜기에 사람이 많음이여, 심판의 골짜기에 여호와의 날이 가까움이로다"(3:14)라고 최후심판을 경고하고 있는 것입니다. 이처럼 요엘서에는 근경(近景)·중경(中景)·원경(遠景)의 세 장면이 겹쳐있습니다.

삼중(三重)적인 적용

③ 이를 내다보는 선지자는 "슬프다 그 날이여 여호와의 날이 가까웠나니 곧 멸망같이 전능자에게로부터 이르리로다"(1:15)고 경고합니다. 그리하여 "너희는 금식일을 정하고 성회를 소집하여 장로들과 이 땅의 모든 주민들을 너희 하나님 여호와의 성전으로 모으고 여호와께 부르짖을지어다"(1:14) 합니다.

ㄱ 2:1절에서도 "시온에서 나팔을 불며 나의 거룩한 산에서 경고의 소리를 질러 이 땅 주민들로 다 떨게 할지니 이는 여호와의 날이 이르게 됨이니라 이제 임박하였으니" 합니다.

ㄴ 이처럼 "여호와의 날"이 근경·중경·원경, 즉 삼중(三重)으로 임하게 되는 것은 요엘 당시만 그러한 것은 아닙니다. "실로암의 망대가 무너져" 열여덟 명이 죽은 날도 여호와의 날인데, "너희도 만일 회개하지 아니하면 다 이와 같이 망하리라"(눅 13:3)고 더 큰 여호와의 날이 있으리라 경고하십니다. 그러므로 요엘서가 시공을 초월하여 선포하고 있는 핵심적인 경고는 "이제라도 금식하고 울며 애통하고 마음을 다하여 내게로 돌아오라 하셨나니 너희는 옷을 찢지 말고 마음을 찢고 너희 하나님 여호와께로 돌아올지어다"(2:12-13)하는 회개의 촉구입니다.

요엘서의 구조

④ 요엘서의 전체 구조(構造)도 다른 선지서와 마찬가지로 "절망과 소망, 문제와 해답"이 교차하고 있습니다.

ㄱ 먼저 1:1-2:17절까지는 심판을 경고하는 내용인데 "슬프다 그날이여 여호와의 날이 가까웠나니 곧 멸망같이 전능자에게로부터 이르리로다"(1:15)고 경고합니다.

㉮ 그런 후에 2:18-32절에서는 "그 때에 여호와께서 자기의 땅을

극진히 사랑하시어 그의 백성을 불쌍히 여기실 것이라(2:18), 그 후에 내가 내 영을 만민에게 부어 주리니"(2:28)하고, 긍휼히 여기심과 은혜의 단비가 부어집니다.

ⓛ 그런데 또다시 3:1-16절 상반 절까지는 "너희는 보습을 쳐서 칼을 만들지어다 낫을 쳐서 창을 만들지어다"(3:10)하고 심판의 경고입니다.

⑭ 그러나 요엘서는 심판과 절망으로 끝나는 것이 아니라, "그러나 여호와께서 그의 백성의 피난처, 이스라엘 자손의 산성이 되시리로다, 이제는 갚아 주리니 이는 여호와께서 시온에 거하심이니라"(3:16상,21)는 위로와 회복하여주시겠다는 소망으로 마치고 있습니다.

ⓒ 이처럼 "여호와의 날"은 "구원(救援)과 멸망"(滅亡)이라는 두 가지 양상으로 임한다는 사실입니다. 노아 당시에 임한 "여호와의 날" 곧 홍수심판이 불신자들에게는 멸망의 날이었으나, 노아의 여덟 식구에게는 "구원의 날"이었던 것입니다. 최후로 임할 "여호와의 날"도 불신자들에게는 심판으로 임할 것이나 믿는 자들에게는 몸의 구속을 얻게 되는 구원의 날인 것입니다.

더욱 넘치는 은혜

⑤ 그러므로 요엘서에는 심판의 경고가 두려운 만큼 그보다 더욱 축복과 구원과 은혜가 풍성하게 약속되어 있습니다. "땅이여 두려워하지 말고 기뻐하며 즐거워할지어다 여호와께서 큰일을 행하셨음이로다"(2:21)고 말씀합니다.

그러면 하나님이 행해 주신 "큰일"이 무엇인가? 1차적으로는 "너희를 위하여 비를 내리시되 이른 비를 너희에게 적당하게 주시리니 이른 비와 늦은 비가 예전과 같을 것이라”(2:23)는 말씀입니다.

⑥ 그런데 “여호와께서 큰일을 행하셨다”는 말씀을 구속사라는 맥락으로 보면 어떤 의미가 되는가? 성경 상 하나님이 행해주신 “큰일”, 그리하여 “땅이여 두려워하지 말고 기뻐하며 즐거워할지어다”(2:21)한 “큰일”은 크게 두 가지입니다.

  ㉠ 첫째로 행하신 “큰일”은 자기 아들을 이 땅에 보내셔서 대속 제물로 내어주신 일입니다. 그러므로 본문에서는 “누구든지 여호와의 이름을 부르는 자는 구원을 얻으리니(2:32), 여호와의 성전에서 샘이 흘러 나온다”(3:18)라고 말씀합니다. 그러므로 그리스도를 잉태한 마리아도 그의 찬가에서 “능하신 이가 큰일을 내게 행하셨다”(눅 1:49)고 진술한 것입니다.

  ㉡ 둘째로 행해주신 “큰일”은 “ 후에 내가 내 영을 만민에게 부어 주리니”(2:28) 하신 성령강림(행 2:11)입니다. 오순절 성령강림 후에 베드로는 소리를 높여 “이 일을 너희로 알게 할 것이니 내 말에 귀를 기울이라, 이는 곧 선지자 요엘을 통하여 말씀하신 것이라”(행 2:14,16)고 2:28절을 인용하여 이 예언에 대한 성취임을 증언했습니다. 그들은 말했습니다. “우리가 다 우리의 각 언어로 하나님의 큰일을 말함을 듣는도다”(행 2:11). 이것이 하나님의 구원계획에서 행해주신 여호와의 큰일입니다.

  ㉢ “내가 내 영을 만민에게 부어 주리니”라는 말씀을 예사로 여겨서는 아니 됩니다. 왜냐하면, “나의 영이 영원히 사람과 함께 하지 아니하리니 이는 그들이 육신이 됨이라”(창 6:3)고, 하나님과의 관계가 단절되었던 것이 회복될 것임을 가리키기 때문입니다. 구약시대에도 성령의 역사는 있었습니다. 그러나 특별한 사람에게 특별한 경우로 제

한적(制限的)이었습니다.

㉣ 그런데 "만민"(萬民), 즉 "자녀·늙은이·젊은이"들에게 부어주시는 날이 이르게 된다고 말씀합니다. 더욱 놀라운 것은 "남종과 여종에게 부어줄 것이며"(2:28-29)라고 가장 비천한 노예들에게도 부어주신다고 말씀하십니다.

⑦ 이런 날이 이르게 되면 모든 벽이 무너지고 아무런 차별이 없이 "누구든지 여호와의 이름을 부르는 자는 구원을 얻으리니"(2:32)한 여호와의 이름을 부르느냐 거부하느냐, 즉 믿느냐 믿지 않느냐의 차별만이 있을 뿐이라 말씀합니다.

그리고 그리스도께서 담당하실 구속사역과 "성령강림"이라는 두 가지 큰일은 불가분의 관계라는 점입니다. 주님은 "내가 너희에게 실상을 말하노니 내가 떠나가는 것(죽으심)이 너희에게 유익이라 내가 떠나가지 아니하면 보혜사(성령)가 너희에게로 오시지 아니할 것이요 가면 내가 그를 너희에게로 보내리니"(요 16:7)라고 말씀하셨습니다. 왜냐하면 성령은 주님께서 "다 이루었다" 하신 이루어 놓으신 복음을 전해주기 위해서 오시는 분이시기 때문입니다. 성경에서 이 두 가지 사건보다 더 큰일은 없습니다.

하나님이 행해주신 두 가지 큰일

⑧ 요엘서의 내용을 요약하면,

㉠ 1장에 묘사된 광경은 분명히 역사적으로 일어난 메뚜기 재앙에 대한 묘사입니다.

㉡ 그런데 2장에 묘사된 광경(1-11)은 계속 메뚜기의 재앙을 다루고

있는지 아니면 외적(外敵)의 침략을 다루고 있는지 분간하기 어렵습니다. 그것은 메뚜기 떼가 엄습하는 그림과 북방으로부터 메뚜기 떼처럼 침략해 오는 군대의 두 그림이 겹쳐져 있기 때문입니다. 이것을 계시의 복합성(複合性)이라고 말합니다.

ⓒ 그런데 성경에 등장하는 재앙이란 그것이 홍수이든지, 불이든지, 메뚜기이든지, 적군이든지 간에 궁극적으로는 최후심판에 대한 경고라는 사실입니다. 그러니까 1장의 메뚜기 재앙이, 2장에서는 외적(外敵)의 침입으로, 3장에서는 최후(最後)의 심판으로 발전하고 있는 것이 요엘서의 구조(構造)입니다.

⑨ 그러므로 3장에 묘사된 광경들은 종말(終末)에 있을 장면들입니다. "사람이 많음이여, 심판의 골짜기에 사람이 많음이여, 심판의 골짜기에 여호와의 날이 가까움이로다"(3:14) 한 말씀은 "또 내가 보니 죽은 자들이 큰 자나 작은 자나 그 보좌 앞에 서 있는데 책들이 펴있고 또 다른 책이 펴졌으니 곧 생명책이라 죽은 자들이 자기 행위를 따라 책들에 기록된 대로 심판을 받으니"(계 20:12) 한 계시록으로 인도해 줍니다.

㉠ 우리가 명심해야 할 점은 "여호와의 날"이란 다가오고 있는 "한 날" 만이 아니라는 사실입니다. 날(日)들이 모여 달(月)이 되고, 해(年)가 되듯이, 매일 매일이 "여호와의 날"이라는 각성이 필요합니다. 점(點)들이 모여서 선(線)이 되기 때문입니다. 메뚜기의 재앙이 전국을 휩쓸던 날도 "여호와의 날"이었습니다.

㉡ 바벨론의 군대가 예루살렘을 불사르던 날도 분명 여호와의 날이었습니다. 그런데 쓰나미가 덮치던 날도 여호와의 날이요, 미국의 국제무역센터가 주저앉던 날도 여호와의 날이요, 성수대교가 붕괴되던 날도 여호와의 날이요, 당신이 교통사고를 당하던 날도 "여호와의 날"이라

는 고백이 있어야만 한다는 말씀입니다.

ⓒ 다가오고 있는 "크고 심히 두려운 여호와의 날"(2:11)을 부인하는
자들이 있습니다. 그런가 하면 미래에 있을 여호와의 날을 믿는다고
말하면서도 매일 매일이 여호와의 날임을 망각하고 살아가는 사람들
이 있습니다.

여호와의 날

⑩ 요엘 선지자가 "그 후에 내가 내 영을 만민에게 부어 주리
니" (2:28)하고, "그 후"라 한 말씀을 베드로는 "말세에"(행 2:16)
라고 재해석하고 있는 것을 보게 됩니다. 이는 요엘 선지자가 예
언하던 "여호와의 날"이 이미 임하였음을 의미합니다. 그렇습니
다. "말세"(末世)란 계시사(啓示史)적인 말세, 즉 마지막 계시가
임하였다는 뜻입니다. 예수 그리스도의 강림은 구약의 계시를 포
괄적으로 성취하신 마지막 계시이기 때문입니다.

㉠ 그러므로 성경이 말씀하고 있는 말세란 그리스도의 초림으로부터 재
림까지의 전 기간을 의미합니다. 바로 우리는 "말세에 고통 하는 때,
사람들이 자기를 사랑하며 돈을 사랑하며… 쾌락을 사랑하기를 하나
님 사랑하는 것보다 더하는"(딤후 3:1-4) "고통하는 때"를 살아가고
있는 것입니다.

㉡ 요엘서가 우리에게 촉구하는 바는 "여호와의 말씀에 너희는 이제라
도 금식하고 울며 애통하고 마음을 다하여 내게로 돌아오라 하셨나
니 너희는 옷을 찢지 말고 마음을 찢고 너희 하나님 여호와께로 돌
아올지어다 그는 은혜로우시며 자비로우시며 노하기를 더디하시며
인애가 크시사 뜻을 돌이켜 재앙을 내리지 아니하시나니"(2:12,13)
라는 말씀입니다.

ⓒ 그러므로 요엘서는 현대교회를 향해서 "너희가 이제라도 마음을 찢으며 하나님께로 돌아오면 구원을 얻으려니와 끝내 거절하면 심판당하게 된다"고 외치고 있는 것입니다. 우리는 지금 "은혜받을만한 기간"을 살아가고 있는 것입니다.

아모스

주제 : 그 날에 내가 다윗의 무너진 장막을 일으키리라(9:11)

아모스는 주로 북쪽 이스라엘을 위하여 세움을 받은 선지자입니다. 그가 활동한 시기를 "유다 왕 웃시야의 시대 곧 이스라엘 왕 요아스의 아들 여로보암의 시대"(1:1)라고 밝혀주고 있습니다. 그렇다면 이 시기는 남북 왕국의 융성기(隆盛期)입니다.

    ㉠ 남쪽 유다 왕 웃시야는 블레셋·에돔·암몬 등을 정복하여 "웃시야가 매우 강성하여 이름이 애굽 변방까지 퍼졌더라"(대하 26:8) 한 시기요,

    ㉡ 북쪽 여로보암 Ⅱ세는 41년을 위에 있으면서 "여로보암이 이스라엘 영토를 회복하되 하맛 어귀에서부터 아라바 바다까지 하였으니"(왕하 14:25)라고 말씀함 같이 나라를 흥왕하게 하였던 것입니다. 그러나 남북이 정치적인 안정과 물질적인 풍요는 누렸으나 영적으로는 퇴폐

(頹廢)한 시대였던 것입니다.

이런 시기에 하나님께서는 아모스를 택하셔서 선지자로 세우셨습니다. 그는 남쪽 유다 지경인 드고아 사람이요, 목자요, 뽕나무를 배양하는 농부(7:14)였습니다. 그는 말합니다. "나는 선지자가 아니며 선지자의 아들도 아니라 나는 목자요 뽕나무를 재배하는 자로서 양 떼를 따를 때에 여호와께서 나를 데려다가 여호와께서 내게 이르시기를 가서 내 백성 이스라엘에게 예언하라 하셨나니"(7:14-15).

아모스의 신분과 활동한 시기

① 이러한 아모스를 선지자로 세우심은 파격적(破格的)인 택하심이라고 말할 수밖에 없습니다. 그렇다면 이렇게 하신 의도가 어디에 있는가를 생각하게 합니다. 이를 그의 사역을 통해서 엿볼 수 있습니다.

㉠ 다른 선지자들도 마찬가지입니다만 특히 아모스는 주로 백성의 지도 계급, 즉 불의한 재판장(2:3), 부자(2:7), 권세자(4:1), 유명인사(6:1), 거짓 제사장(7:17), 왕(7:9) 등을 책망하기 위해서 세움을 받은 선지자입니다.

㉡ 왜냐하면 백성을 잘못 인도하고 있는 책임이 이들 지도자들에게 있었기 때문입니다. 그러므로 아모스의 경고는 "머리"를 겨냥하고 있는 것입니다. 아모스서에는 "궁·궁궐"이라는 말이 열여덟 번, "불을 보내리니"라는 말씀도 일곱 번이나 나옵니다. 왕이 거하는 궁궐에 불을 보내어 사르겠다는 것입니다.

㉢ "내가 유다에 불을 보내리니 예루살렘의 궁궐들을 사르리라"(2:5),

"내가 일어나 칼로 여로보암의 집을 치리라" 하십니다. 왕궁을 향하여 이처럼 무서운 예언을 하기 위해서는 생명을 내놓지 않고는 불가능한 일이었을 것입니다. 이러한 사명을 감당하게 하기 위해서 직업적인 선지자가 아니라 세례요한과 같은 들 사람, 순수하고 투박하고 겁 모르는 농부를 들어 쓰셨던 것입니다.

시온에서 부르짖는 하나님

② 그러므로 아모스의 제 일성(一聲)은 "여호와께서 시온에서부터 부르짖으시며 예루살렘에서부터 음성을 발하시니"(2상)라는 말입니다. "여호와께서 이르시되"하는 것이 아니라 "부르짖는다"는 것입니다. 이 한마디에 아모스서 전체의 음율(音律)과 색조(色調)가 나타나 있는 것입니다.

    ㉠ 그 "부르짖음"을 무엇에 비유하고 있느냐 하면, "사자가 움킨 것이 없는데 어찌 수풀에서 부르짖겠으며 젊은 사자가 잡은 것이 없는데 어찌 굴에서 소리를 내겠느냐"(3:4)고 사자의 부르짖음에 비유하고 있습니다. 아모스는 "사자가 부르짖은즉 누가 두려워하지 아니하겠느냐 주 여호와께서 말씀하신즉 누가 예언하지 아니하겠느냐"(3:8) 하면서 사자처럼 부르짖었던 선지자였습니다.

    ㉡ 그러므로 아모스서에는 "여호와께서 이르시되"라는 말도 스물두 번 이상이나 등장합니다. 이는 무엇을 의미하느냐 하면 "이는 내 말이 아니라"는 점을 나타냅니다. 이처럼 아모스 선지자는 두려운 줄 모르고 오직 하나님의 말씀만을 담대히 선포했던 것입니다.

③ 아모스서는 크게 네 부분으로 나누어집니다.
    ㉠ 1-2장은 이스라엘 주변(周邊)의 여덟 민족에 대한 심판을 선언하는

것으로 시작하여, 심판의 초점이 유다와 이스라엘로 좁혀지고 있습니다.

ⓛ 3-6장은 이스라엘의 심판을 선언하는 내용인데 "여호와의 말씀을 들으라"(3:1, 4:1, 5:1, 6:1)고 먼저 이유를 말한 후에, "그러므로"(3:11, 4;12, 5:16, 6:7)하고 심판을 선고하는 구조(構造)가 네 번 반복되고 있습니다.

ⓒ 7장부터 9:10절까지는 메뚜기(7:1), 불(7:4), 다림줄(7:7), 여름과일(8:1), 제단 곁에 서신 하나님(9:1) 등 다섯 환상을 들어서 말씀하시는 내용입니다.

ⓔ 9:11-15절은 이스라엘에 대한 회복의 말씀인데 비록 다섯 절에 불과한 짧은 문단이지만, 여기가 앞부분에서 진술한 문제(問題)에 대한 해답(解答)과 소망이 있는 아모스서의 중심부인 것입니다.

그러므로 1:1-9:10절까지의 내용들이 인간의 범죄의 결과로 인한 심판을 받게 되는 내용이라면, 9:11-15절은 "내가" 하고 하나님께서 주권적으로 행해주시겠다고 약속하시는 은혜(恩惠)입니다. 그리고 언제나 "해답과 은혜"는 예수 그리스도의 구속으로 말미암아 가능하여진다는 점을 확고히 해야 합니다.

가까이 다가오고 있는 그 날

④ 아모스서를 상고하노라면 점점 가까워지는 심판자의 발자국 소리를 듣게 되는데, "쿵"하고 저 멀리 "다메섹"(1:3)으로부터 들려오기 시작한 심판자의 발자국 소리는 "가사"(1:6)와 "두로"(1:9)와 "에돔"(1:11)과 "암몬"(1:13)과 "모압"(2:1)에서 "쿵, 쿵" 하고 점점 가까이 다가옵니다.

ⓐ 이들은 이스라엘의 주변국들인데 이들이 심판을 받게 되는 이유는

직접적이든 간접적이든 하나님의 백성들에게 강포를 행한 죄악들입니다. 하나님은 이를 잊지 않으시고 행한 대로 보응하시려는 것입니다. 왜냐하면 하나님의 백성을 괴롭힌 죄가 곧 하나님께서 이루어나가시는 하나님의 나라 건설을 대적한 것이기 때문입니다.

ⓛ 이제 심판자의 발자국 소리는 먼저 "유다"(2:4)에까지 이르게 되는데 "내가 그 벌을 돌이키지 아니하리니 이는 그들이 여호와의 율법을 멸시하며 그 율례를 지키지 아니하고 그의 조상들이 따라가던 거짓 것에 미혹되었음이라"(2:4)고 선고하십니다.

ⓒ 유다의 죄는 크게 두 가지를 들고 있는데, 첫째는 "여호와의 율례를 멸시했다"는 것이고, 둘째는 "거짓 것에 미혹", 즉 우상을 숭배한 죄입니다. 이는 앞에서 심판을 선고한 여섯 이방 나라에게는 묻지 않았던 죄목들입니다. 왜냐하면 그들에게는 "여호와의 율례"가 없었기 때문입니다. "율례"는 "이는 구원이 유대인에게서 남이니라"(요 4:22) 하신 선민에게만 주셨던 구별된 법이었던 것입니다.

ⓔ 드디어 심판자의 발이 "쾅"하고 "이스라엘"(2:6) 위에 떨어집니다. 성경이 이러한 순서로 말씀하고 있는 것은 결코 무심한 일이 아닙니다. 왜냐하면 하나님의 백성이 되었다는 영광스러움에는 더 엄격한 책임을 묻게 되리라는 점을 말씀해주고 있기 때문입니다. 이점이 3:2절에서 "내가 땅의 모든 족속 가운데 너희만을 알았나니 그러므로 내가 너희 모든 죄악을 너희에게 보응하리라"는 언급에 나타납니다.

왜냐하면… 그러므로

⑤ 아모스 선지자는 이스라엘의 죄를 책망하되 먼저 이유를 말하고 다음에 심판을 선언하는, "왜냐하면… 그러므로"라는 틀을

유지하고 있습니다. 이 "그러므로"가 네 번 반복되는데 주목할 점입니다.

　ⓐ 첫 번 "그러므로"는 3:11절에 나오는데 "그러므로, 네 궁궐을 약탈하리라" 하십니다. 〈왜냐하면〉, 그 "궁궐에서 포학과 겁탈"(3:10)이 자행되고 있기 때문이라는 것입니다.

　ⓑ 두 번째 "그러므로"는 4:12절에 나오는데 "그러므로 이스라엘아 내가 이와 같이 네게 행하리라 내가 이것을 네게 행하리니 이스라엘아 네 하나님 만나기를 준비하라" 하십니다. "만나기를 준비하라"는 뜻은 축복과 결부된 말씀이 아니라 심판받을 각오를 하라는 엄숙한 선고인 것입니다. 그야말로 "살아 계신 하나님의 손에 빠져 들어가는 것이 무서울진저"(히 10:31)인 것입니다.
　　〈왜냐하면〉, 바산의 암소들처럼 살찌고 강한 자들이 약하고 궁핍한 자를 압제한 까닭(4:1-3)이며, 벧엘에 세워놓은 금송아지 우상을 숭배(4:4-5)했기 때문이라는 것입니다.

　ⓒ 세 번째 "그러므로"는 5:16절에 나오는데 "그러므로 주 만군의 하나님 여호와께서 이와 같이 말씀하시기를 사람이 모든 광장에서 울겠고 모든 거리에서 슬프도다 슬프도다 하겠으며 농부를 불러다가 애곡하게 하며 울음꾼을 불러다가 울게 할 것이며" 하고 그들이 당할 심판의 참상을 경고합니다. 〈왜냐하면〉 "여호와께서 이스라엘 족속에게 이와 같이 말씀하시기를 너희는 나를 찾으라 그리하면 살리라 벧엘을 찾지 말며, 너희는 여호와를 찾으라 그리하면 살리라"(5:4-6)고 회개를 촉구하였으나, 도리어 "무리가 성문에서 책망하는 자를 미워하며 정직히 말하는 자를 싫어"(5:10)했기 때문이라는 것입니다. 그렇다면 심판은 피할 길이 없는 것입니다.

　ⓓ 네 번째 "그러므로"는 6:7절에 나오는데 "그러므로 그들이 이제는 사로잡히는 자 중에 앞서 사로잡히리니" 하고 지도자들이 먼저 포로가 될 것을 경고하십니다. 〈왜냐하면〉, 여호와의 경고를 무시하고

"너희는 흉한 날이 멀다 하여 포악한 자리로 가까워지게 하고 상아 상에 누우며 침상에서 기지개 켜며, 비파 소리에 맞추어 노래를 지절거리며"(6:3-5) 열락(悅樂)에 빠져있었기 때문이라는 것입니다.

돌아오지 아니하였느니라

⑥ 또한 4장에는 "너희가 내게로 돌아오지 아니하였느니라"는 말씀을 다섯 번이나 반복하는 심각한 내용이 있습니다.

㉠ 첫 번은 "또 내가 너희 모든 성읍에서 너희 이를 깨끗하게 하며 너희의 각 처소에서 양식이 떨어지게 하였으나 너희가 내게로 돌아오지 아니하였느니라"(6) 하십니다.

㉡ 둘째로 "내가 너희에게 비를 멈추게 하여(가뭄), 마시지 못하였으나 너희가 내게로 돌아오지 아니하였느니라"(7-8) 하십니다.

㉢ 셋째로 "내가 곡식을 마르게 하는 재앙과 깜부기 재앙으로 너희를 쳤으나, 너희가 내게로 돌아오지 아니하였느니라"(9) 하십니다.

㉣ 넷째로 "내가 너희 중에 전염병 보내기를 애굽에서 한 것처럼 하였으나, 너희가 내게로 돌아오지 아니하였느니라"(10) 하십니다.

㉤ 다섯 번째로 "내가 너희 중의 성읍 무너뜨리기를 하나님인 내가 소돔과 고모라를 무너뜨림같이(전쟁 또는 지진) 하였으나, 너희가 내게로 돌아오지 아니하였느니라"(11) 하십니다.

이를 대하면서 무엇을 느끼며 깨닫게 되는가? 하나님께서 그들이 돌아오기를 얼마나 원하셨으며, 얼마나 오래 참고 기다리셨는가를 깨닫게 됩니다. 그러므로 그들이 심판당한다고 하여도 핑계할 수 없다는 점을 말해주고 있는 것입니다. "그러므로 이스라엘아 내가 이와 같이 네게 행하리라 내가 이것을 네게 행하리니 이스라엘아 네 하나님 만나기를 준비하라"(4:12)는 선고에 이르게 된 것입니다.

정의와 공의

⑦ 그러면 하나님께서 자기 백성들에게 요구하시는 바가 무엇인가? "정의와 공의"입니다. "정의를 쓴 쑥으로 바꾸며 공의를 땅에 던지는 자들아"(5:7) 하십니다. "오직 정의를 물같이, 공의를 마르지 않는 강 같이 흐르게 할지어다"(5:24) 하십니다. 6:12절에서도 "그런데 너희는 정의를 쓸개로 바꾸며 공의의 열매를 쓴 쑥으로 바꾸었다" 하십니다.

　㉠ 이 점에서 통찰력이 필요한데 왜냐하면 "정의와 공의"를 사회정의(社會正義)라는 개념으로만 생각하는 경향이 있기 때문입니다. 아모스 선지자는 구약교회를 향하여 설교하고 있다는 점을 망각해서는 안 됩니다. 그리고 오늘날 아모스서는 현대교회에 주어진 말씀인 것입니다. 하나님께서는 철학자들이 꿈꾸는 이상국가(理想國家)를 건설하시려는 것이 아닙니다. "정의와 공의가 시행되는 나라가 어느 나라인가? 메시아왕국입니다.

　㉡ 이사야서는 "이는 한 아기가 우리에게 났고 한 아들(메시아)을 우리에게 주신 바 되었는데, 또 다윗의 왕좌와 그의 나라에 군림하여 그 나라를 굳게 세우고 자금 이후로 영원히 〈정의와 공의〉로 그것을 보존하실 것이라 만군의 여호와의 열심이 이를 이루시리라"(사 9:6-7)고 말씀합니다.

　㉢ 예레미야 선지자를 통해서도 "여호와의 말씀이니라 보라 때가 이르리니 내가 다윗에게 한 의로운 가지를 일으킬 것이라 그가 왕이 되어 지혜롭게 다스리며 세상에서 〈정의와 공의〉를 행할 것이라"(렘 23:5)고 말씀하십니다. 이는 메시아왕국에서 구현이 될 예언이었던

것입니다.

    ㉣ 그러므로 하나님께서 "땅의 모든 족속 가운데 너희만을 알았나니"(3:2) 하신 이스라엘을 선민으로 택하셔서 세우신 신정왕국(神政王國)은 메시아왕국에 대한 예표로서의 왕국임을 잊어서는 안 됩니다. 그리고 오늘날 교회가 그러합니다.

다윗 왕은 이를 알았기에 "자기 이웃을 은근히 헐뜯는 자를 내가 멸할 것이요 눈이 높고 마음이 교만한 자를 내가 용납하지 아니하리로다 내 눈이 이 땅의 충성된 자를 살펴 나와 함께 살게 하리니 완전한 길에 행하는 자가 나를 따르리로다 거짓을 행하는 자는 내 집 안에 거주하지 못하며 거짓말하는 자는 내 목전에 서지 못하리로다 아침마다 내가 이 땅의 모든 악인을 멸하리니 악을 행하는 자는 여호와의 성에서 다 끊어지리로다"(시 101:5-8)고 선언했던 것입니다. 그러므로 "오직 정의를 물같이, 공의를 마르지 않는 강같이" 흐르게 하라고 말씀하는 것입니다.

손에 다림줄을 잡고 서신 하나님

    ⑧ 또한 아모스 선지자에게 다섯 가지 환상(7:1-9:10)을 보여주셨는데 그중에 "다림줄을 가지고 쌓은 담 곁에 주께서 손에 다림줄을 잡고 서셨더니 여호와께서 내게 이르시되 아모스야 네가 무엇을 보느냐 내가 대답하되 다림줄이니이다 주께서 이르시되 내가 다림줄을 내 백성 이스라엘 가운데 두고 다시는 용서하지 아니하리니"(7:7-8) 하시는 장면이 있습니다.

    ㉠ 이는 "다림줄을 가지고 쌓은 담"(신정국가)이 너무나 기울어져서 헐어버릴(심판) 수밖에 없는 지경에 이르렀음을 보여주시는 환상이었던

것입니다. 여기에는 두 방면의 의미가 있다는 점을 인식해야 합니다. 첫째는 교훈 점인 면인데 당시의 상황이 "헐고 다시 지어야 할" 정도로 부패했음을 나타냅니다. 둘째는 신학적인 면인데 어느 시대를 막론하고 하나님께서 "다림줄"을 대신한다면 의롭다함을 받을 자가 있는가 하는 점입니다. 그러면 어찌하여 다림줄로 심판하시는가? 이는 그들이 메시아언약을 배신하고 금송아지 우상을 숭배했기 때문입니다. 우리는 지금 "다림줄" 즉 법 아래 있지 아니하고 은혜 아래 있다는 점을 감사해야 합니다.

ⓛ 그러므로 "내가 보니 주께서 제단 곁에 서서 이르시되 기둥머리를 쳐서 문지방이 움직이게 하며 그것으로 부서져서 무리의 머리에 떨어지게 하라"(9:1)는 마지막 환상이 뒤따르게 됩니다.

ⓒ "그러나 야곱의 집은 온전히 멸하지는 아니하리라 여호와의 말씀이니라"(9:8)하십니다. 어찌하여 "야곱의 집은 온전히 멸하지 아니하리라" 하시는가? 아브라함과 다윗에게 세워주신 언약, 즉 그리스도를 보내셔서 인류를 구원하시려는 하나님의 계획을 이루시기 위해서인 것입니다.

아모서의 핵심

⑨ 이상 말씀드린 문제(問題)에 대한 하나님의 해답(解答), 은혜가 9:11-15절에 계시되어 있습니다.

㉠ "그 날에 내가 다윗의 무너진 장막을 일으키고 그것들의 틈을 막으며 그 허물어진 것을 일으켜서 옛적과 같이 세우리라"(9:11)고 약속하십니다. 그러면 "다윗의 장막"이란 무엇을 의미하는가? 다윗이 하나님의 성전을 건축하려는 소원을 말하였을 때 하나님께서 "네가 나를 위하여 내가 살 집을 건축하겠느냐… 여호와가 너를 위하여 집을 짓겠다"(삼하 7:5,11)고 약속하신 언약인 것입니다.

ⓛ 그런데 어찌하여 "다윗의 무너진 장막"이라고 말씀하는가? 다윗에게 세워주신 메시아언약을 버리고 벧엘의 우상을 섬기다가 심판을 받아 마치 "무너진 장막"같이 되었기 때문입니다. 그러나 하나님은 "내가, 일으키고, 세우리라"고 회복시켜주시겠다는 말씀입니다.

ⓒ 이 회복이 일차적으로는 이스라엘 백성이 포로에서 귀환하게 될 것을 가리키지만 궁극적인 성취는 "보라 네가 잉태하여 아들을 낳으리니 그 이름을 예수라 하라 그가 큰 자가 되고 지극히 높으신 이의 아들이라 일컬어질 것이요 주 하나님께서 그 조상 다윗의 왕위를 그에게 주시리니 영원히 야곱의 집을 왕으로 다스리실 것이며 그 나라가 무궁하리라"(눅 1:31-33)에서 성취될 말씀인 것입니다.

이런 맥락에서 "다윗의 장막"이 또 무너진 사건이 있었다는 점을 간과해서는 안 됩니다. 만일 이를 놓치게 되면 의문만 보고 신령은 보지 못하는 것이 됩니다. 다윗의 자손으로 오신 예수 그리스도께서 십자가에 못 박혀 죽으셨다는 사건은 다윗의 장막이 무너진 사건이었던 것입니다. 너희가 "생명의 주를 죽였도다, 그러나 하나님이 죽은 자 가운데서 그를 살리셨으니"(행 3:15), 아모스 9:11절은 이에 대한 예언이요, 우리를 그리스도에게로 인도해 주는 초등교사인 것입니다.

그러므로 인류의 소망이 여기에 있는 것입니다. 인간의 행위는 언제나 무너지고 있지만 하나님은 "일으켜 세우시는" 것입니다. 이것이 하나님의 나라 건설이기 때문입니다.

⑩ 그래서 "내가 내 백성 이스라엘이 사로잡힌 것을 돌이키리니 그들이 황폐한 성읍을 건축하여 거주하며 포도원들을 가꾸고 그 포도주를 마시며 과원들을 만들고 그 열매를 먹으리라"(9:14)

하시는 것입니다. 이는 복음시대에 임하게 될 풍성한 은혜에 대한 상징적인 진술인 것입니다.

ⓐ 아모스서는 "내가 그들을 그들의 땅에 심으리니 그들이 내가 준 땅에서 다시 뽑히지 아니하리라 네 하나님 여호와의 말씀이니라"(15)고 마치고 있습니다.

이를 시편에서는 "여호와의 집에 심겼음이여 우리 하나님의 뜰 안에서 번성하리로다"(시 92:13)고 찬양합니다. "다시 뽑히지 아니하리라" 하시는데 언제까지 말입니까? 영원히!

그러므로 여기가 아모스서의 핵심이요, 심장부분입니다. 이를 부수적(附隨的)인 말씀처럼 취급해서는 안 됩니다. 성경은 문제에 대한 해답입니다. 아모스서는 이 말씀을 염두에 두고 해석되어야 중심주제를 놓치지 않게 되는 것입니다.

ⓑ 모든 선지서가 그러합니다만, 아모스서에도 "절망과 소망, 문제와 해답"이 함께 등장하고 있습니다. 인간의 행위 중심으로 보면 "절망"일 수밖에 없으나 하나님께서 주권적으로 행해주실 일에 인류의 소망이 있다는 말씀입니다. 그것은 은혜요, 복음인 것입니다. 아모스서는 이를 증언하기 위해서 기록된 것입니다. "네 하나님 여호와의 말씀이니라"(9:15하)   -아멘-

주제 : 나라가 여호와께 속하리라(1:21)

　　오바댜서는 전체가 21절밖에 안 되는 구약성경 중에서 가장 짧은 책입니다. 그러므로 책 전체를 한 눈에 파악하도록 도움을 주는 "파노라마"가 필요없을 정도입니다.

　①　오바댜서는 "주 여호와께서 에돔에 대하여 이와 같이 말씀하시니라"(1)고 시작됨과 같이 주 내용이 "에돔", 즉 에서 족속에 대한 심판 예언입니다.

　㉠　그렇다면 이런 물음이 제기됩니다. 하나님께서 선지자로 에돔의 심판을 예언하게 하시는 의도가 무엇인가? 이 점에서 인식해야 할 점은 "오바댜서"는 에돔을 위해서 기록된 것이 아니라는 사실입니다. 이는 에돔으로 인하여 환난 당하고 있는 하나님의 백성들을 위로하기 위해서 기록하게 하신 것입니다.

ⓒ 왜냐하면 하나님의 백성들은 환난과 고난 중에 있는데, 이들을 대적하는 에돔 족속들은 "누가 능히 나를 땅에 끌어내리겠느냐"(1:3) 하고 기고만장하고 머리끝까지 교만에 차 있었기 때문입니다.

스가랴 1:11절에 "우리가 땅에 두루 다녀 보니 온 땅이 평안하고 조용하더이다"라고, 보고하는 말이 나옵니다. 불신자들은 평안하게 살고 있는데 하나님의 백성들인 자신들만 환난 당하고 있다는 그런 뜻입니다. 그들을 위로하기 위해서 오바댜서가 기록이 된 것입니다.

② 오바댜서는 크게 세 부분으로 되어있습니다.

㉠ 첫째 부분은 1-9절까지인데 "에서의 산에 있는 사람은 다 죽임을 당하여 멸절되리라"(9)고 에돔을 심판하시겠다는 경고입니다.

㉡ 둘째 부분은 10-14절까지인데 에돔 족속이 심판을 당하게 되는 이유를 말씀합니다. "네가 네 형제 야곱에게 행한 포학으로 말미암아"(1:10)라고 말씀합니다.

㉢ 셋째 부분은 15-21절까지인데 "여호와께서 만국을 벌할 날이 가까웠나니"(15) 하고 오바댜서의 계시는 에돔의 심판에서 "만국(萬國) 심판"으로 확대되고 있습니다. 그리고 결론은 "나라가 여호와께 속하리라"(21)로 끝맺는 것이 오바댜서의 구조(構造)입니다.

③ 먼저 에돔에 대한 심판을 살펴보겠습니다. 창세기 36장에 의하면 야곱이 하란에서 돌아오자 "이에 에서 곧 에돔이 세일 산에 거주하니라"(창 36:8)고 그 거처(居處)를 말씀합니다. 본문에서도 "바위틈에 거주하며 높은 곳에 사는 자여"(3) 합니다.

㉠ 에돔 족속들은 출애굽 당시에도 통과(通過)하게 해달라는 모세의 요청(민 20:14-20)을 거절하고 오히려 대적했으며, 요새(要塞)에 거

주하면서 "누가 능히 나를 땅에 끌어내리겠느냐"(3)고 교만히 말하였던 것입니다.

ⓒ 그러나 하나님은, "내가 거기에서 너를 끌어 내리리라(4), 이로 말미암아 에서의 산에 있는 사람은 다 죽임을 당하여 멸절되리라"(9) 하십니다.

④ 다음은 에돔이 심판을 당하게 된 이유인데 한마디로 "네가 네 형제 야곱에게 행한 포학으로 말미암아 부끄러움을 당하고 영원히 멸절되리라"(10) 하십니다. 그러면 그들이 행한 포학이 무엇인가? 11-14절은 에돔 족속들이 해서는 안 된 일, 그런데 그들이 자행한 일들을 열거하고 있는데,

ⓐ "네가 형제의 날 곧 그 재앙의 날에 방관(傍觀)할 것이 아니며

ⓒ 유다 자손이 패망하는 날에 기뻐할 것이 아니며

ⓒ 그 고난의 날에 네가 입을 크게 벌릴 것이 아니라"(12), 즉 예루살렘이 패망하던 날에 "방관·기뻐함·좋아함" 등을 해서는 안 되는데 에돔 족속들은 그렇게 행했다는 것입니다.

ⓔ "내 백성이 환난을 당하는 날에 네가 그 성문에 들어가지 않을 것이며

ⓜ 그 재물에 손을 대지 않을 것이며

ⓗ 도망하는 자를 막지 않을 것이며

ⓢ 그 남은 자를 원수에게 넘기지"(13-14) 말았어야 하는 데 그들은 그렇게 행했다는 것입니다. 그래서 심판을 당하리라는 것입니다. 그래서 시편 137편에는 에돔 족속에 대한 한이 맺혀 있는 호소가 있는데,

여호와여 예루살렘이 멸망하던 날을 기억하시고

에돔 자손을 치소서

그들의 말이 헐어버리라 헐어버리라

그 기초까지 헐어버리라 하였나이다(시 137:7)고 말합니다.

⑤ 도대체 에돔 족속이 이스라엘에 대해 무슨 조상 적 원수진 일이 있다고 이처럼 포학을 행하였을까요?

㉠ 에돔과 야곱간의 적대감은 멀리 창세기로 거슬러 올라가 어머니 리브가의 태에서부터 시작되고 있습니다. "그 아들들이 그의 태 속에서 서로 싸우는지라 그가 이르되 이럴 경우에는 내가 어찌할꼬 하고 가서 여호와께 묻자온대 여호와께서 그에게 이르시되 두 국민이 네 태중에 있구나 두 민족이 네 복중에서부터 나누이리라"(창25:22, 23)고 말씀하셨던 것입니다.

㉡ 이렇게 나누이게 되고 적대감이 있게 된 비극적인 원인은 인류의 시조 아담의 범죄로 말미암아 선언하신 "원 복음"(창 3:15)에 나타나 있습니다. "뱀의 후손과 여자의 후손이 원수가 되게 하리니", 즉 두 부류로 갈라지리라 하셨는데 오바댜서도 동일한 선상에서 일어나고 있는 갈등인 것입니다.

㉢ 그리고 이 두 줄기는 결국 두 사람의 대결로 귀결(歸結)이 되고 맙니다. 야곱의 계보에서는 "예수"가 탄생하시고 되고, 에돔의 계보에서는 헤롯이 등장하여 누가 진짜 "유대인의 왕"(마 2:2)이냐를 놓고 대결하기에 이르게 됩니다. 이런 "나누임과 갈등"은 지금도 지구라는 한 "복중"(腹中)에서 계속되고 있는 것입니다. 성경은 어느 시대나 "육체를 따라 난 자가 성령을 따라 난 자를 박해"(갈 4:29)하게 되리라고 말씀합니다.

⑥ 그런데 셋째 부분(15-21)은, "여호와께서 만국을 벌할 날이

가까웠나니"(15) 하고 시작됩니다. 이 점에서 오바댜서의 중심주제가 에돔의 심판에 국한된 것이 아님이 드러납니다.

하나님은 에돔만 심판하시는 것이 아닙니다. "애굽·앗수르·바벨론" 등 세상 나라들이 하나님의 심판을 받았으며, 마침내 만국이 심판을 받게 될 것입니다. 그러므로 오바댜서의 주제는 에돔의 심판을 예표로 하여 "만국심판"을 말씀함에 있는 것입니다.

⑦ 그런데 오바댜는 "심판"만을 경고하고 있는 것이 아니라 "오직 시온 산에서 피할 자가 있으리니"(17)하고 "구원"을 말씀하고 있다는 점을 놓쳐서는 안 됩니다.

　㉠ 왜냐하면 심판을 당하게 된 것이 인간이 저지른 "문제"(問題)라면, "피할 자가 있으리니" 한 것은 하나님께서 행해주실 해답(解答)이기 때문입니다. 성경은 문제에 대한 해답입니다. 그리고 하나님께서 우리에게 해답으로 주신 궁극적인 분은 "내가 문이다, 내가 길이다" 하신 예수 그리스도 뿐입니다.

　㉡ 19-20절 두 절 안에는 "얻을 것이라"는 말씀이 여섯 번이나 강조되어 있습니다. "피하는 것"만이 아니라 "자기 기업을 얻어, 누리게 될 것"(17하) 이라는 말씀입니다.

⑧ 에돔 족속이 야곱의 자손에게 강포를 행하는 것으로 시작한 오바댜서는 "구원받은 자들이 시온 산에 올라와서 에서의 산을 심판하리니 나라가 여호와께 속하리라"(21)하고 역전(逆轉)의 날이 올 것을 말씀함으로 끝맺고 있습니다.

　㉠ 요엘 선지자도 "누구든지 여호와의 이름을 부르는 자는 구원을 얻으리니 이는 나 여호와의 말대로 시온 산과 예루살렘에서 피할 자가

있을 것임이요"(욜 2:32)라고 말씀합니다. "시온 산과 에서의 산"이라는 표현을 주목하시기 바랍니다.

ⓛ 계시록에는 "또 내가 보니 보라 어린 양이 시온 산에 섰고 그와 함께 십사만 사천이 서 있는데"(계 14:1)라고 말씀합니다. 이 지구상에 많은 나라 많은 민족이 있다 하여도 영적 논리로 하면 모든 사람은 "시온 산과 에서의 산"(21) 중 어느 한 산에 서 있는 것이 됩니다.

이 점에서 주목할 점은 "에서의 산"이라고 말했다면 대칭으로 "야곱의 산"이라 해야 맞는 것이 아닌가? 그런데 어찌하여 "시온 산"이라 말씀하는가 하는 점입니다. 왜냐하면 그들이 구원을 얻게 되는 것은 공로나 자격이 있어서가 아니라 "시온"에 오실 그리스도로 말미암기 때문입니다. 그리하여 "시온 산"에 서 있는 자들은 "구원"에 참여하게 되고, "에서의 산"에 서 있는 자들은 멸망하게 된다는 것이 오바댜서를 통해서 말씀하시는 불변의 진리입니다. 형제는 지금 어느 진영, 어느 산에 서 있습니까?

요나서

주제 : 구원은 여호와께 속하였나이다(2:9)

요나서의 이야기는 유년 주일학교 어린이들도 뚜르르 할 정도
로 유명한 이야기입니다. 그런데 정작 요나서를 통해서 말씀하시
고자 하는 주제(主題), 즉 하나님의 의도(意圖)는 잘못 전해지고
있다는 점입니다. 그러면 요나서의 중심주제(主題)가 무엇일까요?
선교(宣教)사명입니까? 요나의 불순종입니까? 이방인의 구원문제
입니까? 물론 요나서를 통해서 이런 문제에 대한 교훈을 받을 수
있습니다. 그러나 요나서를 통해서 말씀하시려는 중심주제는 그
런 것이 아닙니다. 그런데 대부분의 해석들이 요나서의 주제를
이방인에 대한 선교사명으로 여기고 있습니다.

① 이는 성경을 구속사라는 선(線)으로 보지 않고 점(点)들의

모임처럼 여기는 데서 오는 한계입니다. 다시 말하면 성경에서 교훈만을 구하고 하나님께서 이루어 오신 구속사(救贖史)라는 맥락을 무시하기 때문에 범하게 되는 곡해입니다.

당시는 이스라엘을 가리켜, "내가 땅의 모든 족속 가운데 너희만을 알았나니"(암 3:2) 하신 선민 이스라엘을 통해서 그리스도를 보내시려는 구원계획을 이루어 오시던 시대입니다. 이방인에게 선교의 문이 열리게 되는 것은 그리스도가 오셔서 중간에 막힌 담을 허시고 "둘로 하나를 만드신"(엡 2:14) 후에야, "너희는 온 천하에 다니며 만민에게 복음을 전파하라"(막 16:15)고 사명이 주어지게 되는 것입니다. 그때까지는 이스라엘은 메시아가 오실 통로로 거룩하게 구별(區別)되어야 할 시기입니다.

② 그러면 요나서를 통해서 말씀하시려는 중심주제가 무엇일까요? 이를 알기 위해서는 아모스 1:1절과 열왕기하 14:25절을 통해서 역사적인 좌표와 맥락을 이해해야 합니다. "요나와·아모스"는 다 같이 여로보암 2세가 40년 동안 왕위에 있을 때 세움받은 선지자들임을 확인하게 됩니다. 당시는 정치적으로는 번영을 누리고 있었으나 영적으로는 여로보암1세가 세운 송아지 우상을 섬기고 있던 암흑기였습니다.

    ㉠ 그런 시기에 하나님께서는 아모스를 부르셔서 북쪽 이스라엘로 보내시면서 "가서 내 백성 이스라엘에게 예언하라"(암 7:15)고 명하셨고
    ㉡ 요나를 부르셔서 니느웨로 보내시면서 "너는 일어나 저 큰 성읍 니느웨로 가서 그것을 향하여 외치라"(욘 1:2)고 명하신 것이 역사적인 배경입니다.

③ 그러면 아모스를 북이스라엘로, 요나를 이방 니느웨로 보내신 하나님의 의도가 무엇인가 하는 점입니다. 사도 바울은 "누가 주의 마음을 알아서 주를 가르치겠느냐 그러나 우리가 그리스도의 마음을 가졌느니라"(고전 2:16)고 말씀합니다. 이를 알아야만 요나서를 통해서 말씀하시려는 하나님의 의도를 바르게 깨달을 수 있습니다.

    ㉠ 이를 알기 위해서 아모스서와 요나서에서 각각 한 절씩을 인용하도록 하겠습니다. 먼저 아모스 5:6절입니다. 북이스라엘로 보냄을 받은 아모스 선지자는 "너희는 여호와를 찾으라 그리하면 살리라 그렇지 않으면 그가 불같이 요셉의 집에 임하여 멸하시리니 벧엘에서 그 불들을 끌 자가 없으리라"고 외쳤습니다.

    ㉡ 다음은 요나서 3:4절입니다. 니느웨에 보냄을 받은 요나 선지자도 "그 성읍에 들어가서 하루 동안 다니며 외쳐 이르되 사십 일이 지나면 니느웨가 무너지리라"(욘 3:4)고 외쳤습니다. 자, 이스라엘과 니느웨가 각각 어떻게 반응했습니까? 이방 "니느웨 사람들이 하나님을 믿고 금식을 선포하고 높고 낮은 자를 막론하고 굵은 베 옷을 입은지라"합니다. 백성들만이 아니라 "그 일이 니느웨 왕에게 들리매 왕이 보좌에서 일어나 왕복을 벗고 굵은 베 옷을 입고 재 위에 앉으니라"(욘 3:5-6) 합니다.

"하나님이 그들(니느웨)이 행한 것 곧 그 악한 길에서 돌이켜 떠난 것을 보시고 하나님이 뜻을 돌이키사 그들에게 내리리라고 말씀하신 재앙을 내리지 아니 하시니라"(3:10) 합니다.

④ 그렇다면 하나님의 선민인 이스라엘에서는 더 큰 회개운동이 일어났어야 마땅하지 않습니까? 그러나 아모스 4:6-11절을 보십시오. 이 여섯 절 안에는 "너희가 내게로 돌아오지 아니하였느

니라 여호와의 말씀이니라"는 언급이 다섯 번(6,8,9,10,11)이나 반복적으로 강조되어 있습니다.

    ㉠ 하나님께서 "기근 · 가뭄 · 재앙 · 전염병 · 지진" 등으로 회개를 촉구하셨으나 "너희가 내게로 돌아오지 아니하였느니라" 하십니다. 이제 하나님은 이스라엘을 향해서 이렇게 말씀하시는 셈입니다. 멸망 받아 마땅한 이방 니느웨 사람들이 회개하는 것을 보고도 "너희가 내게로 돌아오지 아니하였느니라 여호와의 말씀이니라".

    ㉡ 그러므로 이스라엘아 내가 이와 같이 네게 행하리라 내가 이것을 네게 행하리니 이스라엘아 네 하나님 만나기를 준비하라"(암 4:12), 즉 심판받을 각오를 하라는 말씀입니다. 얼마나 답답하고 안타까운 일입니까? 그래서 주님은 "심판 때에 니느웨 사람들이 일어나 이 세대 사람을 정죄하리니 이는 그들이 요나의 전도를 듣고 회개하였음이거니와 요나보다 더 큰 이가 여기 있느니라"(눅 11:32)고 말씀하셨던 것입니다.

    ⑤ 이런 맥락에서 요나서의 중심주제는 "회개를 촉구하는 하나님"이십니다. 그러면 하나님께서는 최우선적으로 누가 회개하고 돌아오기를 바라시는 것일까요? 요나서의 1차 독자는 누구였다고 여겨지십니까? 요나서의 내용은 니느웨에 관한 것이지만, 요나서의 기록목적은 니느웨 사람들에게 들려주기 위해서 기록하게 하신 것이 아닙니다.

    이점을 바울의 증언을 인용해서 말한다면, 니느웨가 구원 얻는 것을 보고 이스라엘로 "시기 나게"(롬 11:11)하여 그들로 구원 얻게 하시려는 하나님의 긍휼이요, 오래 참으심이었던 것입니다. 그러므로 요나서의 1차 독자는 이스라엘 백성들이요, 1차적으로 회개하기를 기대하신 것은 선민 이스라엘이었던 것입니다.

⑥ 그렇다면 요나서가 신약시대를 살아가는 우리에게는 어떻게 적용이 되는가 하는 점입니다. 이에 대해 주님께서는, "이 세대는 악한 세대라 표적을 구하되 요나의 표적밖에는 보일 표적이 없나니"라고 말씀하십니다. 요나가 삼일 삼야 물고기 뱃속에 있다 살아 나온 사건을 예수 그리스도께서 장사한지 사흘 만에 부활하실 것에 대한 "표적"으로 해석해 주고 계십니다.

    ㉠ 그런데 여기서 멈추신 것이 아니라, "요나가 니느웨 사람들에게 표적이 됨과 같이 인자도 이 세대에 그러하리라"(눅 11:29-30)고 말씀하신다는 점을 명심해야 합니다. 이방 니느웨가 요나의 경고를 듣고 백성들로부터 짐승과 왕까지 금식하며 베옷을 입고 회개했다는 것은 참으로 불가사의한 일이 아닐 수 없습니다.

    ㉡ 그런데 주님은 니느웨가 회개할 수 있었던 동기(動機)가 "요나가 니느웨 사람들에게 표적"이 되었기 때문이라고 말씀하십니다. 그렇다면 니느웨 사람들이 회개하지 않을 수 없게 한 결정적인 "요나의 표적"이 무엇인가 하는 점입니다. 그것은 "요나가 밤낮 삼 일을 물고기 뱃속에 있다가"(1:17) 살아난 사건인 것입니다.

⑦ 요나서는 압축적으로 기록한 것입니다. 그러므로 추론해보도록 하겠습니다. 요나가 니느웨에 가서 하루 동안 다니면서 "사십 일이 지나면 니느웨가 무너지리라"(3:4)고 외쳤을 때에 어떻게 반응했을 것 같습니까? 미친 사람으로 취급했을 것입니다. 그런데 계속해서 "40일이 지나면 니느웨가 무너지리라"고 외치자 악담하는 자로 여기고 돌로 치는 자도 있었으리라는 것은 상상하기

에 어렵지 않습니다.

ⓐ 그러던 중에 결정적인 증인이 나타났을 것입니다. 그 사람은 요나가 다시스로 도망가려고 탔던 배의 사공일 수도 있고 승객일 수도 있습니다. 이점을 배 "사람들이 여호와를 크게 두려워하여 여호와께 제물을 드리고 서원을 하였더라"(1:16)는 진술이 암시해 줍니다

요점은 증인들이 요나가 하나님의 선지자라는 것과 하나님께서 니느웨에 가서 외치라 하신 명을 거역하고 다시스로 도망가다가 큰 풍랑으로 만난 일과, 그리하여 "요나를 들어 바다에 던지매 바다가 뛰노는 것이 곧 그쳤던"(1:15) 사건들을 말해주었을 것입니다. "분명히 던졌습니다. 분명히 죽었습니다. 그런데 어떻게 여기에 와서 외치고 있단 말인가?"고 증언했을 것입니다.

ⓑ 그렇다면 "40일이 지나면 니느웨가 무너지리라"는 말을 미친 사람의 말, 악담하는 자의 말로 흘려버릴 수 있단 말인가!! 물론 이 때에 회개의 영이 역사하셨을 것입니다. 이것이 "요나가 니느웨 사람들에게 표적이 되었다"는 뜻입니다.

⑧ 그렇다면 요나서가 오늘의 그리스도의 증인들에게는 하는 도전(挑戰)이 무엇인가는 분명해진다고 하겠습니다. "인자도 이 세대에 그러하리라" 하신 "그리스도의 표적"을 증언해야 한다는 당위성입니다. 성경은 말씀합니다. "성경대로 그리스도께서 우리 죄를 위하여 죽으시고 장사지낸 바 되셨다가 성경대로 사흘 만에 다시 살아나셨다"는 것이 바울이 전한 복음이요, 증인된 자들이 증언해야 할 표적인 것입니다.

ⓐ 이는 요나의 표적보다 더 큰 표적입니다. 왜냐하면 요나는 그 후에 죽었으나 예수 그리스도는 "볼지어다 내가 세상 끝날까지 너희와 항상 함께 있으리라"(마 28:20)고 말씀하시기 때문입니다. 그분만이

아닙니다. 그분이 심판주로 다시 오시기 때문입니다. 만일 전해주는 "그리스도의 표적"을 듣고도 회개하지 않는다면 그에게 더 보여줄 표적은 없는 것입니다.

"요나의 표적, 인자의 표적"에 대해 누가복음만이 아니라 마태복음도 "요나가 밤낮 사흘 동안 큰 물고기 뱃속에 있었던 것 같이 인자도 밤낮 사흘 동안 땅속에 있으리라 심판 때에 니느웨 사람들이 일어나 이 세대 사람을 정죄하리니 이는 그들이 요나의 전도를 듣고 회개하였음이거니와 요나보다 더 큰 이가 여기 있느니라"(마 12:40-41)고 중요하게 다루고 있다는 점을 명심해야 할 것입니다.

ⓒ 그렇다면 오늘의 "니느웨"를 회개하게 할 표적이 무엇인가 하는 점은 분명해진 것입니다. 그것은 "설득력 있는 지혜의 말도, 축복도, 교회 프로그램"도 아닙니다. 요나서를 통한 불변의 진리는 "요나가 니느웨 사람들에게 표적이 됨과 같이 인자도 이 세대에 그러하리라" 하신 그리스도께서 우리 죄를 위하여 죽으시고 장사한 지 삼일만에 다시 살아나셨다는 십자가 복음(福音)인 것입니다.

이처럼 "그리스도의 표적"을 외친 증인이 사도 바울입니다. 철학의 도시 아덴에서 바울은 "알지 못하던 시대에는 하나님이 간과하셨거니와 이제는 어디든지 사람에게 다 명하사 회개하라 하셨으니 이는 정하신 사람으로 하여금 천하를 공의로 심판할 날을 작정하시고 이에 그를 죽은 자 가운데서 다시 살리신 것으로 모든 사람에게 믿을 만한 증거를 주셨음이니라"(행 17:30-31)고 증언했던 것입니다.

⑨ 이런 맥락으로 요나서 2장을 살펴보도록 하겠습니다. 요나는 물고기 뱃속에서 육신만을 살려 달라고 간구하고 있지 않습니다. "물이 나를 영혼까지 둘렀다"(2:5)고 영적인 문제로 보고 있는 것입니다. 그리고 요나의 고백은, "구원은 여호와께 속하였나

이다"(2:9)하는 성경의 대주제로 마치고 있는 것입니다. "구원은 여호와께 속했다", 이것이 요나서의 핵심입니다. 그러므로 요나서는 회개를 촉구하는 하나님의 구원초청이라고 말씀드릴 수 있는 것입니다. 그렇다면 누가 회개하기를 기대하고 계시는 것일까요?

㉠ 제일 먼저는 이 시대의 요나, 즉 주의 종들입니다. 요나서에서는 "선지자"가 하나님의 명령에 불순종하고 도망가는 초유의 사태가 벌어지고 있습니다. 요나서에서는 풍랑도, 물고기도, 박 넝쿨도, 심지어 벌레도 순종하는 모습으로 등장하고 있습니다. 그러나 하나님의 종은 불순종하고 반대 방향으로 도망쳤던 것입니다.

회개뿐만이 아닙니다. 요나서가 "증인"들에게 주는 도전은 요나처럼 보냄을 받은 복음전도자·선교사들이 무엇을 증언하라고 보냄을 받은 자인가 하는 사명과 직결된 사활적으로 중요한 요점인 것입니다.

㉡ 다음은 오늘의 이스라엘, 즉 하나님의 백성들입니다. 요나서는 "내가 어찌 아끼지 아니하겠느냐"(4:11)는 말씀으로 끝맺고 있습니다. 하나님은 니느웨를 아끼셨습니다. 그러나 하나님은 니느웨 보다도 이스라엘을 더욱 아끼셨습니다.

㉢ 마지막으로 오늘의 니느웨인 불신자들입니다. 하나님은 모든 사람이 구원에 이르기를 기뻐하십니다. 요나도 회개했고, 니느웨도 회개의 표적이 되었습니다. 그러나 이스라엘은 니느웨의 표적을 보고도 끝내 회개하지 않다가 니느웨(앗수르)에 의하여 멸망 당하고 말았습니다.

하나님께서는 요나서를 통해서 완악하고 패역한 이 세대를 향하여 이렇게 말씀하고 계시는 셈입니다. "요나서를 보라, 이방인의 성 니느웨는 요나의 표적을 듣고 회개하여 멸망 당하지 않고 구원을 얻었다. 이제 너희에게 말한다. 너희도 인자의 표적을 듣고 회개하면 살 수 있다. 그러나 이것을 보고도 회개하지 않는다면 더 이상 보여줄 표적은 없다. 이것이 최후통첩이다"!!!

⑩ 끝으로 요나서에서 하나님은 어떤 하나님으로 계시되어 있는가 하는 점입니다. 4:2절을 보겠습니다. "은혜로우시며 자비로우시며 노하기를 더디하시며 인애가 크시사 뜻을 돌이켜 재앙을 내리지 아니하시는 하나님"(4:2)으로 계시되어 있습니다. 이는 하나님께서 모세에게 "여호와라 여호와라 자비롭고 은혜롭고 노하기를 더디하고 인자와 진실이 많은 하나님이라"(출 34:6)고 친히 말씀하신 자기계시입니다.

이처럼 "은혜로우시며 자비로우시며 노하기를 더디하시며 인애가 크신" 하나님께서 회개하기를 원하시는 궁극적인 사람은 이 말씀을 듣고 있는 바로 형제입니다. 형제여, 당신은 요나처럼 도망을 치고 있지는 아니합니까? 요나처럼 "배 밑층에 내려가서 누워 깊이 잠이 든"(1:5) 것은 아닙니까? "요나가 여호와의 말씀대로 일어나서 니느웨로 가니라"(3:3), 주님은 "일어나라 함께 가자"(마 26:46) 하십니다.

다시 강조합니다만 하나님은 니느웨를 아끼셨습니다. 더욱 이스라엘을 아끼셨습니다. 그리고 더욱더 형제를 아끼십니다. 이것이 "내가 어찌 아끼지 아니하겠느냐" 하시는 요나서의 마지막 말씀입니다.

미가서

주제 : 주와 같은 신이 어디 있으리이까(7:18)

미가서 1:1절과 이사야서 1:1절을 대조해보면 두 선지자는 같은 시기에 세움을 받았음을 알 수 있습니다.

㉠ 미가서는 "백성들아 너희는 다 들을지어다"(1:2)하고 시작됩니다. 이사야서도 "하늘이여 들으라 땅이여 귀를 기울이라"(사 1:2)하고 시작됩니다.

㉡ 이사야 선지자가 "슬프다 범죄한 나라요"(사 1:4)하고 눈물을 흘리면서 말씀하고 있듯이, 미가 선지자도 "내가 애통하며 애곡하고, 애통하리니"(1:8)하고 울면서 말씀을 전하고 있습니다. 왜 슬퍼하며 애곡하고 있는가? "여호와의 말씀에 내가 이 족속에게 재앙을 계획하나니"(2:3) 하신 심판의 경고를 들었기 때문입니다.

① 먼저 미가서 전체의 구조(構造)를 파악하시기 바랍니다. 문제(問題)가 무엇이며 이에 대한 해답(解答)이 어떻게 제시되어 있는가?

㉠ 미가서는 심판을 경고하면서 "이는 다 야곱의 허물로 말미암음이요 이스라엘 족속의 죄로 말미암음이라"(1:5)하는데, "허물과 죄", 이것이 문제입니다. 이는 이스라엘에 국한된 것이 아니라 온 인류가 안고 있는 문제인 것입니다.

㉡ 이 문제에 대한 하나님의 해답(解答)이 무엇인가? 마지막 장에 이르러 "주와 같은 신이 어디 있으리이까 주께서는 죄악과 그 기업에 남은 자의 허물을 사유하시며 인애를 기뻐하시므로 진노를 오래 품지 아니하시나이다"(7:18)

㉢ "다시 우리를 불쌍히 여기셔서 우리의 죄악을 발로 밟으시고 우리의 모든 죄를 깊은 바다에 던지시리이다"(7:19), 즉 다시 기억지도 않으신다는 말씀입니다. 이것이 하나님의 해답입니다. 여기에 인류의 소망과 구원이 있는 것입니다. 그러면 이처럼 "허물을 사하시는 것"이 누구의 무엇을 통해서 가능하여지는가? 이를 계시하시려는 것이 미가서의 중심주제입니다.

② 미가서는 크게 세 부분으로 나누어지는데, 이는 "심판을 경고하고, 회복을 약속"하는 세 번의 사이클에 의해서입니다. "심판"은 인간이 범한 죄라는 문제(問題) 때문에 발생하고, "회복"은 하나님이 베푸시는 은혜(恩惠)로 말미암은 해답(解答)인 것입니다. 이처럼 "문제와 해답"이 세 번이나 반복해서 강조되어 있는 것이 미가서의 구조(構造)입니다.

세 번의 사이클

㉠ 첫째 사이클,
  ㉮ 심판의 경고(1:1-2:11)
  ㉯ 회복의 약속(2:12-13)
㉡ 둘째 사이클,
  ㉮ 심판의 경고(3장)
  ㉯ 회복의 약속(4-5장)
㉢ 셋째 사이클,
  ㉮ 심판의 경고(6:1-7:6)
  ㉯ 회복의 약속(7:7-20)

③ 첫째 사이클(1-2장)
㉠ 문제(1:1-2:11), "이는 다 야곱의 허물로 말미암음이요 이스라엘 족
  속의 죄로 말미암음이라(1:5), 이는 그 상처는 고칠 수 없고 그것이
  유다까지도 이르고 내 백성의 성문 곧 예루살렘에도 미쳤음이니라"
  (1:9)합니다.
  ㉮ 해답(2:12-13), "야곱아 내가 반드시 너희 무리를 다 모으며 내
    가 반드시 이스라엘의 남은 자를 모으고 그들을 한 처소에 두리
    라(2:12), 길을 여는 자가 그들 앞에 올라가고 그들은 길을 열
    어 성문에 이르러서는 그리로 나갈 것이며 그들의 왕이 앞서가
    며 여호와께서는 선두로 가시리라"(2:13)고 말씀하십니다.

④ 둘째 사이클(3-5장)
㉠ 문제(3장), "시온을 피로, 예루살렘을 죄악으로 건축하는도다(3:10),
  이러므로 너희로 말미암아 시온은 갈아엎은 밭이 되고 예루살렘은
  무더기가 되고 성전의 산은 수풀의 높은 곳이 되리라"(3:12)합니다.
  ㉮ 해답(4-5장), "여호와께서 말씀하시되 그날에는 내가 저는 자를
    모으며 쫓겨난 자와 내가 환난 받게 한 자를 모아 발을 저는 자

는 남은 백성이 되게 하며(4:6), 베들레헴 에브라다야 너는 유다 족속 중에 작을지라도 이스라엘을 다스릴 자가 네게서 내게로 나올 것이라(5:2)고 말씀하십니다.

⑤ 셋째 사이클(6-7장)
㉠ 문제(6:1-7:6), "너희는 매가 예비되었나니 그것을 정하신 이가 누구인지 들을지니라(6:9), 그들의 가장 선한 자라도 가시 같고 가장 정직한 자라도 찔레 울타리보다 더하도다 그들의 파수꾼들의 날 곧 그들 가운데에 형벌의 날이 임하였으니 이제는 그들이 요란하리로다"(7:4) 합니다.
  ㉮ 해답(7:7-20), "주께서 나를 위하여 논쟁하시고 심판하시며 주께서 나를 인도하사 광명에 이르게 하시리니 내가 그의 공의를 보리로다(7:9), 주와 같은 신이 어디 있으리이까 주께서는 죄악과 그 기업에 남은 자의 허물을 사유하시며 인애를 기뻐하시므로 진노를 오래 품지 아니하시나이다"(7:18)고 진술합니다.

⑥ 이 세 번의 사이클을 통해서 하나님께서 우리에게 말씀하시고자 하는 바가 얼마나 강력하고도 간절한가를 알 수 있습니다. 그러므로 미가서(모든 선지서)를 인간의 "행위" 중심으로 보면 심판과 멸망일 수밖에 없지만, 하나님께서 자기 아들을 통해서 해결해주실 구원의 복음에만 소망이 있다는 점을 "진실로, 진실로, 진실로 너희에게 이르노니"하고 세 번의 사이클을 통해서 말씀하고 있는 셈입니다.
  ㉠ 이처럼 멸망과 소망을 교차적으로 보여주는 구조는 모든 선지서가 동일합니다. 선지서들에서 이를 분별하지 못하면 혼란에 빠지게 되고, 이를 놓치게 되면 그야말로 수박 겉핥기식이 되고 맙니다. 이와

같이 모든 선지서는 심판의 경고로 시작하여 회복의 약속으로 끝나고 있습니다.

ⓛ 여기에 인류의 소망이 있기 때문입니다. 성경은 문제에 대한 해답입니다. 그리고 "해답"은 "내가 문이다, 내가 길이다" 하신 오직 예수 그리스도 뿐이십니다. 그러므로 선지서를 통해서 말씀하고자 하는 핵심적(核心的)인 주제(主題)는 교훈(敎訓)이 아니라 그리스도를 통한 구원의 복음입니다.

⑦ 그러면 이처럼 심판을 당하게 된 책임이 누구에게 있는가? 모든 선지자가 마찬가지입니다만 미가 선지자도 주로 그 시대의 지도계급의 잘못을 책망하고 있습니다.

ⓙ 첫째로 "야곱의 우두머리들과 이스라엘 족속의 통치자들아"(3:1)하고 정치 지도자들의 죄를 고발합니다. "너희가 선을 미워하고 악을 기뻐하여 내 백성의 가죽을 벗기고 그 뼈에서 살을 뜯어 그들의 살을 먹으며"(3:2-3)라고 원색적으로 책망합니다.

ⓛ 둘째로 선지자(先知者)들을 고발합니다. "내 백성을 유혹하는 선지자들은 이에 물 것이 있으면 평강을 외치나 그 입에 무엇을 채워 주지 아니하는 자에게는 전쟁을 준비하는도다"(3:5)라고 책망합니다.

ⓒ 셋째로 제사장(祭司長)의 죄를 고발합니다. "제사장은 삯을 위하여 교훈"(3:11)한다고 책망합니다. 3:11절에서는 "우두머리·제사장·선지자"를 통틀어 책망하고 있는데, "그 우두머리들은 뇌물을 위하여 재판하며 그들의 제사장은 삯을 위하여 교훈하며 그들의 선지자는 돈을 위하여 점을 치면서도 여호와를 의뢰하여 이르기를 여호와께서 우리 중에 계시지 아니하냐 재앙이 우리에게 임하지 아니하리라" 하는 지도자들 모두가 타락하였다고 말씀합니다.

⑧ 이처럼 타락하였음에도 가증한 것은 "오히려, 여호와께서 우리 중에 계시지 아니하냐"라고 하나님의 이름을 팔아먹고 있다는 점입니다. 제발 하나님의 이름을 들먹이지 않았으면 좋겠습니다.

   ㉠ 이점을 예레미야서에서는 "이 땅에 무섭고 놀라운 일이 있도다 선지자들은 거짓을 예언하며 제사장들은 자기 권력으로 다스리며 내 백성은 그것을 좋게 여기니 마지막에는 너희가 어찌 하려느냐"(렘 5:30-31) 하십니다.

   ㉡ 우매한 백성들은 거짓말하는 선지자들을 환영하고 미가와 같은 바른 말을 하는 선지자를 향해서는 "너희는 예언하지 말라 이것은 예언할 것이 아니거늘 욕하는 말을 그치지 아니한다"(2:6)고 "욕하고, 저주하는 것으로" 여겼던 것입니다.

지도자들의 책임

⑨ 이처럼 타락한 지도자들이 "시온을 피로, 예루살렘을 죄악으로 건축하는도다"(3:10)고 책망하십니다.

   ㉠ "이러므로 너희로 말미암아 시온은 갈아엎은 밭이 되고 예루살렘은 무더기가 되고 성전의 산은 수풀의 높은 곳이 되리라"(3:12)고 경고합니다. 이 경고는 문자적으로 성취되고야 말았던 것입니다.

   ㉡ 그리고 이 경고는 자기 땅에 오신 그리스도를 배척하고 십자가에 못 박음으로 인하여 "돌 하나도 돌 위에 남지 않고 다 무너뜨려지리라"(마 24:2)하신 제 2차 예루살렘의 멸망으로 반복되었던 것입니다. 이제 삼중(三重)적인 복합계시(선지자 당시, 주님 초림, 주님 재림 때) 중에서 이제 하나 남은 주님의 재림의 날에는 어떤 양상으로 나타나게 될 것인가? 오늘의 지도자들은 미가서를 통해서 심각하게 각

성해야 할 것입니다.

베들레헴에서 나실 왕

⑩ 그러나 미가는 절망하고 있지 않습니다. "왕과 제사장과 선지자"의 사명을 한 몸에 지니신 참 통치자가 나시게 될 것을 예언하고 있기 때문입니다. 그분은 예상과는 달리 예루살렘이 아닌 작은 고을 베들레헴에서 태어나게 되리라고 말씀합니다.

　㉠ "베들레헴 에브라다야 너는 유다 족속 중에 작을지라도 이스라엘을 다스릴 자가 네게서 내게로 나올 것이라"(5:2) 합니다. 어찌하여 베들레헴인가? 그리스도는 다윗에게 언약하신 다윗의 자손으로 다윗의 동네에서 태어나셔야 하기 때문입니다.

　㉡ 그러나 그분은 베들레헴 출신이 아니라 "그의 근본은 상고에 영원에 있느니라"(5:2)하고 그분의 본질은 "상고에 영원"부터 계신 하나님이시라고 말씀합니다. 그렇습니다. 그런 분이 아득히 먼 창세기 3:15절에서 "여자의 후손"이라는 한 점으로 계시되어, 아브라함과 이삭과 야곱에게 세워주신 언약을 거쳐 유다 지파 다윗의 자손으로 우리를 향해 점점 가까이 다가오셔서 드디어 "베들레헴" 마구간에서 탄생하실 것을 예언하고 있는 것입니다.

⑪ 미가서의 중심점은 7:18-20절입니다.
　"주와 같은 신이 어디 있으리이까
　주께서는 죄악과 그 기업에 남은 자의 허물을 사유하시며
　인애를 기뻐하시므로 진노를 오래 품지 아니하시나이다
　다시 우리를 불쌍히 여기셔서 우리의 죄악을 발로 밟으시고
　우리의 모든 죄를 깊은 바다에 던지시리이다"(7:18-19).

㉠ 이처럼 "허물을 사유하시며, 우리의 모든 죄를 깊은 바다에 던지시는" 것이 어떻게 가능하여진단 말인가? 바로 베들레헴에서 태어나실 그분의 대속(代贖)으로 말미암아 가능하여진다는 점을 힘 있게 증언해야 마땅합니다. 하나님은 어디에 근거하여 이렇게 해주신다고 말씀하는가?

㉡ "주께서 옛적에 우리 조상들에게 맹세하신 대로 야곱에게 성실을 베푸시며 아브라함에게 인애를 더하시리이다"(7:20)라고, 아브라함과 이삭과 야곱에게 언약하신 그 언약과 맹세(창 22:18)를 지키시기 위해서 이처럼 인애를 베푸신다는 것입니다.

형제여, 하나님은 언약하신 바를 신실하게 지켜주셨습니다. 당신의 거룩함으로 언약하시고 맹세하신 바를 어떻게 성실하게 지켜주셨는가 하는 것이 성경 말씀이요, 이를 증언하여 하나님 아는데 자라가게 하고 하나님을 더욱 사랑하며 더욱 경외하기를 배우게 하기 위한 것이 설교입니다.

형제여, 우리도 이렇게 찬양하십시다.

"주께서는 우리의 죄악을 사유하시며 우리의 허물을 넘기시며, 긍휼히 여기시사 우리의 죄악을 발로 밟으시고, 우리의 모든 죄를 깊은 바다에 던지셨나이다. 진실로 주와 같은 신이 어디 있으리이까" 아멘.

나훔서

주제 : 경건하지 아니함과 불의에 임하는 하나님의 진노

나훔서는 "니느웨에 대한 경고"(1:1)라 하고 시작됩니다.

㉠ 요나서를 통해서는 "니느웨"를 회개(悔改)의 표적으로 삼으셨는데,

㉡ 나훔서를 통해서는 "심판의 표적"으로 삼으시는 것입니다.

"여호와는 질투하시며 보복하시는 하나님이시니라 여호와는 보복하시며 진노하시되 자기를 거스르는 자에게 여호와는 보복하시며 자기를 대적하는 자에게 진노를 품으시는 하나님"(2)이라 말씀합니다. 어떤 마음이 드십니까? 캠벨 몰간은 "참으로 엄숙한 마음가짐이 없이는 나훔서를 읽는다는 것은 거의 불가능한 일"이라고 말하고 있습니다.

① "니느웨"는 앗수르의 수도인데 그렇다면 앗수르가 어떤 잘못을 범했기에 이처럼 하나님의 진노를 사고 보복을 당하게 되었단 말인가? 하나님께서는 북 왕국 이스라엘을 심판하실 때 앗수르를 심판의 도구(道具)로 사용하셨습니다.

ㄱ 이점을 이사야서에서는 "앗수르 사람은 화 있을진저 그는 내 진노의 막대기요 그 손의 몽둥이는 내 분노라 내가 그를 보내어 경건하지 아니한 나라를 치게 하며 내가 그에게 명령하여 나를 노하게 한 백성을 쳐서 탈취하며 노략하게 하며 또 그들을 길거리의 진흙같이 짓밟게 하려 하거니와 그의 뜻은 이 같지 아니하며 그의 마음의 생각도 이 같지 아니하고 다만 그의 마음은 허다한 나라를 파괴하며 멸절하려 하는도다 그가 이르기를 내 고관들은 다 왕들이 아니냐"(사 10:5-8)고 마치 자신들이 하나님(왕)인 양 안하무인(眼下無人)격으로 행세했다는 것입니다. 그래서 이제는 앗수르를 심판하시겠다고 경고하시는 것입니다.

ㄴ 하나님은 남 왕국 유다를 징벌하실 때에도 바벨론을 "진노의 막대기"로 사용하셨습니다. 그때도 하나님은 "조금 노하였거늘 그들은 힘을 내어 고난을 더하였음이라"(슥 1:15)라고 말씀합니다. 그래서 예레미야 선지자로 하여금 "바벨론이 함락되고 벨이 수치를 당하며 므로닥(바벨론의 우상들)이 부스러지며 그 신상들은 수치를 당하며 우상들은 부스러진다 하라"(렘 50:2)고 심판을 경고하게 하셨습니다.

② 나훔서는 크게 두 부분으로 나누어집니다.

ㄱ 1장은 주로 하나님은 어떤 분이신가 하는 하나님의 자기 계시입니다. "여호와"라는 말이 아홉 번, 하나님을 가리키는 "그"라는 대명사도 열 번 이상 등장합니다.

ㄴ 2-3장에서는 주로 하나님께서 니느웨에 행하실 일, 즉 심판에 관한

말씀입니다.

〈1장〉

③ 먼저 하나님은 어떤 하나님이신가?
㉠ "투기하시며
㉡ 보복하시며
㉢ 진노하시는" 하나님이라 말씀합니다.

한 절 안에 "보복"이라는 말이 세 번, "진노"라는 말이 두 번 강조되어 있습니다. 그래서 바울은 "우리는 주의 두려우심을 알므로 사람들을 권면하거니"(고후 5:11)라고 말씀했고, 히브리서에서는 "살아계신 하나님의 손에 빠져들어 가는 것이 무서울진저"(히 10:31)라고 말씀하는 것입니다.

④ 나훔서의 음률(音律)을 이 한 절을 통해서도 충분히 짐작할 수 있습니다.

㉠ 이 점에서 주목하게 되는 것은 3절에서는 "여호와는 노하기를 더디 하시며"라고 말씀한다는 점입니다. 이는 2절의 진노가 얼마나 오래 참으시던 끝에 발하여지는 진노인가를 말씀해줍니다.

㉡ 그럼에도 불구하고 사악한 인간은 하나님의 오래 참으심에 대해 얼마나 멸시하고 있습니까? "혹 네가 하나님의 인자하심이 너를 인도하여 회개하게 하심을 알지 못하여 그의 인자하심과 용납하심과 길이 참으심의 풍성함을 멸시하느냐"(롬 2:4)고 말씀합니다.

〈2-3장〉

⑤ 그렇다면 니느웨가 무엇 때문에 심판을 당하게 되는가 하는 점입니다. 하나님의 진노는 언제나 "경건하지 아니함과 불의"(롬 1:18)에 대하여 임합니다. "경건하지 아니함"은 하나님과의 관계에서의 죄요, "불의"는 이웃에 대한 죄입니다.

ㄱ 먼저 경건하지 아니함인데 "만군의 여호와의 말씀에 내가 네 대적이 되어"(2:13) 하십니다. 3:5절에서도 "만군의 여호와의 말씀에 내가 네 대적이 되어"라고 거듭 말씀하십니다. 어찌하여 하나님께서 앗수르의 대적(對敵)이 되신다고 하시는가? 그들이 먼저 하나님을 대적했기 때문입니다. 그래서 "대적하는 자에게 진노를 품으시며(1:2), 자기 대적들을 흑암으로 쫓아내시리라"(1:8) 하시는 것입니다. 그러면 앗수르가 어떻게 하나님을 대적했는가?

ㄴ 첫째로 대적한 것은 "여호와께 악을 꾀하는 한 사람이 너희 중에서 나와서"(1:11)라고 말씀합니다. 이 사람이 누군가? 열왕기하 18-19장에 나오는 앗수르 왕 산헤립을 가리킵니다. 그는 예루살렘을 포위하고 군대장관 랍사게로 하여금 "민족의 신들 중에 어느 한 신이 그의 땅을 앗수르 왕의 손에서 건진 자가 있느냐, 여호와가 예루살렘을 내 손에서 건지겠느냐"(왕하 18:33, 35)라고 하나님을 모독하며 대적하는 말을 하게 했습니다.

하나님께서는 "네가 누구를 꾸짖었으며 비방하였느냐 누구를 향하여 소리를 높였으며 눈을 높이 떴느냐 이스라엘의 거룩한 자에게 그리하였도다"(왕하 19:22)고 꾸짖으십니다.

ㄷ 둘째 대적한 것은 "이는 마술에 능숙한 미모의 음녀가 많은 음행을 함이라 그가 그의 음행으로 여러 나라를 미혹하고 그의 마술로 여러 족속을 미혹하느니라"(3:4) 한 "음행" 때문입니다. 이는 "새긴 우상과 부은 우상"(1:14)을 숭배한 것을 가리키는데 앗수르는 침략정책의 일환으로 정복한 나라들로 하여금 자신들의 우상을 섬기도록 강요했던 것입니다. 이것이 "경건하지 아니한" 죄입니다.

⑥ 다음은 심판받아 마땅한 "불의"(不義)인데, 니느웨를 가리켜 "화 있을진저 피의 성이여 그 안에는 거짓이 가득하고 포악이 가득하며 탈취가 떠나지 아니하는도다"(3:1)라고 말씀합니다. 얼마나 많은 무죄한 자의 피를 흘렸으면 "피 성"이라 하겠는가? 또한 얼마나 노략을 했으면 "네 상처는 고칠 수 없고 네 부상은 중하도다 네 소식을 (멸망 당했다는) 듣는 자가 다 너를 보고 손뼉을 치나니 이는 그들이 항상 네게 행패를 당하였음이 아니더냐"(3:19) 하시겠습니까?

　㉠ 나훔 선지자가 예언할 당시는 앗수르의 전성시대(1:12, 3:16-17)라 할 수 있습니다. 북쪽 이스라엘은 앗수르에 의해서 이미 멸망 당한 때요, 남쪽 유다도 앗수르의 위협을 받고 있던 때입니다. 이런 시기에 하나님께서는 나훔 선지자를 세우셔서 하나님을 대적하는 앗수르에 대한 심판을 선언하게 하셨습니다. 그리고 유념할 점은 나훔 선지자의 경고가 역사적으로 성취되었다는 점입니다.

　㉡ 예레미야 선지자를 들어서 바벨론의 심판을 경고하신 시점도 예루살렘을 정복한 전성시대(렘 50:1)였습니다. 이처럼 하나님은 대적자가 영구히 영화를 누릴 줄로 알고 기세가 등등할 때 심판을 선언하시며, 그 예언은 문자적으로 응하여졌다는 점을 역사가 증언하고 있습니다.

⑦ 나훔서를 바르게 이해하기 위해서는 1:7-8절의 대조를 놓치지 말아야 합니다.

　㉠ 7절에는 "여호와는 선하시며 환난 날에 산성이시라 그는 자기에게 피하는 자들을 아시느니라"(1:7)고 말씀합니다. 이점을 개역 본은 "자기에게 의뢰하는 자들"로 번역하고 있습니다.

　㉡ 그런가 하면 8절에는 "자기 대적들을 흑암으로 쫓아내시리라"(8)는

"대적하는 자"가 있습니다. 여호와 하나님을 의뢰할 것인가? 아니면 대적할 것인가? 여기에 구원과 멸망으로 갈라진다는 점을 놓치지 말아야 합니다.

ⓒ 그리고 유념해야 할 점은 1:5-6절에 나오는 "그 앞에, 그의 분노 앞에"라는 말씀입니다. 이는 하나님의 존전(尊前)을 가리킵니다. "누가 능히 그의 분노 앞에 서며 누가 능히 그의 진노를 감당하랴"(1:6) 합니다.

이점을 성경 마지막 책에서는 "그들의 진노의 큰 날이 이르렀으니 누가 능히 서리요"(계 6:17)라고 말씀합니다. 진노의 날에 누가 능히 설 수가 있단 말인가? 자신의 행위로 그의 앞에 설 자격자가 있단 말인가? 한 사람도 없습니다.

ⓓ 그럼으로 나훔서에는 "진노·심판"만 있는 것이 아니라 "볼지어다 아름다운 소식을 알리고 화평을 전하는 자의 발이 산 위에 있도다"(1:15)하는 기쁜 소식을 전하는 자가 있습니다. 이 아름다운 소식이 당시로는 앗수르가 멸망했다는 소식을 가리킨다고 하여도 궁극적으로는 "아름답도다 좋은 소식을 전하는 자들의 발이여"(롬 10:15)한 복음 시대를 전망하는 말씀인 것입니다.

⑧ 그렇다면 나훔서가 현대교회에는 어떤 의미가 있는가 하는 점입니다. 현대교회는 하나님의 엄위(嚴威)에 대해서 너무나 둔감합니다. 그리하여 진노의 교리에 대해서 부인하거나 듣기 싫어합니다.

㉠ 그런데 "진노"가 없다면 "복음"이 필요 없는 것입니다. 어찌하여 원수들을 위하여 자기 아들을 죽음에 내어주셨습니까? 어찌하여 우리 죄를 그냥 용서해 주시지 못하고 자기 아들에게 대신 정죄하시고야 우리를 받아주실 수 있으셨습니까? 하나님은 사랑의 하나님이실 뿐

만이 아니라 죄를 묵과할 수 없는 공의(公義)의 하나님도 되시기 때문입니다.

ⓛ 복음이 왜 필요한가? 진노의 날이 있기 때문입니다. 그러므로 진노를 부인하는 것은 복음을 부인하는 것과 다름이 없고, 예수 그리스도께서 담당하신 십자가를 헛된(갈 2:21) 것으로 만드는 것입니다. 성경 전체의 요절이라고 말하는 요한복음 3:16절에는 "이는 그를 믿는 자마다 멸망하지 않고 영생을 얻게 하려 하심이라"고, 영생과 멸망, 사랑과 진노"가 함께 나타나 있습니다. 그렇습니다. 갈보리 십자가를 바라보면서 하나님의 사랑과 진노를 함께 보지 못한다면 그는 하나님도 복음도 모르는 것입니다.

ⓒ 우리가 믿는 하나님은 사랑의 하나님만이 아니라 "질투하며, 진노하시는 하나님"이십니다. 왜냐하면 "사랑과 질투"는 동전의 앞뒤와 같기 때문입니다. 어찌하여 투기하시고 질투하시는가? 우리를 사랑하시기 때문입니다.

야고보서는 "너희는 하나님이 우리 속에 거하게 하신 성령이 시기하기까지 사모한다고 하신 말씀을 헛된 줄로 생각하느냐"(약 4:5)고 묻고 있습니다. "투기ㆍ진노"란 사랑을 배신당했을 때 일어나는 분노(憤怒)입니다. 그러므로 하나님의 진노는 사랑을 배반한 죄에 대한 보응이라는 점을 잊지 말아야 합니다.

⑨ 나훔서를 통해서 말씀하시고자 하는 불변의 진리는 행악하는 자가 한때 흥왕(興旺)하나 종국에는 심판으로 갚으시고, 경건한 자가 한때 고난 당하나 결국에는 영광과 위로로 갚으시는 공의의 하나님이심을 계시해 주고 있습니다.

㉠ 사도 바울은 이점을 "너희로 환난을 받게 하는 자들에게는 환난으로 갚으시고 환난 받는 너희에게는 우리와 함께 안식으로 갚으시는 것

이 하나님의 공의시니"(살후 1:6-7)라고 진술합니다. 이는 나훔서에 대한 좋은 해설이라 할 것입니다.

ⓛ 그렇다면 오늘의 "니느웨"는 어디에 있는가? 지금 지구상에는 앗수르라는 나라는 없습니다. 그러나 "경건하지 아니함과 불의"는 이제도 기승을 부리고 있습니다. 그렇다면 오늘날도 "니느웨"는 있는 것입니다. 이것이 사실이라면 오늘날도 "나훔서"는 힘 있게 선포되어야 마땅한 것입니다.

ⓒ 분만 아니라 교회 내에도 "좋으신 하나님, 사랑의 하나님"만 알고, 하나님 두려운 줄 모르는 사람들이 많이 있습니다. "오냐, 오냐"하고 키운 자식은 자기밖에 모릅니다. 그들을 균형 있게 양육하기 위해서 나훔서를 선포하지 않으시렵니까?

하박국

주제 : 의인은 그의 믿음으로 말미암아 살리라(2:4)

형제는 기도하다가 지쳐서 낙망(落望)해 본 경험이 있습니까? 불의(不義)가 득세(得勢)하고 오만한 자의 형통함으로 말미암아 갈등하면서 "공의의 하나님이 계시다면 어찌하여 이런 일이 일어나는가?" 하고 신정론(神正論)에 의문을 품어보신 적은 없으십니까? 하박국서는 이에 대한 답변(答辯)을 제시해주는 중요한 말씀입니다.

그러므로 하박국서는 독특한 구조(構造)를 이루고 있는데, 선지자의 질문에 대해서 하나님께서 답변하시는 양식을 취하고 있습니다.

"여호와여 내가 부르짖어도 주께서 듣지 아니하시니 어느 때까

지리이까 내가 강포로 말미암아 외쳐도 주께서 구원하지 아니하
시나이다"(1:2)라고 탄원합니다. 선지자의 질문에 하나님은 무엇
이라 답변하시는가? 성경은 문제에 대한 해답입니다.

〈1장〉

① 하박국이 선지자로 세움을 받은 시기는 본문의 내용으로 볼
때 유다 말기(末期)로 여겨집니다.

ㄱ 유다의 마지막 선한 왕인 요시야 때에 성전을 수리하다가 율법 책을
발견하고, 책에 기록된 말씀을 듣자 옷을 찢고 개혁운동을 전개했던
것(왕하 22:11)도 잠시일 뿐 그가 죽자 유다는 종말적인 상황으로
곤두박질치고 말았던 것입니다.

ㄴ 선지자는 "율법이 해이하고 정의가 전혀 시행되지 못하고"(1:4) 있
다고 호소합니다. 그런 대도 하나님은 침묵(沈黙)만 하고 계시는 듯
했습니다. 그래서 선지자는 불평하고 있는 것입니다.

② 선지자의 질문

"내가 강포로 말미암아 외쳐도 주께서 구원하지 아니하시나이
다 이러므로 율법이 해이하고 정의가 전혀 시행되지 못하오니 이
는 악인이 의인을 에워쌌으므로 정의가 굽게 행하여짐이니이다"
(1:2-4)고 호소합니다.

③ 하나님의 답변

"보라 내가 사납고 성급한 백성 곧 땅이 넓은 곳으로 다니며
자기의 소유가 아닌 거처들을 점령하는 갈대아 사람을 일으켰나

니"(1:6) 하십니다. 이는 바벨론을 들어서 "율법이 해이하고 정의가 전혀 시행되지 못하고" 있는 유다를 징벌하시겠다는 말씀입니다. 이 답변은 선지자로 하여금 또 다른 의문(疑問)을 일으키게 했습니다.

④ 선지자의 질문

"주께서는 눈이 정결하시므로 악을 차마 보지 못하시며 패역을 차마 보지 못하시거늘 어찌하여 거짓된 자들을 방관하시며 악인이 자기보다 의로운 사람을 삼키는데도 잠잠하시나이까"(1:13)라고 두 번째 질문을 하게 됩니다. 이런 뜻입니다. 아무리 유다가 타락했다 하더라도 바벨론보다야 낫지 않느냐는 것입니다. 그런데 보다 악한 바벨론을 들어서 유다를 징벌하신다는 것이 하나님의 정의에 맞는 일이냐는 것입니다.

〈2장〉

이렇게 두 번째 질문을 하고는 "내가 내 파수하는 곳에 서며 성루에 서리라 그가 내게 무엇이라 말씀하실지 기다리고 바라보며 나의 질문에 대하여 어떻게 대답하실지 보리라"(2:1) 합니다.

⑤ 하나님의 답변

"여호와께서 내게 대답하여 이르시되 너는 이 묵시를 기록하여 판에 명백히 새기되 달려가면서도 읽을 수 있게 하라 이 묵시는 정한 때가 있나니 그 종말이 속히 이르겠고 결코 거짓되지 아니하리라 비록 더딜지라도 기다리라 지체되지 않고 반드시 응하리라"(2:2-3) 하십니다.

달려가면서도 읽을 수 있게 새기라는 "묵시"의 내용(內容)이 무엇인가? "보라 그의 마음은 교만하며 그 속에서 정직하지 못하나 의인은 그의 믿음으로 말미암아 살리라"는 2:4절입니다. 즉 교만한 자는 망하고 의인은 "그의 믿음으로 말미암아 산다"는 말씀입니다.

⑥ 2:4절이 하박국서의 요절이요, 성경 전체의 요절 중 하나라 할 수 있습니다. 왜냐하면 이 말씀 안에는 "의인 · 믿음 · 살리라"는 복음적인 요소, 즉 문제에 대한 해답이 모두 들어있기 때문입니다.

　㉠ 첫째로 "믿음"이 무엇인가? 성경이 말씀하는 "믿음"이란 신념(信念)과 달라서 홀로는 성립이 될 수 없는 것입니다. 신념이란 자기를 믿는 것이지만 성경적인 믿음은 믿음의 대상(對象)이 있고 무엇을 믿는가 하는 믿음의 내용(內容)이 있어야 성립되는 것입니다.
　그러므로 성경적인 믿음이란 "하나님께서 세워주신 언약"을 믿는 것이요, 세워주신 언약의 핵심은 아브라함과 다윗에게 세워주신 메시아 언약입니다.
　㉡ 둘째는 "살리라"는 말씀입니다. 이는 동떨어진 말이 아니라 구속사라는 맥락(脈絡)에서 해석되어야 하는데 "먹는 날에는 반드시 죽으리라"(창 2:17) 한 선고와 결부하여 해석되어야 합니다. 즉 "한 사람으로 말미암아 죄가 세상에 들어오고 죄로 말미암아 사망(죽음)이 들어왔나니"(롬 5:12) 한 문제에 대한 답변이 "믿음으로 살리라"인 것입니다. 그러니까 메시아언약을 믿으면 "반드시 살리라"는 그런 엄청난 뜻이 있는 것입니다.

ⓒ 이런 맥락에서 "그러나 의인은" 하시는 "의인"은 자기 행위로 인한 의인이 아니라 메시아언약을 믿는, 즉 "한 사람이 순종하지 아니함으로 많은 사람이 죄인 된 것같이 한 사람이 순종하심으로 많은 사람이 의인(義人)이 되리라"(롬 5:19) 한 의인인 것입니다.

⑦ "의인은 믿음으로 말미암아 살리라" 하신 말씀이 얼마나 중요하냐 하면 신약성경에서 세 번(롬 1:17, 갈 3:11, 히 10:38)이나 그것도 결정적인 대목에서 인용하고 있다는 점이 뒷받침해 줍니다.

ⓐ 로마서에서는 복음이 무엇인가 하는 "복음"을 정의하는 문맥에서 인용되었고,
ⓑ 갈라디아서에서는 복음을 변증하는 대목에서 인용되었고,
ⓒ 히브리서에서는 믿음의 담대함을 주는 근거로 인용되고 있습니다.

이상에서 보는 바와 같이 "의인은 믿음으로 말미암아 살리라"는 말씀이 "복음을 세웠고, 복음을 보수했고, 복음으로 승리하게 했던 것입니다. 또한 기독교 2천 년사에 있어서 "의인은 믿음으로 말미암아 살리라"(롬 1:17)는 말씀을 "루터·칼빈" 등에게 조명하여 주심으로 복음을 상실하여 암흑시대가 된 중세에 종교개혁(宗敎改革)을 일으켜 복음을 다시 세우게 하셨던 것입니다. 이런 의미에서 2:4절 말씀을 "종교개혁의 어머니"라고 말하는 것입니다.

⑧ 그런데 다시 4절을 보면 "보라 그의 마음은 교만하며 그 속에서 정직하지 못하나 의인은 그의 믿음으로 말미암아 살리라"하고, "교만한 자와 의인" 두 부류(部類)가 있다는 점입니다.

ⓐ 이 점에서 "교만한 자"라고 지칭한 부류는 바벨론에 국한된 것이 아

닌 불신 세계 전반을 가리키는 말이요, 이들과 대비되는 "의인"(2:4)
도 선지자 당시만을 가리키는 것이 아니라 모든 시대의 경건한 자들
을 가리키는 말씀인 것입니다.

ⓒ "교만한 자"의 특성이 1:5-11절과 2:6-19절에 나타나 있는데, 먼
저 1장의 언급입니다. "그들은 두렵고 무서우며 당당함과 위엄이 자
기들에게서 나오며(1:7), 그들은 자기들의 힘을 자기들의 신으로 삼
는 자"(1:11)라고 말씀합니다. 7절과 11절의 "자기"(自己)라는 말
을 주목하시기 바랍니다. 그들은 자기중심적이요, 자기 힘이 그들이
믿는 신(神)이라는 것입니다.

⑨ 다음은 2:6-19절인데 "그의 마음은 교만하며"한 자들을 향
해 다섯 번이나 "화 있을 진저"하는데 이는 "살리라"와 반대되는
멸망하리라는 경고인 것입니다.

ⓐ 그들이 멸망하게 되는 원인은 "화 있을진저 자기 소유 아닌 것을 모
으는 자여 언제까지 이르겠느냐 볼모 잡은 것으로 무겁게 짐진 자
여"(2:6)와

ⓒ "새긴 우상은 그 새겨 만든 자에게 무엇이 유익하겠느냐"(2:18) 한
"우상숭배" 때문입니다. 그러니까 이것이 1:11절에서 언급한 "그 힘
으로 자기 신을 삼는" 교만(1:11)인 것입니다.

ⓒ 그래서 "오직 여호와는 그 성전에 계시니 온 땅은 그 앞에서 잠잠할
지니라"(20) 하고 경고하는 것입니다.

⑩ "이 묵시를 기록하여 판에 명백히 새기되 달려가면서도 읽
을 수 있게 하라"(2:2) 하신 의도는,

ⓐ 반드시 응하여진다는 보증서(保證書)와 같다는 뜻이요,

ⓒ 나아가 달려가면서 전해야 할 만고불변의 진리라는 뜻이기도 합니다.

ⓒ 이점이 "이 묵시는 정한 때가 있나니 그 종말이 속히 이르겠고" 한 말씀에 나타납니다.

이 점에서 "종말이 속히 이르겠고" 한 종말은 바벨론을 들어서 유다를 징벌하고 종래는 바벨론도 심판하시리라는 것이 전부(全部)가 아닙니다. 만일 그렇게 여긴다면 하박국서가 우리와는 무관한 옛날이야기가 되고 맙니다. "내 아버지께서 이제까지 일하시니 나도 일한다" (요 5:17) 하신 "하나님이 하시는 일이 무엇이며, 주님이 행하시러 오신 일"이 무엇인가를 상기하시기 바랍니다. 그러므로 "비록 더딜지라도 기다리라 지체되지 않고 반드시 응하리라"(2:3)는 말씀은 종말적인 언급인 것입니다.

ⓔ 그렇다면 하나님께서 학개 선지자에게 "달려가면서도 읽을 수 있도록 판에 명백하게 새기라" 한 묵시는 "메시아언약" 즉 복음이라는 결론에 도달하게 됩니다. 왜냐하면 "살리라" 하신 "영생 · 구원 · 소망"은 오직 메시아언약 안에만 있기 때문입니다.

〈3장〉

⑪ 3장은 "시가오놋에 맞춘 선지자 하박국의 기도라"(1)고 시작됩니다. 그런데 내용을 보면 "진노(2)와 구원(3-15), 진노(16)와 구원"(17-19)이라는 두 사이클이 되풀이되고 있다는 점입니다. 이 점을 분별할 수 있어야 합니다.

ⓐ 먼저 유다에 대한 진노인데 "여호와여 내가 주께 대한 소문을 듣고 놀랐나이다"(2상) 합니다. 그러면 선지자가 들은 "소문"이 무엇인가? 바벨론을 들어서 유다를 징벌하시겠다는 소문입니다.

ⓑ 그래서 "여호와여 주는 주의 일을 이 수년 내에 부흥하게 하옵소서, 진노 중에라도 긍휼을 잊지 마옵소서"(2하) 라고 간구합니다. 선지자의 간구를 구속사라는 넓은 지평으로 보게 되면 유다의 징벌은 불가

피한 것이 되었지만 "진노 중에라도 긍휼을 잊지 마옵소서", 즉 "남은 자"가 있게 해달라는 간구가 되는 것입니다. 에스라 9:8절을 보십시오. "이제 우리 하나님 여호와께서 우리에게 잠시 동안 은혜를 베푸사 얼마를 남겨두어 피하게 하신 우리를 그 거룩한 처소에 박힌 못과 같게 하시고 우리 하나님이 우리 눈을 밝히사 우리가 종노릇하는 중에서 조금 소생하게 하셨나이다" 합니다.

⑫ 그러므로 이어지는 3-15절의 내용은 바벨론이 유다를 치러 오는 광경이 아니라 "하나님이 데만에서부터 오시며 거룩한 자가 바란 산에서부터 오시는도다 (셀라) 그의 영광이 하늘을 덮었고 그의 찬송이 세계에 가득하도다"(3) 하고 하나님께서 행차하시는 모습이 묘사되어 있습니다. 왜 오시는가?

ㄱ "여호와여 주께서 말을 타시며 구원의 병거를 모시오니"(8) 하고 교만한 자를 심판하시고 믿음으로 사는 "의인"을 구원하러 오시는 구원자로 묘사되어 있습니다.

ㄴ "주께서 주의 백성을 구원하시려고, 기름 부음 받은 자를 구원하시려고 나오사 악인의 집의 머리를 치시며 그 기초를 바닥까지 드러내셨나이다, 오직 주께서 그들의 전사의 머리를 그들의 창으로 찌르셨나이다, 주께서 말을 타시고 바다 곧 큰 물의 파도를 밟으셨나이다"(13-15)라고 마치 계시록 19:11절의 "보라 백마와 그것을 탄 자가 있으니" 한 용사로 진술합니다.

ㄷ 이는 출애굽 당시 추격해오는 바로의 군사를 홍해 바다에서 엎으심과 같이 바벨론의 세력으로부터도 구원하여 주시리라는 확신을 나타내고 있는 것입니다. 궁극적으로는 "내게 기름을 부으시고 나를 보내사 포로 된 자에게 자유를, 눈먼 자에게 다시 보게 함을 전파하며 눌린 자를 자유롭게 하고 주의 은혜의 해를 전파하게 하려 하심이

라"(눅 4:18-19)에서 성취될 말씀이라 할 수 있습니다.

⑬ 그러므로 하박국서는 심판으로 멈추고 있는 것이 아닙니다.
하박국서의 중심점은 3:17-19절입니다.

> 비록 무화과나무가 무성하지 못하며
> 포도나무에 열매가 없으며
> 감람나무에 소출이 없으며
> 밭에 먹을 것이 없으며
> 우리에 양이 없으며
> 외양간에 소가 없을지라도(17) 합니다.

㉠ 다섯 번이나 "없으며, 없으며"하는데 그러면 그에게 있는 것이 무엇
이란 말인가? "나는 여호와로 말미암아 즐거워하며 나의 구원의 하
나님으로 말미암아 기뻐하리로다"(18) 한 하나님입니다. 구원입니다.
믿음입니다. 즉 하나님 한 분만으로 기뻐할 수 있다고 고백하기에
이릅니다.
㉡ 그리고 결론은 "주 여호와는 나의 힘이시라 나의 발을 사슴과 같게
하사 나를 나의 높은 곳으로 다니게 하시리로다"(19)고 최후승리를
확신하기에 이릅니다.
㉢ 3:17-19절은 어떻게 사는 것이 "그러나 의인은 그 믿음으로 말미암
아 살리라" 하신 "믿음으로 사는 것인가를 보여주고 있는 것입니다.

형제여, 우리에게는 "달려가면서도 읽을 수 있도록" 명백하게
기록된 묵시가 성경으로 주어졌습니다. 하나님의 약속은 "결코
거짓되지 아니하고 반드시 응하리라" 하십니다.
"내가 진실로 속히 오리라" 하신 주님의 재림의 날까지는 "믿

음으로 사는" 기간입니다. "없으며… 없으며… 없을지라도, 나의 구원의 하나님을 기뻐하면서" 말입니다. 이제 달려가면서도 읽을 수 있도록 기록된 복음을, 달려가면서 선포해야 하는 것은 바로 형제의 몫입니다. 아멘.

스바냐

주제 : 여호와의 심판의 날, 여호와의 구원의 날

스바냐서는 세 장에 불과한 짧은 예언서이면서도 "여호와의 심판의 날(1:18)과 여호와의 구원의 날"(3:17)이라는 상반(相反)된 주제가 날카롭게 대조(對照)되어 있는 예언서입니다.

스바냐서의 구조는 1장은 유다에 대한 심판, 2장은 열방에 대한 심판예언인 반면, 3장은 회복과 구원의 말씀으로 되어있습니다.

"여호와의 심판"은 인간이 행한 "죄, 특히 반역"에 대한 결과요, "여호와의 구원"은 전적인 하나님의 은혜로 예수 그리스도로 말미암은 것입니다. 성경은 문제(問題)에 대한 해답(解答)입니다.

ⓐ "여호와의 큰 날이 가깝도다 가깝고도 빠르도다 여호와의 날의 소리
로다 용사가 거기서 심히 슬피 우는도다 그날은 분노의 날이요 환난
과 고통의 날이요 황폐와 패망의 날이요 캄캄하고 어두운 날이요 구
름과 흑암의 날이요 나팔을 불어 경고하며 견고한 성읍들을 치며 높
은 망대를 치는 날이로다"(1:14-16) 합니다. 얼마나 두려운 날인
가? 이것이 문제(問題)입니다.

ⓑ 그런데 이렇게 시작이 된 스바냐서는 마지막에 이르러서 "시온의 딸
아 노래할지어다 이스라엘아 기쁘게 부를지어다 예루살렘 딸아 전심
으로 기뻐하며 즐거워할지어다"(3:14) 하면서,

"너의 하나님 여호와가 너의 가운데에 계시니
그는 구원을 베푸실 전능자이시라
그가 너로 말미암아 기쁨을 이기지 못하시며
너를 잠잠히 사랑하시며
너로 말미암아 즐거이 부르며 기뻐하시리라"(3:17) 합니다.

얼마나 큰 기쁨과 즐거운 구원의 날인가? 이것이 문제에 대한
해답(解答)입니다.

① 이런 극적인 상반된 대조(對照)가 어떻게 해서 가능하여지
는가? 스바냐는 예레미야와 같은 시기, 즉 요시야 왕 때(습 1:1,
렘 1:2)에 세움받은 선지자입니다. 요시야 왕은 31년을 통치했는
데 예레미야가 요시야 왕의 말기에 세움을 받았다면 스바냐는 초
기로 여겨집니다. 이때는 악명이 높은 요시야의 할아버지 므낫세
와 아버지 아몬의 패역으로 인하여 극도로 타락한 시기였습니다.

ⓐ 그래서 스바냐의 제일성(第一聲)은 "여호와께서 이르시되 내가 땅

위에서 모든 것을 진멸(盡滅)하리라"(1:2)고 심판을 선언하십니다. "내가 사람과 짐승을 진멸하고 공중의 새와 바다의 고기와 거치게 하는 것과 악인들을 아울러 진멸할 것이라 내가 사람을 땅 위에서 멸절하리라"(1:3) 하십니다.

ⓛ 이는 마치 홍수심판 당시에 "내가 창조한 사람을 내가 지면에서 쓸 어버리되 사람으로부터 가축과 기는 것과 공중의 새까지 그리하리 니"(창 6:7) 하신 선언을 연상하게 합니다. 당시의 죄악이 노아홍수 때처럼 관영했음을 나타냅니다.

ⓒ 이런 맥락에서 스바냐 선지자의 심판예언은 예루살렘의 심판에 머물 지 않고 이를 예표로 하여, "땅 위에서 모든 것을 진멸하리라"(1:2) 는 최후심판을 내다보고 있는 것입니다. "이날은 온 지구상에 거하 는 모든 사람에게 임하리라"(눅 21:35) 하신 이류 최후의 날인 것입 니다. 그렇다면 인간의 무슨 죄가 이러한 진노를 받아 마땅한가?

〈1장〉

② 이점을 본문에서는 "여호와를 배반하고 따르지 아니한 자들 과 여호와를 찾지도 아니하며 구하지도 아니한 자들을 멸절하리 라"(1:6)고 말씀합니다. 여기에는 두 방면이 있는데,

ⓞ 첫째는 교회 내에 있는 "여호와를 배반하고 쫓지 아니한 자"와

ⓛ 둘째는 교회 밖에 있는 "여호와를 찾지도 아니하며 구하지도 아니한 자", 즉 대적하는 불신자입니다. 이 두 방면에 대한 경고가 교차적으 로 나타납니다.

③ 먼저 "여호와를 배반하고 쫓지 아니한 자"란 어떤 자들인 가? 이는 요즘 말로 교회에 나오지 않는다는 그런 뜻이 아닙니다. 이스라엘은 나라가 곧 교회인 신정왕국(神政王國)입니다. 그러므

로 "배반했다"는 말은 하나님을 떠났다는 말이 아니라 아브라함과 다윗에게 세워주신 메시아언약을 배반했다는 뜻입니다.

ⓐ 그들은 열심히 모였고 예배(제물)를 드렸습니다. 그래서 "너희의 무수한 제물이 내게 무엇이 유익하뇨"(사 1:11)하십니다. 그러면서 "또 지붕에서 하늘의 뭇 별에게 경배"(1:5)도 드리는 혼합종교가 된 것입니다. 이렇게 된 원인이 어디에 있는가? 자기중심적인 기복(祈福)신앙이 이런 결과를 가져왔던 것입니다.

ⓑ 하나님은 그리스도를 통해서 "천하 만민이 복을 얻으리라"고 복을 주시려 하는데 그들은 우상을 통해서 복을 얻으려고 한 것입니다. 그러므로 구약교회가 우상을 숭배하다가 멸망 당했다는 점을 피상적으로만 보아서는 안 됩니다. 이를 구속사의 맥락으로 보면 메시아언약을 배신했다는 뜻이라는 점에 확고해야 신약교회도 정신을 차리고 복음을 보수(保守)하며 떠나지 않게 되는 것입니다.

그러므로 믿노라 하면서도 목적(目的)과 동기(動機)를 "그의 나라와 그의 의", 즉 하나님 중심에 두지 않고 자기중심적인 기복신앙에 두게 되면 마치 두 주인을 섬기는 것과 같아서 이것이 영적 간음이요 우상을 숭배하는 것과 같다는 점에 분명히 해야 합니다.

④ "그 때에 내가 예루살렘에서 찌꺼기 같이 가라앉아서 마음 속에 스스로 이르기를 여호와께서는 복도 내리지 아니하시며 화도 내리지 아니하시리라 하는 자를 등불로 두루 찾아 벌하리니"(1:12) 하십니다. 이는 불신자들을 가리키는 말이 아닙니다. 냄비에 눌어붙은 "찌끼"는 잘 떨어지지 않습니다. 이는 믿어도 아주 오래 믿은 사람, 교회의 지도자급들이요, 그래서 화석(化石)

과 같이 된 사람들을 가리킵니다.

"등불로 예루살렘에 두루 찾아"라는 묘사는 심판이 빈틈없이 시행될 것을 나타내는데, 알곡은 "한 알갱이도 땅에 떨어지지 아니할"(암 9:9) 것이요, 반면 가라지는 한 알갱이도 예외없이 색출(索出)하여 심판하시리라는 뜻입니다. 명심해야 할 점은 심판이 하나님의 집에서부터 시작된다는 점입니다.

⑤ 다음은 "여호와를 찾지도 아니하며 구하지도 아니한 자"(6하), 즉 대적하는 불신자들에게 진노가 임한다는 것입니다. 이점을 2:4-15절에서 상론(詳論)합니다.

㉠ 어느 시대를 막론하고 "하나님의 진노(震怒)가 불의로 진리를 막는 사람들의 모든 경건하지 않음과 불의에 대하여 하늘로부터 나타나나니"(롬 1:18)라고 말씀합니다. 죄에는 억만 가지가 있다고 하여도 크게는 "경건하지 아니함과 불의" 두 가지로 분류가 되는 것입니다. "경건하지 아니함"은 하나님과의 관계성에서의 죄인데, 하나님을 인정하지도 않고 구하지 않는 불신앙의 죄와 믿노라하면서도 하나님의 언약에 성실하지 아니한(시 78:37) 형식적인 신앙을 가리킵니다. 그리고 "불의"는 대인관계(對人關係)에서의 죄인데 하나님과의 관계가 잘못되면 필연적으로 불의가 따르게 되는 것입니다.

㉡ 심판을 경고하시면서 두 번이나 "질투의 불"(1:18, 3:8)이라 말씀함을 유념해야 합니다. "질투"가 무엇인가? 사전적인 의미는 "강한 새암"이라고 정의합니다. 하나님은 우리를 사랑하시되 질투가 불일듯하기까지 사랑하신다는 말씀입니다. 이 사랑은 "자기 아들을 아끼지 아니하시고" 대속제물로 내어주기까지 한 사랑입니다.

그런데 이 메시아언약 곧 복음을 배신하고 우상을 숭배하다니, 그래서 진노의 날에 질투의 불에 삼키우리니 라고 "진노와 질투"를 함께 말씀하시는 것입니다.

〈2장〉

⑥ 2:1-3절의 내용은 1장의 계속입니다. 그러므로 장(章)을 나눌 때 4절부터 나눴으면 좋았을 것입니다. "수치를 모르는 백성아 모일지어다 모일지어다 명령이 시행되어 날이 겨같이 지나가기 전, 여호와의 진노가 너희에게 내리기 전, 여호와의 분노의 날이 너희에게 이르기 전에 그러할지어다"(2:2) 합니다.

"수치를 모르는 백성"이란 누구를 가리키는 것인가? 예레미야 6:15절은 "그들이 가증한 일을 행할 때에 부끄러워하였느냐 아니라 조금도 부끄러워 하지 않을 뿐 아니라 얼굴도 붉어지지 않았느니라"고 유다를 가리키는 말입니다. 이는 심판을 시행하기 전에 다시 한번 회개할 기회를 준다는 뜻입니다.

⑦ 그런 후에 "세상의 모든 겸손한 자들아 너희는 여호와를 찾으며 공의와 겸손을 구하라 너희가 혹시 여호와의 분노의 날에 숨김을 얻으리라"(2:3) 하면서 이스라엘을 대적한 "블레셋·모압·암몬" 등 열방에 대한 심판경고(2:4-15)가 나오는데, 이 열방은 이스라엘을 사방으로 둘러있는 이웃 나라들입니다.

    ㉠ "그들이 이런 일을 당할 것은 그들이 만군의 여호와의 백성에 대하여 교만하여졌음이라"(2:10) 합니다. "여호와의 백성에 대하여 교만한 것"이 곧 하나님을 대적한 것이 되기 때문입니다.

    ㉡ 주목할 점은 열방에 대한 심판예언이 1장의 심판경고와 3장의 회복예언의 중간에 끼어있다는 점입니다. 이렇게 하시는 의도는 환난 중

에 있는 남은 자를 위로하고 격려하기 위해서입니다.

〈3장〉

⑧ 3장은 심판과 구원이라는 두 부분(1-8, 9-20)으로 되어있는데, "그럼에도 불구하고… 하나님은 은총을 베푸신다"는 구조입니다. "패역하고 더러운 곳, 포악한 그 성읍이 화 있을진저"(3:1) 하고 시작되는데, 하나님의 성전이 있는 예루살렘이 "패역·더러운 곳·포악"한 성(城)이 되었다는 것입니다. "패역"은 반역(叛逆)이고, "더러운 곳"은 창녀(娼女)를 가리키고, "포악"은 백성에게 불의(不義)를 행한 것을 가리킵니다.

ㄱ 그렇다면 예루살렘이 이처럼 타락한 원인이 누구의 책임이란 말인가? "그 가운데 방백들은 부르짖는 사자요 그의 재판장들은 이튿날까지 남겨두는 것이 없는 저녁 이리요 그의 선지자들은 경솔하고 간사한 사람들이요 그의 제사장들은 성소를 더럽히고 율법을 범하였도다"(3:3-4)라고 지도자들의 책임임을 말씀합니다.

ㄴ 그리하여 "나 여호와가 말하노라 그러므로 내가 일어나 벌할 날까지 너희는 나를 기다리라 내가 뜻을 정하고 나의 분노와 모든 진노를 쏟으려고 여러 나라를 소집하며 왕국들을 모으리라 온 땅이 나의 질투의 불에 소멸되리라"(3:8) 하십니다.

이점에서 주목하게 되는 것은 "여러 나라를 소집하며, 왕국들을 모으리라"는 언급인데, 하나님의 진노의 심판이 유다라는 나라를 뛰어넘어 "온 땅"으로 확대되고 있는 것입니다.

⑨ 3:9절은 스바냐서의 분기점(分岐點)이 되는 말씀인데 "그 때에"(key)하고 시작됩니다. 19절과 20절도 "그때에"라고 말씀하고,

11절과 16절은 "그날에" 합니다. 이는 미래(未來) 복음시대를 전망하는 "그때, 그날"인 것입니다.

ⓐ "그때에 내가 여러 백성의 입술을 깨끗하게 하여 그들이 다 여호와의 이름을 부르며 한 가지로 나를 섬기게 하리니"(9)라고 심판(審判)의 경고에서 구원(救援)의 약속으로 바뀌고 있는 것입니다.

ⓑ "그때에 내가 네 가운데서 교만하여 자랑하는 자들을 제거하여 네가 나의 성산에서 다시는 교만하지 않게 할 것임이라(11), 내가 곤고하고 가난한 백성을 네 가운데에 남겨두리니 그들이 여호와의 이름을 의탁하여 보호를 받을지라"(12)고 "남은 자(13)와 보호받을 자"가 있게 되리라 하십니다.

ⓒ 그런 후에 "시온의 딸아 노래할지어다 이스라엘아 기쁘게 부를지어다 예루살렘 딸아 전심으로 기뻐하며 즐거워할지어다"(14) 하는 환성(歡聲)이 터져 나오는데 왜 이렇게 기뻐하라 하시는가? "여호와가 네 형벌(刑罰)을 제거하였기"(15상) 때문이라는 것입니다.

그러면 우리의 형벌을 제거하심이 어떻게 가능하여진단 말인가? 이것은 그냥 되는 것이 아닙니다. "형벌을 제거하심"은 오직 예수 그리스도의 대속으로만이 가능하여진다는 점에 확고해야 합니다.

이점을 이사야서는 "우리 모두의 죄악을 그에게 담당시키셨도다"(사 53:6)고 말씀하고, 다니엘서에서는 "허물이 그치며 죄가 끝나며 죄악이 용서되며 영원한 의가 드러나리라" 하면서, 이는 "기름 부음을 받은 자가 끊어져 없어질 것"(단 9:24,26), 즉 그리스도의 고난을 통해서 되어진다고 말씀합니다. 스가랴서에서도 "내가 거기에 새길 것을 새기며 이 땅의 죄악을 하루에 제거하리라"(습 3:9) 하십니다.

이처럼 우리의 형벌을 "제거하심"이 그냥 되는 것이 아닙니다. 왜냐하면 하나님의 공의가 용납하시지 않기 때문입니다. 이는 그리스도께서 대신 정죄를 당하심으로만이 가능하여진다는 것이 성경의 증언입니다. 만일 이를 부인한다면 그리스도의 죽음을 헛된 것으로 여기고 복음을 부인하는 것이 됩니다.

⑩ 그러므로 특히 주목해야 할 점은 세 번이나 등장하는 "네 가운데 계시는 여호와"(5,15,17)라는 언급인데 이것이 "임마누엘"이요, "여호와 삼마"(겔 48:35)인 것입니다.

  ㉠ "여호와가 네 형벌을 제거하였고 네 원수를 쫓아냈으며 이스라엘 왕 여호와가 네 가운데 계시니"(15상) 합니다. 그러면 형벌을 제하시고, 원수를 쫓아내실 "네 가운데 계시는 왕"이 누구란 말인가?

  ㉡ 이점이 "너의 하나님 여호와가 너의 가운데에 계시니 그는 구원을 베푸실 전능자이시라"(17상)는 말씀에 분명하게 드러납니다. "너의 가운데에 계시는 왕"(15중)이란 "임마누엘" 하실 그리스도에 대한 예언이 명백한 것입니다. "그래서 "시온의 딸아 노래할지어다, 전심으로 기뻐하며 즐거워할지어다"하는 것입니다.

스가랴서에는 이에 상응하는 말씀이 있는데, "시온의 딸아 크게 기뻐할지어다 예루살렘의 딸아 즐거이 부를지어다 보라 네 왕이 네게 임하시나니 그는 공의로우시며 구원을 베푸시며 겸손하여서 나귀를 타시나니 나귀의 작은 것 곧 나귀 새끼니라"(슥 9:9) 합니다.

"너의 하나님 여호와가 너의 가운데 계시니
그는 구원을 베푸실 전능자시라
그가 너로 말미암아 기쁨을 이기지 못하시며
너를 잠잠히 사랑하시며
너로 말미암아 즐거이 부르며 기뻐하시리라"(3:17).

⑪ 3:19-20절에는 "그때에"라는 말이 네 번이나 나옵니다. "그때"는 어느 때인가? "이스라엘의 왕 여호와가 너희 중에 있으니"한 임마누엘 하실 때요, "내가 속히 오리라" 하신 재림의 때입니다. 그때에 무슨 일이 일어나게 되는가?
　㉠ "그 때에 내가 너를 괴롭게 하는 자를 다 벌하고"(19상)
　㉡ "내가 그 때에 너희를 이끌고"
　㉢ "그 때에 너희를 모을지라"
　㉣ "때에 너희에게 천하 만민 가운데서 명성과 칭찬을 얻게 하리라"(20) 하십니다. 다시 강조합니다만 이는 그리스도의 구속으로 말미암아서만이 가능하여지는 복음의 기쁜소식인 것입니다.

⑫ "진멸하리라, 멸절하리라"고 시작된 스바냐서는 "구원하며, 모으며, 명성과 칭찬을 얻게 하리라"(3:20)는 말씀으로 마치고 있다는 것은 경이로운 일입니다.
　㉠ "진노와 진멸"은 인간의 행위로 말미암은 죄의 값입니다. 그러나 "형벌을 제거하시고, 구원하시고, 명성을 얻게 하심"은 하나님의 아들 그리스도의 대속을 통하여 이루어주실 전적인 하나님의 은혜입니다.
　㉡ 신약의 성도들은 "너의 하나님 여호와가 너의 가운데에 계시니"(3:17) 하신 임마누엘 하셔서 구원을 베푸신 이후를 살아가고 있습니다. 그렇다면 재림을 목전에 둔 현대교회 지도자들의 결의와 결

단은 무엇이어야 하는가? "여호와가 네 형벌을 제거하여"(3:15)버리
셨다는 복음을 힘 있게 담대히 증언하여 성도들로 하여금,

"너희 하나님 여호와가 너의 가운데 계시니
그는 구원을 베푸실 전능자이시라
그가 너로 말미암아 기쁨을 이기지 못하시며
너를 잠잠히 사랑하시며
너로 말미암아 즐거이 부르며 기뻐하시리라" 하고
기뻐하며, 찬양하며 감사하게 해야 할 사명입니다.

형제여, 용기를 내십시오. "네 손을 늘어뜨리지 말라(3:16), 칭
찬과 명성을 얻게 하리라"(3:20) 하십니다.

주제(主題) : 내가 영광으로 이전에 충만하게 하리라

성경을 기록한 문서 선지자 16명을 세우신 시기는, 포로 이전 과 포로기와 포로 이후, 세 시기로 나눌 수 있습니다. 학개·스가 랴·말라기는 포로 이후에 활동한 선지자들인데 그중 제일 먼저 세움을 입은 선지자가 학개입니다.

포로 이후 시기란 회복기를 의미합니다. 선지자들은 예루살렘 의 심판을 경고하면서 한결같이 회복을 약속함으로 소망을 주었 습니다. 70년 포로기간을 마친 후 총독 스룹바벨과 대제사장 여 호수아의 인도하에 귀환한 이스라엘 백성들은 제일 먼저 번제단 을 "그 터에 세우고"(스 3:3) 하나님께 번제를 드렸습니다.

그리고 불타버린 성전재건에 착수했습니다. 이때에 앗수르 왕의 이주(移住) 정책에 의하여 혼혈족이 된 사마리아 사람들이 함께 건축하자고 요청합니다. 혼합종교가 된 그들의 제의를 거부하자 맹렬히 대적합니다. 결국 성전건축은 2년 만에 중단되고 말았습니다.

① 학개서는 선지자에게 임한 네 번의 설교(1장, 2:1-9, 10-19, 20-23)로 되어있습니다.

㉠ 첫 번 설교(1장)의 중심점은 "성전건축"을 촉구하는 말씀입니다. "이 성전이 황폐하였거늘 너희가 이 때에 판벽한 집에 거주하는 것이 옳으냐(1:4)고 책망하시면서 "너희는 산에 올라가서 나무를 가져다가 성전을 건축하라"(1:8) 하십니다.

㉡ 두 번째 설교(2:1-9)의 중심점은 "스스로 굳세게 할지어다"(2:4)고 세 번이나 격려하시면서 중요한 점을 말씀하는데, "이 성전의 나중 영광이 이전 영광보다 크리라"(2:9) 하십니다. 무슨 뜻인가? 물리적인 성전만을 보고 낙심하는 그들에게 참 성전 되시는 그리스도를 바라보게 하는 말씀인 것입니다.

㉢ 세 번째 설교(2:10-19)의 중심점은 "그것이 성물이 되겠느냐, 그것이 부정하겠느냐"(12,13) 한두 가지 질문에 있습니다. 이는 성전을 재건하고 있는 도중에 주어진 말씀인데 "성전·제물" 자체가 문제가 아니라 성전을 건축하는 자, 제물을 드리는 자의 중심이 어떠하냐가 문제라는 점을 일깨워주는 말씀인 것입니다.

㉣ 네 번째 설교(2:20-23)의 중심점은 "그날에 내가 너를 세우고 너를 인장으로 삼으리니 이는 내가 너를 택하였음이니라"(2:23)하는 "너"라는 인칭(人稱)에 있습니다. 하나님의 구원계획은 "성전"이라는 건물로 이루는 것이 아니라 "너"라는 사람, 즉 그리스도로 이루신다는

것이 학개서의 결론입니다.

첫 번 설교(1장)

② 포로에서 귀환한 이후의 상황은 선지자들의 약속과는 너무
나 달랐습니다. 이사야와 미가 선지자는 "말일에 여호와의 전의
산이 모든 산꼭대기에 굳게 설 것이요 모든 작은 산 위에 뛰어나
리니 만방이 그리로 모여들 것이라"(사 2:2, 미 4:1)고 예언했습
니다. 그런데 성전 재건이 난관에 봉착하게 되자 백성들은 "여호
와의 전을 건축할 시기가 이르지 아니하였다"(1:2)고 변명을 했던
것입니다.

그리하여 성전재건은 약 15년이나 중단이 된 채 점차 망각 속
에 빠져들어 갔습니다. 이때 하나님의 말씀이 학개로 말미암아
총독 스룹바벨과 대제사장 여호수아에게 임하였던 것입니다.

- ㉠ "이 성전이 황폐하였거늘 너희가 이 때에 판벽한 집에 거주하는 것
  이 옳으냐"(1:4)
- ㉡ "너희는 너희의 행위를 살필지니라(1:5)
- ㉢ "너희가 많이 뿌릴지라도 수확이 적으며, 그것을 구멍 뚫어진 전대
  에 넣음이 되느니라 너희가 많은 것을 뿌릴지라도 수입이 적으며,
  그것을 구멍 뚫어진 전대에 넣음이 되느니라"(1:6)고 자신을 돌아보
  게 하십니다.
- ㉣ "이것이 무슨 까닭이냐 내 집은 황폐하였으되 너희는 각각 자기의
  집을 짓기 위하여 빨랐음이라"(1:9)고 책망하십니다.

③ 학개 선지자의 메시지는 "너희는 산에 올라가서 나무를 가

져다가 성전을 건축하라 그리하면 내가 그것으로 말미암아 기뻐하고 또 영광을 얻으리라"(1:8)는 것이었습니다. 총독 스룹바벨과 대제사장 여호수아와 남은바 모든 백성이 하나님의 말씀을 청종하고 여호와를 경외하고, "하나님의 전 역사"(1:14)를 다시 시작합니다.

- ㉠ 이 점에서 통찰력이 요구되는데 하나님은 무엇이 부족하신 것처럼 사람의 손으로 지은 건물로 인하여 "기뻐하시고, 영광을 얻으실" 분이 아니라는 점입니다. 그러면 어찌하여 "성전을 건축하라"고 명하시는가? 그 의도를 구속사라는 지평에서 구해야 합니다.
- ㉡ 구속사의 맥락에서 "성전을 건축하라" 하시는 의도는,
  - ㉮ 성전이라는 모형이 "임마누엘"로 성취될 때까지
  - ㉯ 성전예배, 즉 가축으로 드리는 제사를 통해서 하나님과 교제를 지속하며 메시아언약을 잊지 않고 그리스도를 대망(待望)하게 하시려는 것입니다.
- ㉢ 그런데 성전건축이 중단되고 망각상태에 이르게 되었다는 것은 무엇을 의미하는가? 하나님과의 교제가 끊어지고 메시아언약을 망각하기에 이르렀다는 증거입니다. 이점이 "너희가 내게로 돌이키지 아니하였었느니라"(2:17)는 말씀에 나타납니다. 이런 맥락에서 성전을 건축하여 조석으로 상번제를 드리기에 이르면 "그리하면 내가 기뻐하고, 또 영광을 얻으리라"(1:8) 하시는 것입니다.
- ㉣ "여호와께서 스알디엘의 아들 유다 총독 스룹바벨의 마음과 여호사닥의 아들 대제사장 여호수아의 마음과 남은 모든 백성의 마음을 감동시키시매, 하나님의 전 공사를"(1:14) 다시 시작하였다고 말씀합니다.

두 번째 설교(2:1-9)

④ "너희 가운데에 남아 있는 자 중에서 이 성전의 이전 영광
을 본 자가 누구냐 이제 이것이 너희에게 어떻게 보이느냐 이것
이 너희 눈에 보잘것없지 아니하냐"(2:3)고 물으십니다.

  ㉠ 이렇게 말씀하는 의도는 "기초가 놓임을 보고 대성통곡했다"(스
   3:12)하는데 이는 감격스러워서 만이 아니라 너무나 초라했기 때문
   입니다. 그런데 하나님은 재건되는 성전의 "보잘 것 없음"을 책망하
   시는 것이 아닙니다.

  ㉡ "스룹바벨아 스스로 굳세게 할지어다"

  ㉢ "여호사닥의 아들 대제사장 여호수아야 스스로 굳세게 할지어다"

  ㉣ "이 땅 모든 백성아 스스로 굳세게 하여 일할지어다"(4)고 용기를
   주십니다. 형제를 향하여 "ㅇㅇ야 굳세게 할지어다" 하십니다. 무슨
   뜻인가? "나무"(1:8)가 아니라 "은이나 금"으로 지어야만 기뻐하고
   영광을 얻는 하나님인 줄 아느냐 아니다, "은도 내 것이요 금도 내
   것이니라"(2:8), 즉 광산의 은과 금이 다 창조주 하나님의 것이라는
   뜻입니다.

⑤ 그러면 "굳세게" 할 수 있는 원동력은 어디서 오는가?

  ㉠ 첫째로 "내가 너희와 함께 하노라 만군의 여호와의 말이니라"(4하)
   한 "하나님의 함께 하심"에 있습니다. 1:13절에서도 "내가 너희와
   함께 하노라" 하십니다. 성경에 등장하는 모든 믿음의 사람들이 "굳
   세고 담대"할 수 있었던 원동력은 하나님이 함께 하심을 믿는 믿음
   의 담대함이었던 것입니다.

  ㉡ 둘째로 "너희가 애굽에서 나올 때에 내가 너희와 언약한 말과 나의
   영이 계속하여 너희 가운데에 머물러 있나니 너희는 두려워하지 말
   지어다(2:5) 하십니다.

   ㉮ 하나님이 그들과 함께 계시고

   ㉯ 하나님의 신 곧 성령(聖靈)이 그들과 함께 계시고

ⓑ 그들에게 세워주신 언약(言約)이 있기 때문에 두려워하지 말라 하십니다. 이 이상 더 보여줄 보장은 없습니다. 우리도 이를 믿기에 담대할 수 있는 것입니다.

ⓒ 그런 후에 "내가 이 성전에 영광이 충만(充滿)하게 하리라(2:7), 이 성전의 나중 영광(榮光)이 이전(以前) 영광보다 크리라"(9) 하십니다. 이는 "말씀이 육신이 되어 우리 가운데 거하시매 우리가 그의 영광을 보니 아버지의 독생자의 영광이요 은혜와 진리가 충만하더라"(요 1:14)에서 성취될 임마누엘을 가리키는 말씀입니다. 솔로몬 성전은 임마누엘의 모형이요, 솔로몬의 성전에 충만한 영광은 임마누엘 영광의 예표였던 것입니다.

세 번째 설교(2:10-19)

⑥ 두 가지를 물으십니다.

㉠ "사람이 옷자락에 거룩한 고기를 쌌는데 그 옷자락이 만일 떡에나 국에나 포도주에나 기름에나 다른 음식물에 닿았으면 그것이 성물이 되겠느냐 하라 학개가 물으매 제사장들이 대답하여 이르되 아니니라"(12)

㉡ "시체를 만져서 부정하여진 자가 만일 그것들 가운데 하나를 만지면 그것이 부정하겠느냐 하니 제사장들이 대답하여 이르되 부정하리라"(13) 합니다. 무엇을 말씀하시려는 것인가? 여호와의 말씀에 "내 앞에서 이 백성이 그러하고 이 나라가 그러하고 그들의 손의 모든 일도 그러하고 그들이 거기에서 드리는 것도 부정하니라"(14) 하십니다.

㉢ 무슨 뜻이냐 하면 솔로몬의 성전이 불에 탄 것은 건물에 잘못이 있는 것이 아니라 사람이 부정해졌기 때문이요, 지금도 나무로 짓느냐 금으로 꾸미느냐가 문제가 아니라 재건하는 사람의 심령이 어떤 상

태인가 하는 점이 중요하다는 말씀입니다. 그러시면서 "오늘부터는 내가 너희에게 복을 주리라"(19)고 용기를 주십니다.

네 번째 설교(2:20-23)

⑦ "너는 유다 총독 스룹바벨에게 말하여 이르라 내가 하늘과 땅을 진동시킬 것이요 여러 왕국들의 보좌를 엎을 것이요 여러 나라의 세력을 멸할 것이요 그 병거들과 그 탄 자를 엎드러뜨리리니 말과 그 탄 자가 각각 그의 동료의 칼에 엎드러지리라"(21-22) 하십니다.

학개서에는 "진동시키다"는 언급이 세 번(2:6,7,21) 등장하는데 여기에는 두 방면이 있다고 할 것입니다. 첫째로 임마누엘 사건은 가히 온 천하를 "진동"시키는 사건이었던 것입니다. 역사를 BC, AD로 나눈 사건이요, 선민 이스라엘은 버림을 당하고 이방인들이 구원을 얻는 진동이 일어났던 것입니다.

둘째로 예수 그리스도의 재림의 날은 "하늘의 별들이 무화과나무가 대풍에 흔들려 설익은 열매가 떨어지는 것 같이 땅에 떨어지며 하늘은 두루마리가 말리는 것 같이 떠나가고 각 산과 섬이 제 자리에서 옮겨지매"(계 6:13-14) 한 경천동지(驚天動地)의 날인 것입니다. 학개서는 성전건축이라는 주제에서 최후심판으로 발전하고 있는 것입니다. 신약성경은 이 말씀을 받아 "그러므로 우리가 흔들리지 않는 나라를 받았은즉 은혜를 받자 이로 말미암아 경건함과 두려움으로 하나님을 기쁘시게 섬길지니 우리 하나님은 소멸하는 불이심이라"(히 12:28-29) 합니다.

⑧ 그러므로 주목해야 할 점은 학개서는 "성전을 건축하라"(1:8)는 명령으로 시작하여 "전 공사를 하였으니"(1:14)하고 중단되었던 성전건축이 재개되었음을 보여주고 있지만 "성전"을 완공(完工)했다는 기사는 없습니다. 학개서는 성전이 완공되었다는 "건물"(建物)로 끝맺고 있는 것이 아니라 이는 침묵한 채 "내가 너를 세우고 너로 인장으로 삼으리니 이는 내가 너를 택하였음이니라" (2:23)한 "너"라는 "인물"(人物)로 결론을 맺고 있다는 점입니다. "인장으로 삼으리니"는 왕으로 삼으시겠다는 뜻인데 "너"가 1차적으로는 스룹바벨이라 하여도 그는 예표의 인물이요, "택하여, 인장을 삼으신" 궁극적인 "너"는 그리스도를 가리키는 예언의 말씀인 것입니다.

　㉠ 그렇습니다. 하나님의 나라 회복은 성전이라는 건물로 이루어지는 것이 아닙니다. "나를 위하여 한 몸을 예비하셨도다"(히 10:5) 한 "너"라는 그리스도의 대속을 통해서 잃어버렸던 자기 백성들인 "우리"를 찾으심으로 가능하여지기 때문입니다.

　㉡ 하나님이 거하실 성전은 물리적인 것이 아니라, "그의 안에서 건물마다 서로 연결하여 주 안에서 성전이 되어 가고 너희도 성령 안에서 하나님의 거하실 처소가 되기 위하여 예수 안에서 함께 지어져 가느니라"(엡 2:21-22)고 구속함을 얻은 성도들로 이루어진다고 말씀하십니다.

형제여 "이 땅 모든 백성아 스스로 굳세게 하여 일할지어다" 하십니다. 굳세게 하여 일하십시다. 여호와 하나님이 형제와 함께 하십니다. 성령(聖靈)이 형제 안에 거하십니다. 또한 영원불변의 언약(言約)이 있습니다. "이전의 나중 영광" 즉, 지금의 교회와 나 자신의 모습이 아니라 재림의 날에 우리의 낮은 몸이 주님의 영광의 몸과 같이 변화될 영광을 바라보시기를 기원합니다. 아멘.

스가랴서

주제 : 여호와께서 천하의 왕이 되시리니(14:9)

　　스가랴 선지자는 이사야 다음으로 메시아 예언을 많이 증언한 선지자입니다. 이사야서는 66장이나 되지만 스가랴서는 열네 장에 불과합니다. 이처럼 적은 분량 속에 그리스도의 초림으로부터 재림에 이르기까지의 모든 증언이 농축되어 있는 메시아 예언의 정수(精粹)라 할 수 있습니다.

　　스가랴는 학개보다 두 달 정도 뒤에 세움을 받은 선지자입니다. 그의 1차적인 임무는 학개와 함께 15년간이나 중단된 성전을 건축하도록 독려하는 일이었습니다. 에스라 6장에서는 "유다 사람의 장로들이 선지자 학개와 잇도의 손자 스가랴의 권면을 따랐으므로 성전건축(建築)하는 일이 형통한지라"(스 6:14) 합니다.

그러면 하나님은 어찌하여 "성전재건"을 독려하기 위해서 두 명의 선지자를 동시에 세우셨을까요? 이는 "성전"이 누구에 대한 모형인가 하는 구속사적인 의미를 인식할 때에 깨닫게 됩니다. 주님은 "이 성전을 헐라 내가 사흘 동안에 일으키리라" 하셨습니다. 이는 "성전 된 자기 육체를 가리켜 말씀하신 것이라"(요 2:19,21) 합니다.

이런 맥락에서 학개 선지자는

㉠ "너희는 산에 올라가서 나무를 가져다가 성전을 건축하라"(학 1:8) 고 명하는 반면

㉡ 스가랴 선지자는 "보라 싹이라 이름 하는 사람이 자기 곳에서 돋아 나서 여호와의 전을 건축하리라"(슥 6:12)고 말씀합니다. 즉 하나님 의 거하실 성전은 "너희"가 건축하는 것이 아니라 "싹이라 이름하 는" 그리스도께서 세우신다는 뜻입니다. 모형(模型)에서 실상(實像)으 로 전진하고 있는 것입니다.

㉢ 또한 "먼 데 사람들이 와서 여호와의 전을 건축하리니"(6:15), 즉 이방인들도 구원에 참여하게 될 것을 예언하고 있으니 얼마나 놀라 운 전진인가? 그러므로 스가랴서는 학개서에서 "이 성전의 나중 영 광이 이전(以前) 영광보다 크리라"(학 2:9) 한 참 성전 되시는 그리 스도를 증언하는데 초점을 맞추고 있습니다.

① 1장에서 스가랴 선지자의 제일성(第一聲)은 "여호와가 너희 의 조상들에게 심히 진노하였느니라"(1:2)는 말씀입니다.

㉠ 무슨 뜻인가? 하나님께서 조상들의 범죄로 인하여 솔로몬의 성전을 던져버리셨음을 상기시키는 말씀입니다. 이는 성전건축보다도 우선하 는 것이 있음을 암시합니다. 그것이 무엇인가? "너희는 내게로 돌아 오라(1:3), 너희 조상들을 본받지 말라"(1:4) 하신 진정한 회개입니

다. 이는 물리적(物理的)인 성전보다 "마음"의 성전이 더욱 중요함을 나타냅니다.

ⓛ 그런데 "돌아오라"는 말씀을 포로에서 귀환한 후에 세움을 받은 "학개(학 2:17), 스가랴(1:3), 말라기"(말 3:7) 세 명의 선지자가 공통적으로 촉구하고 있다는 점입니다. 포로에서 돌아온 자들에게 "내게로 돌아오라"(1:3) 하시는 의도가 무엇인가? 포로에서 돌아온 것도 중요합니다. 성전을 건축하는 것도 중요합니다. 그러나 더욱 중요한 것은 마음이 하나님께로 돌아오는 것이라는 말씀입니다. 그렇다면 구체적으로 어떻게 하는 것이 하나님께로 돌아가는 것인가를 형제는 말해줄 수 있습니까?

ⓒ 그것은 메시아언약 안으로 돌아오는 것입니다. 왜냐하면 "그리스도께서도 단번에 죄를 위하여 죽으사 의인으로서 불의한 자를 대신하셨으니 이는 우리를 하나님 앞으로 인도하려 하심이라"(벧전 3:18), 즉 하나님께로 "돌아옴"은 메시아언약 안에서만 가능하여지기 때문입니다.

애굽 천지를 죽음의 천사가 심판할 때에 "유월절 어린양의 피가 뿌려진 대문 안"에만 안전하고 구원이 있었습니다. "아침까지 한 사람도 자기 집 문 밖에 나가지 말라"(출 12:22) 하십니다. 이 메시아언약 안으로 돌아오라는 것입니다. 그런데 그들의 조상들은 메시아언약을 버리고 밖으로 뛰쳐나가 우상을 숭배하다가 심판을 당한 것입니다.

② 그런데 문제의 심각성은 70년이라는 징벌을 당하고 포로에서 귀환한 후에도 또다시 하나님으로부터 멀어져가고 있다는 사실입니다. 다시 말하면 메시아언약을 망각해가고 있다는 것입니다. 이점을 구약성경의 마지막 책인 말라기서에서 보게 될 것입

니다. 그러므로 스가랴서는 물리적인 성전건축보다는 참 성전이신 그리스도를 증언하는데 역점(力點)을 두고 있는 것을 보게 됩니다. 왜냐하면 하나님이 거하실 성전이란 금이나 은으로 지은 성전이 아니라 구속함을 얻은 "자기 백성 가운데 거하시는 것"이기 때문입니다.

③ 2장에서는 "시온의 딸아 노래하고 기뻐하라" 하십니다. 무슨 기쁜 일이 있단 말인가? "이는 내가 와서 네 가운데에 머물 것임이니라"(2:10) 하십니다.

   ㉠ 9:9절에서도 "시온의 딸아 크게 기뻐할지어다 예루살렘의 딸아 즐거이 부를지어다" 합니다. 무슨 기쁜 일이 있단 말인가? "보라 네 왕이 네게 임하시나니 그는 공의로우시며 구원을 베푸시며", 그래서 크게 기뻐하고 즐거워하라는 것입니다.

   ㉡ 그러므로 2장에는 "나를 보내셨나니(8), 만군의 여호와께서 나를 보내신 줄 알리라(9), 만군의 여호와께서 나를 보내신 줄 알리라"(11) 하고, "보내셔서" 오셨다는 점이 강조되어 있습니다. 그렇습니다. "하나님이 세상을 이처럼 사랑하사 독생자를 보내" 주셨습니다.

④ 그러면 스가랴서에는 왕, 즉 그리스도를 어떻게 예언하고 있는가?

   ㉠ "내 종 싹을 나게 하리라"(3:8)하신 탄생과

   ㉡ "나귀 새끼를 타고"(9:9) 입성하셔서

   ㉢ "은 삼십"(11:12)에 팔리실 것과

   ㉣ "내 목자 내 짝된 자를 치라"(13:7)한 고난 당하실 것과

   ㉤ 그리하여 "죄와 더러움을 씻는 샘"(13:1)이 열리게 될 것과

   ㉥ "은총과 간구하는 심령을 부어주실"(12:10상) 것과

ⓐ "찌른바 그를 바라보고 애통하는"(12:10하) 회개의 운동이 일어날 것과

◎ "나의 하나님 여호와께서 임하실 것이요"(14:5)한 재림과

ⓧ "여호와께서 천하의 왕이 되시리니 그날에는 여호와께서 홀로 한 분 이실 것이요"(14:9)하고 메시아왕국의 비전이 계시되어 있습니다.

　스가랴서는 그리스도의 탄생을 "싹이라 이름하는 사람이 자기 곳에서 돋아나서"(6:12, 3:8)라고 말씀하는데 어찌하여 싹이라 하는가? 바벨론에 의하여 "밤나무, 상수리나무가 베임을 당한 그루터기"(사 6:13)에서 돋아나기 때문입니다. 그래서 이사야 선지자도 "이새의 줄기에서 한 싹이 나며 그 뿌리에서 한 가지가 나서 결실할 것이요"(사 11:1)하고 "싹·가지"라 한 것입니다.

⑤ 메시아의 사명은 제사장(祭司長)적인 구속사역과 왕(王)적인 권세로 집약됩니다. 3장에는 그리스도의 대제사장적인 사역이, 4장에는 왕적인 사역이 계시되어 있습니다.

㉠ 먼저 3장인데 "대제사장 여호수아는 여호와의 천사 앞에 섰고 사탄은 그의 오른쪽에 서서 그를 대적하는 것"(3:1)을 보여주십니다. 어찌하여 사탄이 대적하는가? 대제사장 여호수아가 "더러운 옷"을 입고 있기 때문입니다. 대제사장은 백성의 대표자입니다. 그렇다면 이는 우리들의 모습인 것입니다.

㉡ 하나님께서는 사탄을 책망하시면서 "이는 불에서 꺼낸 그슬린 나무가 아니냐"(3:2) 하십니다. 타나 남은 그슬린 나무를 보신 적이 있으시겠지요. 이들은 바벨론이라는 불에서 꺼낸 그슬린 나무였습니다. 그냥 놓아두셨다면 남은 것이 없이 다 타버렸을 터인데 하나님은 불에서 꺼내주심으로 "남은 자"가 있게 하셨습니다. 그렇다면 우리는 지옥 불에서 꺼내주심을 받은 "그슬린 나무"인 것입니다.

ⓒ "그 더러운 옷을 벗기라" 하십니다. "더러운 옷"은 행위를 상징하는데 그래서 "내가 네 죄악을 제거하여 버렸으니 네게 아름다운 옷을 입히리라"(3:4) 하십니다. 이것이 어떻게 가능하여지는가? "내 종 싹을 나게 하리라, 이 땅의 죄악(罪惡)을 하루에 제거하리라"(3:8, 9)한 그리스도의 구속(救贖)을 통해서 뿐입니다. 하나님께로 돌아갈 수 있는 방도는 율법의 행위로는 불가능하고 오직 하나님이 마련해 주신 "아름다운 옷" 즉 의롭다고 여겨주심을 힘입을 뿐이라는 말씀입니다.

⑥ 다음은 4장인데 총독(總督) 스룹바벨은 그리스도의 왕적(王的)인 사명에 대한 예표입니다.

ⓐ 그래서 "큰 산아 네가 무엇이냐 네가 스룹바벨 앞에서 평지가 되리라"(7상) 합니다. 포로에서 돌아올 때는 희망을 안고 돌아왔는데 "큰 산"이 가로막는 상황에 봉착한 것입니다. 그런데 하나님은 "그가 머릿돌을 내놓을 때에 무리가 외치기를 은총, 은총이 그에게 있을지어다 하리라"(7하) 하십니다.

하나님의 나라 건설에는 "모퉁이 돌과 머릿돌"이 있는데 "모퉁이 돌"은 건물의 기초 석으로 제일 처음 놓는 돌이요, "머릿돌"은 건물이 완공(完工)되었을 때에 맨 마지막으로 올려놓는 돌입니다. "스룹바벨의 손이 이 성전의 기초(모퉁이 돌)를 놓았은즉 그의 손이 또한 그 일을 마치리라"(9상), 즉 머릿돌을 내어놓게 되리라는 말씀입니다.

ⓑ 이 말씀이 1차적으로는 재건하는 성전의 완공을 가리킨다 하여도 스가랴서 전체와 구속사의 넓은 지평으로 본다면 "내가 이 반석 위에 내 교회를 세우리니 음부의 권세가 이기지 못하리라"(마 16:18)고 시작하신 것을, 주님의 재림으로 "나는 알파와 오메가요 처음과 마지막이요 시작과 끝이라"(계 22:12-13)에서 완성된다는 말씀인 것

입니다.

© 다시 말씀드리면 모퉁이 돌은 그리스도께서 초림(初臨)하셔서 죽으시고 다시 살아나심으로 놓게 되었고, "머릿돌"은 재림하심으로 완성하시게 되는 것입니다. 교회론이 주제인 에베소서에서는 "너희는 사도들과 선지자들의 터 위에 세우심을 입은 자라 그리스도 예수께서 친히 모퉁잇돌이 되셨느니라"(엡 2:20)고 말씀합니다. 그런데 만일 재림이 없다면 주님은 "알파는 되시나 오메가는 되지 못하고, 처음은 되시나 마지막은 되지 못하고, 시작(始作)은 되시나 끝은 되지 못하는 것"이 되고 맙니다.

아닙니다. 만왕의 왕이신 우리 주 예수 그리스도는 재림하셔서 "머릿돌"을 올려놓으심으로 하나님의 나라건설을 완성하실 분이십니다. 그 때에 주님의 재림을 대망(待望)하던 모든 성도들은 "은총, 은총이 그에게 있을지어다"하고 찬양하게 되리라는 것입니다.

⑦ 스가랴 1-6장에는 8가지 환상이 전개됩니다. 환상이란 현실(現實)이 어렵고 낙심될 때 그들에게 용기와 소망을 주기 위한 계시의 방편입니다.

㉠ 포로에서 부푼 꿈을 안고 돌아온 그들 앞에 전개되는 현실은 "큰 산아"(4:7) 한 난관에 봉착하여 암담하기만 했습니다. 지금 재건하고 있는 성전건물도 솔로몬의 성전에 비하여 너무나 초라해서 대성통곡을 합니다. 이들에게 환상을 통해서 보여주시는 소망(所望)이 무엇인가? 궁극적인 소망은 오직 메시아왕국에 대한 비전입니다.

㉡ 스가랴서는 어찌하여 왕이 백마가 아닌 나귀 새끼를 타고 입성(9:9)하신다고 말씀하는가? 그는 무력으로 정복하는 정치적(政治的)인 왕이 아니라, 노예 한 사람의 값인 은 삼십에 팔린(11:12) 종(從)이

되어서, "찔림을 당하고"(12:10), "치심"(13:7), 즉 대속적인 죽음을 통해서 이루실 의의 나라, 평화의 왕국이기 때문입니다.

⑧ 주님께서 이루어 놓으신 구속사역을 인간의 지혜로 알 수 있단 말인가? 그래서 "내가 다윗의 집과 예루살렘 주민에게 은총과 간구하는 심령을 부어 주리니"(12:10), 즉 성령을 보내주시겠다고 약속하십니다.

　㉠ 성령이 임하게 되면 "그들이 그 찌른바 그를 바라보고 그를 위하여 애통하기를 독자를 위하여 애통하듯 하며 그를 위하여 통곡하기를 장자를 위하여 통곡하듯 하리로다"(10하) 합니다. 이 말씀은 오순절 성령강림으로 말미암아 문자적으로 성취되었던 것입니다.

　㉡ 그러므로 스가랴는 예언의 말씀을 "나의 하나님 여호와께서 임하실 것이요 모든 거룩한 자들이 주와 함께 하리라"(14:5)는 주의 재림과 "여호와께서 천하의 왕이 되시리니"(14:5,9) 한 메시아왕국의 비전으로 마치고 있습니다. 즉 그리스도께서 고난을 통과하여 영광을 받으시게 될 것을 계시하고 있는 것입니다.

　㉢ 그리고 마지막 장에서는 "예루살렘을 치러왔던 이방 나라들 중에 남은 자가 해마다 올라와서 그 왕 만군의 여호와께 경배하며 초막절(草幕節)을 지킬 것이라"고 "초막절"(14:16,18,19)로 마치고 있다는 점입니다.

신약성경은 초막절의 "명절 끝 날 곧 큰 날"(요 7:37)이라고 말씀합니다. 하나님이 명하신 3대 절기, 즉 "유월절"은 주님의 십자가로, "오순절"은 성령강림으로 성취가 되었고 오직 하나 "초막절"만이 남았는데 주님께서 재림(再臨)하시는 날 우리는 광야생활을 청산하고 약속의 땅에 들어가게 되는 "명절 끝난 곧 큰 날"

을 맞이하게 될 것입니다. 이날이 주님께서 "머릿돌을 내놓는 날이요", 모든 성도들은 "은총, 은총이 그에게 있을지어다"고 외치는 날인 것입니다. 아멘.

말라기서

주제 : 공의로운 해가 떠올라서 치료하는 광선을 비추리니(4:2)

　　말라기서는 구약성경의 마지막 책으로 구약의 결론(結論)이자 동시에 구약과 신약을 연결시켜주는 교량(橋梁) 역할을 해줍니다. 말라기 선지자가 활동한 시대적(時代的)인 배경은 느헤미야서와 일치합니다. 그러니까 느헤미야서는 구약의 마지막 역사(歷史)서요, 말라기서는 구약의 마지막 예언서입니다.

　　말라기 이후 약 400년의 침묵시대를 지나서 "광야의 외치는 자"의 소리가 들려왔는데 이 사람이 말라기 선지자가 "보라 여호와의 크고 두려운 날이 이르기 전에 내가 선지자 엘리야를 너희에게 보내리니"(4:5)라고 예언한 세례요한이었던 것입니다.

① 말라기가 선지자로 세움을 받은 것은 아브라함으로부터는 약 1600년, 출애굽으로부터는 약 1000년, 포로에서 귀환한 후로부터는 약 100년이 지난 시점(時點)입니다. 그동안 이스라엘은 많은 시련과 연단을 겪었습니다. 그러면 이때쯤에 이르러서 구약 교회는 얼마큼 신앙이 성숙하여졌는가?

그러나 말라기서에 나타난 상황은 어쩌면 사람이 이토록 거짓 될 수 있을까 하고 자괴감을 느끼게 합니다. 그 점이 한마디로 "너희 중에 성전 문을 닫을 자가 있었으면 좋겠도다"(1:10)라고 말씀하시는 점에 나타납니다.

② 그러면 말라기 시대가 타락했다는 구체적인 의미가 무엇인가? "만군의 여호와가 이르노라 너희가 눈 먼 희생제물을 바치는 것이 어찌 악하지 아니하며 저는 것, 병든 것을 드리는 것이 어찌 악하지 아니하냐"(1:8)한 말씀에 나타납니다. 제사 제도를 명하신 의도가 어디에 있으며 "드려지는 제물"이 누구에 대한 그림자인가를 생각해보시기 바랍니다.

  ㉠ 그런데 그들이 "눈멀고, 저는 것, 병든 것"으로 드렸다는 것은 변명의 여지가 없는 메시아언약, 즉 복음을 망각했다는 증거입니다. 이처럼 하나님과의 관계가 잘못되면 이웃과의 관계에도 불의하게 되는 것입니다. 이것이 말라기 시대의 타락상입니다.

  ㉡ 바벨론에 의하여 예루살렘이 멸망 당하고 성전이 불타버리고, 백성들이 사로잡혀가게 된 원인이 어디에 있었는가? 메시아언약을 망각하고 우상을 숭배했기 때문입니다. 이런 비참한 징벌을 당하고 남은 자들만이 귀환한 지 불과 100년 후에 또다시 그들은 메시아언약을 망각하고 만 것입니다.

ⓒ 이런 악순환을 사사기에서도 대한 바가 있는데, "그 세대 사람도 다 그 조상들에게로 돌아갔고 그 후에 일어난 다른 세대는 여호와를 알지 못하며 여호와께서 이스라엘을 위하여 행하신 일도 알지 못하였더라"(삿 2:10) 합니다. 이는 옛날이야기가 아니라 현대교회에 경각심을 갖게 하는 우리들의 이야기인 것입니다.

③ 교회가 타락하게 되는 원인은 동서고금을 막론하고 예배가 타락하기 때문입니다. 그리고 예배가 타락했다는 것은 지도가 타락했기 때문이요, 강단에서 선포되는 "말씀"이 타락했다는 뜻입니다.

ⓐ 그러므로 말씀이 바르게 선포되지 않는다면 "너희는 이것이 여호와의 성전이라 여호와의 성전이라 여호와의 성전이라 하는 거짓말을 믿지 말라"(렘 7:4) 하신 대로 아름다움의 극치라 할 솔로몬의 성전도 "여호와의 성전"은 아니었던 것입니다. 즉 "거짓 교회"라는 말씀입니다.

ⓑ 예배란 하나님과의 교제와 교통을 의미하는데, 신구약을 막론하고 하나님 존전에서 추방당한 죄인들이 하나님께 나아가 교제를 회복할 수 있는 방도는 오직 그리스도의 대속적인 중보를 통해서만이 가능하여지는 것입니다. 다른 점이 있다면 구약교회에는 가축을 대속물로 드리는 예표로 주어졌고, 신약교회는 실체(實體)로 드려졌다는 차이입니다.

④ 이 점에서 의식(儀式)과 본질(本質)을 생각하게 합니다. 예배당을 지어도 크고 화려하게 지어야 하고, 일천 번제를 드리듯이 많이 자주 모이기만 하면 기뻐하시는 양 물량주의가 오늘날도 판을 치고 있습니다. 본질을 망각한 의식은 우상숭배와 맥을 같이

합니다.

ㄱ 교회가 "진리의 기둥과 터" 위에 세워져 있느냐 하는 점과 예배의 근거가 예수 그리스도의 구속으로 "말미암아"에 연결되어 있느냐에 달려있는 것입니다. 이 "말미암아"가 끊어지게 되면 "그리스도에게서 끊어지고 은혜에서 떨어진 자로다"(갈 5:4)고 말씀합니다.

ㄴ 다시 말씀드립니다만 구약교회가 "눈먼 것, 저는 것, 병든"(1:8) 제물을 드렸다는 것은 메시아언약을 망각했다는 증거요, 메시아언약을 망각한 채 드려지는 제사는 우상숭배나 다를 바가 없다(사 66:3)고 단언합니다.

ㄷ 동일한 원리로 강단에서 "복음"이 사라져가고 있는 현대교회의 예배는 "곤고한 것과 가련한 것과 가난한 것과 눈먼 것과 벌거벗은 것을 알지 못한"(계 3:17) 채 부족함이 없다고 자부하던 라오디게아 교회의 예배와 다를 바가 없다는 말씀입니다.

⑤ 이런 배은망덕한 자들을 향해서 말라기서의 첫 말씀은 "내가 너희를 사랑하였노라"(1:2) 하십니다.

ㄱ 그런데 그들은 "주께서 어떻게 우리를 사랑하셨나이까"(1:2), 즉 우리를 사랑하신 것이 이 모양 이 꼴입니까? 항변했던 것입니다. 무슨 뜻인가? 하나님의 사랑을 물질 축복으로 나타내 보여주기를 원하였던 것입니다.

ㄴ 하나님의 답변은 "에서는 야곱의 형이 아니냐 그러나 내가 야곱을 사랑하였고 에서는 미워하였으며"(1:2하-13상), 즉 최대의 사랑이 택하심이요, 구속하여주심임을 말씀하십니다.

그러면 하나님은 사랑을 어떻게 나타내셨는가를 생각하게 합니다. 성경은 "하나님의 사랑이 우리에게 이렇게 나타난 바 되었으니 하나님이 자기의 독생자를 세상에 보내심은 그로 말미암아 우리를 살리려 하심이라"(요일 4:9)고 말씀합니다.

ⓒ 하나님은 "독생자"의 예표로 구약교회에는 정결하고 흠 없는 제물을 드리라고 명하셨던 것입니다. 그러므로 "떼 가운데에 수컷이 있거 늘"(1:14) 하신 대로 수백 수천 마리의 떼 가운데서 고르고 골라서 흠 없는 것으로 드려야만 했습니다. 왜냐하면 그 제물은 흠이 없으 신 하나님의 아들 그리스도의 예표이기 때문입니다.

그런데 그들은 고르고 골랐으나 "눈멀고 다리 절고 병든 것", 즉 어차피 폐기 처분할 것을 골라서 이 일이 얼마나 귀찮은 일인 가 하고 엎드려 코웃음 치면서 드렸다는 것입니다.

⑥ 여기 중요한 요점이 있는데 이처럼 타락한 책임이 어디에 있는가 하는 점입니다. 먼저 예루살렘이 멸망한 책임부터 살펴보 겠습니다. "선지자로부터 제사장까지 다 거짓을 행함이라 그들이 내 백성의 상처를 가볍게 여기면서 말하기를 평강하다, 평강하 다"(렘 6:13,14)한 지도자들에게 있다는 것입니다.

ⓐ 포로에서 귀환한 이후에 말라기 시대가 타락하게 된 책임도 "내 이 름을 멸시하는 제사장들아"(1:6, 2:1)하고 동일하게 지도자들에게 있음을 지적하십니다.

ⓑ 좀 더 구체적으로 제사장들의 잘못이 어디에 있는가를 인식해야 오 늘 우리들의 잘못을 깨달을 수 있습니다. "그의 입에는 진리(眞理) 의 법이 있었고(2:6), 제사장의 입술은 지식(知識)을 지켜야 하겠 고"(2:7) 한 언급에 나타납니다. 그런데 제사장들이 "진리를 지키지 못했다", 즉 메시아언약을 지키지 못했다, 복음진리를 보수(保守)하 지 못했다는 뜻이 됩니다.

⑦ 그러면 성령께서 말라기서를 기록하게 하시고 후대에 전해 주셔서 구약교회의 타락상을 고발하고 있는 의도는 분명해집니

다. 각 시대마다 복음진리를 보수하라는 경각심을 갖게 하기 위해서입니다. 이 거울에 비친 현대교회의 모습을 보게 하기 위해서입니다.

말라기서는 "돌이키지 아니하면 두렵건대 내가 와서 저주로 그 땅을 칠까 하노라"(4:6)는 경고로 마치고 있습니다. 한국에 복음이 전해 진지 100여 년이 지난 오늘의 교회 실상은 어떠한가? 복음을 보수하면서 강단에서 말씀이 바르게 선포되고 있다고 자신 있게 말할 수 있단 말인가?

⑧ 구약성경의 마지막 책인 말라기서와 신약성경의 첫 책인 복음서와의 연결고리를 주목하시기 바랍니다. 하나님은 떼 가운데 양 한 마리가 아까우면 그만두어라, "하나님이 세상을 이처럼 사랑하사 독생자를 주셨으니, 보라 세상 죄를 지고 가는 하나님의 어린 양이로다"(요 3:16, 1:29)고 자기 독생자를 대속제물로 내어주셨다는 것이 구약성경과 신약성경의 연결고리인 것입니다.

　㉠ 말라기 선지자는 "내 이름을 경외하는 너희에게는 공의로운 해가 떠올라서 치료하는 광선(光線)을 비추리니"(4:2)라고 증언합니다. 그리스도께서 이 땅에 오시기 이전 시대, 즉 복음의 빛이 밝히 드러나기 이전의 구약시대는 복음이 "언약·예언·예표" 등으로 별빛같이 비추고 있던 밤이라 할 수 있습니다.

　㉡ 그런데 "의로운 해", 즉 시온의 영광이 빛나는 아침이 온다는 것입니다. 그 의로운 해는 "참 빛 곧 세상에 와서 각 사람에게 비추는 빛이 있었나니"(요 1:9)하고 언약하신 대로 오셔서 치료하는 광선을 발하셨던 것입니다. 누가복음은 "이로써 돋는 해가 위로부터 우리에게 임하여 어둠과 죽음의 그늘에 앉은 자에게 비침"(눅 1:78-79)으

로 성취되었음을 증언하고 있습니다.

⑨ 그렇다면 오늘의 시대는 복음이 찬란하게 빛을 발하는 광명(光明)한 낮 시간이라고 말할 수 있단 말인가? 명심해야 할 점은 "우리의 복음이 가리었으면 망하는 자들에게 가리어진 것이라"(고후 4:3)고 어느 시대나 복음의 빛을 가로막는 자들이 있다는 사실입니다.

　㉠ 그가 누군가? 의외라 여겨질 것입니다만 신구약 시대를 막론하고 교회 지도자들이요, "내 증인이 되라"고 세움을 받은 설교자들인 것입니다.

　㉡ 당신이 "축복"에 열을 올리고 있는 그 시간은 하나님의 아들이 우리 죄를 위하여 죽으시고 다시 살아나셨다는 복음을 증언하라고 주어진 시간임을 명심하시기 바랍니다. 이 모든 배후에는 "그 중에 이 세상 신(神)이 믿지 아니하는 자들의 마음을 혼미(昏迷)하게 하여 그리스도의 영광의 복음의 광채가 비치지 못하게 함이니"(고후 4:4) 한 사탄이 있다는 사실에 경각심을 가져야 합니다. 이 말을 듣는 형제의 마음에는 "나는 아니라"는 거부감이 일어나고 있지는 아니합니까?

⑩ 그러므로 마지막으로 유념해야 할 점이 있는데 말라기서에서는 여섯 번이나 반복적으로 하나님께 대들 듯이 항변(抗辯)하고 있다는 점입니다.

　㉠ "어떻게 사랑하셨나이까?(1:2)

　㉡ 어떻게 멸시하였나이까?(1:6)

　㉢ 어떻게 괴롭혀 드렸나이까?(2:17)

　㉣ 어떻게 돌아가리이까?(3:7)

　㉤ 그리하여 "죄와 더러움을 씻는 샘"(13:1)이 열리게 될 것과

ⓗ 어떻게 도둑질하였나이까?(3:8)

ⓢ 무슨 말로 대적하였나이까?"(3:13)라고 말씀하실 때마다 항변합니다.

이는 자신들의 잘못을 모르고 있다는 증거입니다. 지적해주어도 받아드리지 않을 만큼 강퍅해졌음을 의미합니다. 이것이 우리들 특히 목회자들의 치명적인 병폐일 수도 있다는 데 대해서 형제의 생각은 어떠하십니까?